D1291112

LEXICOLOGIE ET SÉMANTIQUE LEXICALE
NOTIONS FONDAMENTALES

Justine Ouellet.

paramètres

ALAIN POLGUÈRE

LEXICOLOGIE ET SÉMANTIQUE LEXICALE
NOTIONS FONDAMENTALES

Nouvelle édition

Les Presses de l'Université de Montréal

Catalogage avant publication de Bibliothèque et Archives nationales du Québec et Bibliothèque et Archives Canada

Polguère, Alain, 1959-

Lexicologie et sémantique lexicale : notions fondamentales
2e éd.
(Paramètres)
Comprend des réf. bibliogr. et un index.

ISBN 978-2-7606-2015-5

1. Lexicologie. 2. Français (Langue)—Sémantique. 3. Lexicologie—Problèmes et exercices.
4. Français (Langue)—Sémantique—Problèmes et exercices.
I. Titre. II. Collection.

PC2567.P64 2008   440.1'4   C2008-941483-7

Dépôt légal : 3e trimestre 2008
Bibliothèque et Archives nationales du Québec
© Les Presses de l'Université de Montréal, 2008

Les Presses de l'Université de Montréal reconnaissent l'aide financière du gouvernement du Canada par l'entremise du Programme d'aide au développement de l'industrie de l'édition (PADIÉ) pour leurs activités d'édition.

Les Presses de l'Université de Montréal remercient de leur soutien financier le Conseil des Arts du Canada et la Société de développement des entreprises culturelles du Québec (SODEC).

IMPRIMÉ AU CANADA EN AOÛT 2008

À mes parents, Serge et Solange.

TABLE DES MATIÈRES

AVANT-PROPOS		11
1	**QUELQUES NOTIONS PRÉLIMINAIRES**	15
	La langue, objet d'étude de la linguistique	16
	Définition de la notion de langue	16
	La parole, actualisation de la langue	18
	Langue et langage	19
	De quoi sont constituées les langues ?	21
	Lexique et grammaire	21
	Niveaux de fonctionnement des langues	21
	Difficulté de l'étude linguistique	22
	Limites du présent ouvrage	23
	Lectures complémentaires	24
	Exercices	25
2	**LE SIGNE LINGUISTIQUE**	27
	Signe et sémiotique	28
	Définition du signe	28
	La science des signes	29
	Types de relations contenu-forme dans les signes	31
	Icône : relation d'analogie entre contenu et forme	31
	Symbole : absence de relation évidente entre contenu et forme	32
	Indice : relation de contiguïté entre contenu et forme	32
	Caractère hybride des signes	34
	Le signe linguistique selon Ferdinand de Saussure	35
	Association indissoluble signifié-signifiant	35
	Caractère arbitraire du signe linguistique	36
	Caractère figé du signe linguistique	36
	Caractère évolutif du signe linguistique	37
	Caractère linéaire du signe linguistique	37
	Conclusion sur la nature du signe linguistique	38
	Types de signes linguistiques	38
	Signe lexical et signe grammatical	39
	Signe élémentaire et signe complexe	39
	Combinatoire restreinte des signes linguistiques	40
	Lectures complémentaires	42
	Exercices	43
3	**L'UNITÉ LEXICALE OU LEXIE**	45
	Mot, mot-forme et lexème	46
	Problèmes posés par l'emploi du terme « mot »	46
	Le mot-forme	48
	Le lexème	50
	La locution	51
	Structure syntagmatique de la locution	51

Non-compositionnalité sémantique de la locution   56
Définition de la notion de lexie   58
Regroupement des lexies en vocables   58
Mode de description des lexies   60
Remarque sur l'usage de la terminologie   61
Lectures complémentaires   62
Exercices   62

4   ÉLÉMENTS DE MORPHOLOGIE   65
Éléments constitutifs de la structure des mots-formes   66
Le morphe : signe morphologique élémentaire   66
Le morphème : ensemble de morphes   69
Radical et affixe   70
Mécanismes morphologiques   72
La flexion   72
La dérivation   75
La composition   79
Règles morphologiques   82
Nature des règles morphologiques   82
Exemple de formulation d'une règle morphologique   82
Remarque sur l'invariabilité   84
Lectures complémentaires   85
Exercices   86

5   LA STRUCTURE DU LEXIQUE   89
Lexique et vocabulaire   90
Le lexique   90
Le vocabulaire   93
La variation linguistique   94
Remarque sur la définition des notions scientifiques   98
Les parties du discours   99
Remarque terminologique   99
Classes lexicales ouvertes   100
Classes lexicales fermées   101
Mots lexicaux et mots grammaticaux   102
Nature grammaticale des parties du discours   103
Liens entre lexies : le réseau lexical de la langue   106
L'accès aux données linguistiques   107
Trois méthodes principales d'accès aux données   107
Outils d'exploration des corpus textuels   109
Fréquence d'emploi et autres phénomènes statistiques   112
La recherche en linguistique quantitative   112
Courbe de l'accroissement du vocabulaire d'un corpus   113
Loi de Zipf   115
Lectures complémentaires   116
Exercices   118

6   LE SENS LINGUISTIQUE.   119
Notions sémantiques élémentaires   120
Le sens linguistique   120

Le référent 124
Le sens logique (ou valeur de vérité) 127
Le sens et son rapport au monde 128
Classification des sens linguistiques 130
Sens lexicaux et sens grammaticaux 130
Prédicats sémantiques, noms sémantiques et quasi-prédicats 131
Représentation formelle du sens des énoncés 136
Lectures complémentaires 139
Exercices 141

7 LES RELATIONS SÉMANTIQUES LEXICALES 145
Les sens de lexies conçus comme des ensembles 146
Relations sémantiques fondamentales 147
Hyperonymie et hyponymie 148
Synonymie 150
Antonymie 152
Conversivité 153
Homonymie 155
Polysémie 156
La modélisation formelle des relations lexicales 158
La notion de fonction lexicale 159
Fonctions lexicales paradigmatiques 160
La phraséologie 163
Fonctions lexicales syntagmatiques 167
En guise de transition… 173
Lectures complémentaires 175
Exercices 177

8 L'ANALYSE DU SENS 181
La définition lexicale : outil d'analyse du sens 182
Définition par genre prochain et différences spécifiques 182
Apprendre à définir 183
Méthode pour ébaucher les définitions analytiques 184
Le problème des cercles vicieux 188
Analyse par champs sémantiques 189
Remarque sur les notions d'ambiguïté et de vague 190
Analyse sémique 194
Structure sémantique des vocables 197
Lexie de base des vocables 197
Acceptions métonymiques 198
Acceptions métaphoriques 199
Figures de style libres et lexicalisées 200
Lectures complémentaires 203
Exercices 204

**9 INTERFÉRENCES PRAGMATIQUES
DANS LE LEXIQUE** 207
La pragmatique 208
Définition de la notion de pragmatique 208

Nature des échanges linguistiques 209
La théorie des actes de parole 211
Lexies à valeur pragmatique 213
Verbes performatifs 213
Lexies à contenu présuppositionnel 215
Lexies pragmatiquement définies 219
Lectures complémentaires 222
Exercices 223

10   DE LA LEXICOLOGIE À LA LEXICOGRAPHIE 225
Qu'est-ce qu'un dictionnaire ? 226
Dictionnaires et lexicographie 226
Spécificité des dictionnaires grand public 229
Types de dictionnaires grand public 230
Macrostructure et microstructure des dictionnaires 233
Encodage des propriétés des lexies dans les dictionnaires 238
Description du sens dans les définitions lexicographiques 238
Description des liens paradigmatiques 240
Description de la combinatoire des lexies 241
Lectures complémentaires 243
Exercices 244

ET MAINTENANT ? 247

BIBLIOGRAPHIE 249
Textes de lexicologie, linguistique, etc. cités dans l'ouvrage 249
Introductions à la lexicologie ou à la sémantique 253
Dictionnaires cités 254

CORRIGÉS DES EXERCICES 257

INDEX DES NOTIONS 294

INDEX DES AUTEURS 302

AVANT-PROPOS

Ce livre est une introduction à l'étude du lexique et de la sémantique lexicale. Il se compose de dix chapitres, qui devraient être étudiés successivement. En effet, chaque chapitre introduit un ensemble de notions de base logiquement regroupées, dont la plupart sont directement exploitées dans la suite du texte.

Deux outils permettent au lecteur de naviguer dans le réseau notionnel de l'ouvrage :

1. immédiatement après l'introduction de chaque chapitre, une liste des notions examinées (suivant leur ordre d'apparition dans le texte) ;
2. à la fin de l'ouvrage, un index alphabétique (voir « Index des notions », page 294 et suivantes).

Les noms des notions importantes figurent dans une **typographie spéciale** lorsque celles-ci sont introduites pour la première fois ou font l'objet de remarques particulières.

Certaines parties de texte qu'il faut lire avec une attention spéciale (définitions, remarques importantes, etc.) apparaissent sur fond de couleur.

Chaque chapitre se termine par une liste de lectures complémentaires qui permettent de consolider les notions introduites et par des exercices pratiques qui font appel à ces notions. On trouvera en fin d'ouvrage (« Corrigés des exercices », page 257 et suivantes) des corrigés pour la plupart de ces exercices. Il faut noter que les exercices n'ont pas pour seule finalité de tester la bonne compréhension du chapitre correspondant. Ils sont aussi fréquemment utilisés pour développer la présentation de certaines notions importantes. De nombreuses réponses proposées pour les exercices peuvent donc être considérées comme faisant partie intégrante de la présentation des notions. Il nous a semblé que cette façon de procéder permettait de ne pas alourdir l'exposé, dans le corps de l'ouvrage, tout en rehaussant l'intérêt des exercices et de leur corrigé.

Pourquoi avoir écrit ce livre ?

Il existe de nombreux textes d'introduction à la lexicologie et à la sémantique. Certains peuvent compléter avantageusement le présent ouvrage, soit parce qu'ils proposent une perspective différente sur la question, soit parce qu'ils ne couvrent pas exactement le même champ d'étude (plus d'importance accordée à la morphologie, à la sémantique de la phrase, à l'évolution du langage, etc.)[1]. Cependant, malgré le nombre assez important d'ouvrages qui traitent en tout ou en partie de lexicologie et de sémantique lexicale, aucun ne propose, à un niveau élémentaire et relativement indépendant d'une théorie linguistique donnée, un véritable **système notionnel en lexicologie**. Nous entendons par ce terme un réseau de notions cohérent et logiquement organisé qui permette de mieux comprendre la nature du lexique. Un tel réseau de notions doit en fin de compte servir au lecteur d'outil pour « travailler » avec et sur le lexique : enseigner la langue, la décrire dans des dictionnaires, l'étudier selon une perspective théorique… et l'aimer encore davantage, si possible. C'est l'objectif ambitieux que nous nous sommes fixé en écrivant ce livre.

Pour essayer d'atteindre ce but, il a fallu élaguer au maximum les notions et les thèmes périphériques. On ne trouvera donc pas ici, notamment, de présentation approfondie de la morphologie. Par contre, les notions morphologiques qui sont introduites jouent un rôle capital dans le système notionnel général. Nous avons aussi évité de faire de ce livre une présentation des diverses approches théoriques du domaine, préférant offrir au lecteur un exposé partiel, subjectif mais cohérent, à partir duquel il pourra plus tard aborder l'étude d'approches théoriques spécifiques.

En procédant de la sorte, nous sommes bien conscient d'avoir pris un certain risque. Parce que chaque notion est censée recevoir une définition unique, précise et fonctionnelle, les possibles erreurs logiques (en fait, il y

---

1. Voir, à ce propos, la section « Introductions à la lexicologie ou à la sémantique », p. 253 et suivantes de la bibliographie récapitulative.

en a toujours) apparaîtront clairement au lecteur attentif. Mais c'est là un risque grave uniquement pour qui se croit infaillible. C'est au contraire un bienfait pour qui ne veut jamais cesser d'apprendre, même et surtout en enseignant. Nous espérons donc recevoir des commentaires de lecteurs qui nous permettront d'améliorer ce que nous proposons aujourd'hui.

Une remarque s'impose enfin à propos de la langue de référence utilisée dans les exemples en français. Nous avons voulu que ceux-ci soient parfaitement compréhensibles pour n'importe quel locuteur du français, qu'il soit québécois, français de France, belge, suisse, etc. Nous avons donc évité de donner des exemples qui n'appartiennent pas au « noyau dur » du français partagé par toute la francophonie. Bien entendu, comme l'ouvrage a été écrit à Montréal, il était normal de faire quelques emprunts (commentés) au français québécois.

À propos de la nouvelle édition

Le présent volume correspond à la nouvelle édition d'un ouvrage du même titre paru en 2003.

De très nombreuses modifications ont été apportées à l'édition originale, modifications qui tiennent notamment compte de l'expérience que nous avons pu faire de l'utilisation de l'ouvrage dans nos cours de linguistique :
- amélioration des définitions de notions ;
- ajustement de la terminologie et ajout de notions importantes ;
- mise à jour de la bibliographie ;
- révision des exercices et de leurs corrigés, avec ajout de nouveaux exercices ;
- insertion, là où cela était approprié, d'exemples empruntés à d'autres langues que le français ;
- correction des erreurs typographiques et factuelles.

Remerciements

Nous tenons à remercier du fond de notre cœur les collègues et amis qui nous ont aidé dans la rédaction de cet ouvrage. En tout premier lieu, Igor Mel'čuk et Ophélie Tremblay, qui ont lu et abondamment commenté plusieurs versions préliminaires du manuscrit de l'édition de 2003. Nous avons aussi bénéficié, pour cette édition, des remarques de Margarita Alonso Ramos, Lidija Iordanskaja, François Lareau, Suzanne Mantha et

Jasmina Milićević. Ces lecteurs impitoyables ont parsemé nos manuscrits de commentaires et pictogrammes — ☞, ✍, 💣 et autres ☠ — nous aidant par là-même à nous approcher de la ou d'une vérité, dont il faut croire à toute force qu'elle existe.

Lors de la préparation de la nouvelle édition, nous avons tenu compte des nombreux commentaires que nous ont communiqués collègues et étudiants, notamment les étudiants de notre cours d'introduction à la lexicologie de l'Université de Montréal. Des modifications importantes ont été apportées à la suite des commentaires de Sylvain Kahane et d'Ophélie Tremblay. De plus, Sara-Anne Leblanc et Igor Mel'čuk ont fait une relecture en profondeur de la première édition, nous suggérant un nombre incalculable d'améliorations ; il n'est pas exagéré de dire que la nouvelle édition a été élaborée en tout premier lieu à partir de leurs remarques. Notre dette à leur égard est immense, tout comme notre gratitude.

Nous remercions les lecteurs anonymes des Presses de l'Université de Montréal pour leur analyse méticuleuse du manuscrit et pour les nombreuses améliorations qu'ils nous ont permis d'y apporter. Finalement, ce sont les Presses de l'Université de Montréal dans leur ensemble que nous tenons à remercier pour leur soutien, qui ne s'est jamais démenti depuis le tout début de la conception du présent ouvrage.

1

QUELQUES NOTIONS PRÉLIMINAIRES

*L'un des convives amena vers lui les cartes éparses,
débarrassant ainsi une bonne partie de la table ; mais il ne
les rassembla pas en un seul paquet ni ne les battit ; il prit
une carte, et la posa devant lui. Nous notâmes tous la
ressemblance de son visage avec celui de la figure peinte :
il nous parut qu'avec cette carte il voulait dire « je » et qu'il
s'apprêtait à nous raconter son histoire.*

ITALO CALVINO, *Le château des destins croisés.*

Ce livre vise à familiariser le lecteur avec les notions de base nécessaires à l'étude du lexique et de son utilisation. Les mots sont au cœur de la connaissance linguistique puisque parler une langue consiste avant tout à combiner des mots au sein de phrases en vue de communiquer. Il serait donc légitime de considérer la *lexicologie*, la discipline qui étudie les phénomènes lexicaux, comme étant la branche maîtresse de la linguistique.

La spécificité de la lexicologie va se préciser au fur et à mesure que nous progresserons dans le présent ouvrage. Il faut cependant dès maintenant définir certaines notions de base sur lesquelles s'appuie la lexicologie, notions qui relèvent toutes de la discipline mère qu'est la *linguistique*. Nous préciserons donc d'abord ce qu'est la linguistique en tant que science, c'est-à-dire que nous définirons son objet d'étude : la langue.

Notions introduites   *Lexicologie, linguistique, langue (= code linguistique), locuteur, destinataire, parole, (l')oral, (l')écrit, langage, lexique, grammaire, sémantique d'une langue et sémantique en tant que discipline, syntaxe, morphologie, phonologie, phoné- tique, métalangage, métalangue, étude diachronique vs synchronique.*

La langue, objet d'étude de la linguistique

Définition de la notion de langue

Adoptons, pour commencer, une définition approximative de la notion de langue :

La *langue* est notre « outil » de communication privilégié. Chaque langue est un système de signes conventionnels et de règles de combinaison de ces signes, qui forment un tout complexe et structuré.

Cette définition de la langue met en évidence deux points importants. Tout d'abord, comme le présuppose l'expression *outil privilégié,* la langue n'est pas le seul outil que nous utilisons pour communiquer.

En effet, pour nous exprimer, pour transmettre de l'information, nous employons de nombreuses autres ressources que la langue. En voici quatre exemples :

1. gestes de la main — agiter la main pour dire au revoir, mettre l'index devant la bouche pour demander le silence… ;
2. expressions faciales, qui sont des sortes de gestes faits avec le visage — tirer la langue, sourire, faire la moue… ;
3. gestes faits avec l'ensemble du corps — tourner le dos à quelqu'un, croiser les bras et baisser la tête pour bouder… ;
4. gestes basés sur un contact physique avec une autre personne — serrer la main, donner une tape sur l'épaule, embrasser…

Qui plus est, nous sommes entourés de machines ou d'objets qui ont été construits, programmés et installés dans notre environnement quotidien pour nous transmettre de l'information et, donc, pour faire de nous des ré- cepteurs d'une forme de communication : guichets automatiques, panneaux de signalisation, feux de circulation, horloges, sonneries, etc.

Nous pouvons aussi, par jeu ou par nécessité, créer de toutes pièces de nouveaux systèmes de communication, un peu comme dans le court texte mis en exergue à ce chapitre.

La deuxième caractéristique importante que la définition ci-dessus met en évidence est qu'une langue est un **système** de signes[1] et de règles. Il faut entendre par là que ce n'est pas un simple répertoire d'éléments indécomposables et autonomes servant à communiquer. Les éléments constitutifs de chaque langue sont liés ; ils sont faits pour interagir et se combiner. C'est cette organisation interne d'une langue qui en fait un outil de communication particulièrement puissant permettant de produire un nombre infini de messages différents.

Si nous avons indiqué que les signes et les règles linguistiques sont conventionnels, c'est pour mettre en évidence le fait qu'ils fonctionnent comme une norme, un ensemble de lois régissant la façon dont nous communiquons. Ces lois, nous ne les possédons pas de façon innée. Nous devons les apprendre, les assimiler progressivement. Le fait qu'il ne soit pas nécessaire d'avoir reçu une formation « scolaire » pour parler une langue ne doit pas nous faire oublier que la maîtrise d'une langue est le résultat d'un apprentissage assidu, long et difficile.

Les deux caractéristiques de la notion de langue mentionnées dans notre définition sont bien entendu liées. Malgré la grande variété des modes de communication auxquels nous avons recours, les langues restent, du fait de leur grande puissance expressive, nos outils privilégiés pour échanger de l'information, organiser notre pensée et, en fait, exister en tant qu'êtres humains. Pour s'en convaincre, il suffit de penser aux deux étapes du développement d'un très jeune enfant inévitablement mentionnées par ses parents :

- le moment où il a commencé à marcher — mode de déplacement caractéristique de l'humain ;
- le moment où il a commencé à parler (et quels étaient ses premiers mots) — mode de communication caractéristique de l'humain.

Notons, en terminant, que les langues ne forment pas un système inerte, figé pour toujours dans le temps. Les langues se forment, évoluent dans le temps et « meurent ». Bien entendu, elles n'ont pas de dates de naissance et de décès précises et leur évolution est extrêmement graduelle. Il n'en demeure pas moins qu'on ne parlait pas le français il y a deux mille ans, que le français

---

1. On pourrait dire, de façon très grossière, qu'il s'agit des mots de la langue. La notion de signe linguistique est cependant très complexe et c'est pourquoi le Chapitre 2 lui est entièrement consacré.

que l'on parle aujourd'hui, à Montréal ou à Paris, n'est pas le même que celui qu'on y parlait il y a trois cents ans et qu'il est tout à fait possible que plus personne ne parle le français sur terre d'ici deux mille ans. Du fait de sa nature sociale, des liens étroits qu'elle entretient avec la société humaine qui l'utilise, chaque langue est destinée à évoluer, à se transformer et à disparaître éventuellement, suivant en cela l'évolution des sociétés qui en font usage.

La parole, actualisation de la langue

En tant que collection de signes et de règles de combinaison de ces signes, on peut voir la langue comme un ensemble de conventions sociales, au même titre qu'un code civil par exemple. C'est donc une entité « abstraite ».

Tout le monde n'est sans doute pas habitué à considérer la langue de la sorte et il est utile d'illustrer cette affirmation. Soit la phrase suivante :

(1) *Est-ce que tu peux me passer le sel ?*

Cette phrase se compose de mots français « assemblés » selon certaines règles grammaticales propres au français. Elle est construite à partir d'un tout petit sous-ensemble du système de la langue française mais n'est pas elle-même une partie de la langue : c'est un exemple, parmi une infinité d'autres exemples possibles, d'actualisation de la langue française. Il s'agit d'un produit de cette langue, en quelque sorte.

On remarquera la tournure bien particulière dont nous venons de faire usage pour introduire (1) : *Soit la phrase suivante…* Cette façon de faire, typique d'un ouvrage de linguistique, a quelque chose d'un peu étrange, si l'on y réfléchit bien. Elle présente un énoncé comme s'il sortait de nulle part. Elle présuppose que nous allons être capables de discuter d'un énoncé en l'isolant totalement de la situation dans laquelle il a pu être produit. Or, pour que (1) « soit », il faut considérer au moins deux individus. L'un, appelé le **locuteur**, a voulu communiquer un message à un second individu, le **destinataire**. Pour ce faire, le locuteur a utilisé un sous-ensemble des signes et des règles de la langue, sous-ensemble qui lui a permis de réaliser linguistiquement le message qu'il voulait communiquer, sous la forme de l'énoncé (1).

Nous savons donc que les signes et les règles linguistiques (la langue elle-même) existent du fait qu'ils s'actualisent dans des comportements particuliers et donnent lieu à des « événements linguistiques » dans lesquels un locuteur communique une information à un destinataire. L'actualisation de la langue n'est pas la langue elle-même et il faut donc disposer d'un terme particulier pour la désigner : il s'agit de la parole.

La langue trouve son actualisation dans la *parole*, c'est-à-dire dans des instances d'échanges langagiers entre au moins deux individus : le *locuteur* et le *destinataire*.

L'usage de termes tels que *parole* et *locuteur* ne doit pas inciter le lecteur à penser que la linguistique, telle qu'elle est définie ici, ne s'intéresse qu'à la langue parlée, l'*oral*, et ignore la langue écrite, l'*écrit*. Cette terminologie est simplement le reflet du fait que la langue est par nature avant tout orale, l'écrit étant originellement une transcription plus ou moins fidèle (selon les langues et les systèmes d'écriture) de la chaîne linguistique parlée. On appelle *parole* l'actualisation de la langue parce que l'oral est la forme première d'actualisation de la langue. Mais on sait fort bien que l'on ne s'exprime pas de la même façon à l'écrit qu'à l'oral, que les choix lexicaux et grammaticaux peuvent considérablement varier selon le mode de communication utilisé et que la linguistique doit donc prendre en considération aussi bien la langue parlée que la langue écrite. Cela est d'autant plus nécessaire que le code écrit a pris de plus en plus d'importance au cours des siècles. Il y a tout d'abord eu l'invention et la généralisation de l'imprimerie, qui a en quelque sorte « industrialisé » la diffusion des textes. Puis, beaucoup plus récemment mais avec des conséquences tout aussi considérables, l'apparition des ordinateurs, du traitement de texte et d'Internet, qui a fait croître de façon exponentielle la production et la diffusion linguistique écrite. Cette nouvelle forme de manipulation physique de la langue a de plus donné naissance à un phénomène d'hybridation des codes. En effet, la frontière entre oral et écrit devient presque impossible à cerner dans certains contextes d'utilisation de la langue, comme celui du courrier électronique (voir l'exercice 1.3 à la fin du chapitre).

Avénement des technologies = ↑ prod et diffusion ling. écrite

Langue et langage

Pourquoi parlons-nous ? Pourquoi communiquons-nous au moyen de langues ?

Les langues que nous maîtrisons, nous les avons apprises et nous avons pu les apprendre pour plusieurs raisons :

1. ce sont des outils de communication que la vie en société nous **impose** d'acquérir ;

2. ce sont des systèmes de signes et de règles de combinaison de ces signes que notre cerveau a la capacité de mémoriser et de manipuler ;

3. elles se manifestent physiquement par des sons que notre constitution physiologique nous permet de produire (appareil phonatoire) et de percevoir (appareil auditif).

Les langues sont donc liées directement à des prédispositions sociales, psychiques et physiologiques des êtres humains.

On appellera *langage* la faculté humaine de communiquer des idées au moyen de la langue.

La faculté de langage est donc intimement liée aux aspects sociologiques, psychologiques, physiologiques et même physiques de l'utilisation de la langue.

Il faut se rappeler qu'il existe de nombreuses langues, aux alentours de 6 000 (français, anglais, allemand, russe, espagnol, mandarin, japonais, swahili, etc.), mais que l'on traitera du langage comme d'une faculté générale possédée par les humains : la faculté d'apprendre et d'utiliser des langues données.

Pour résumer, la notion de langue, le *code linguistique* lui-même, nous amène à considérer deux notions :

- la parole — l'actualisation des langues dans des actes de communication qui impliquent un locuteur et un destinataire ;

- le langage — la capacité d'apprendre et d'utiliser les langues.

On peut en conséquence élargir plus ou moins l'objet d'étude de la linguistique, selon qu'on la limite à la langue, ou qu'on en étend les ramifications à l'étude de la parole (étude des actes de communication et de l'interaction entre la langue et les autres moyens de communication) ou à la faculté de langage.

Cependant, même si l'on peut volontairement restreindre la tâche de la linguistique à l'étude de la langue, et uniquement de la langue, il faut garder à l'esprit que cela ne peut se faire sans observer et analyser son actualisation en situation de parole. De ce point de vue, on peut envisager deux démarches dans l'étude linguistique :

1. du particulier au général, lorsqu'on observe des faits spécifiques de parole pour en inférer des règles linguistiques générales ; *ling descriptive*

2. du général au particulier, lorsqu'on utilise la connaissance de règles linguistiques générales pour analyser des faits de parole spécifiques.

ling app

Dans le premier cas, il s'agit soit d'une linguistique descriptive, qui s'applique à la modélisation de langues données, soit d'une linguistique théorique, qui s'applique à la mise au jour de concepts langagiers universaux (valables pour toutes les langues). Dans le second cas, il s'agit d'une linguistique « appliquée » (à l'enseignement, à l'apprentissage, au traitement des troubles linguistiques, à l'analyse de textes, etc.).

En distinguant, comme nous l'avons fait, langue, parole et langage, nous avons employé la terminologie proposée par le linguiste suisse Ferdinand de Saussure. Saussure a été, au début du xxe siècle, un des grands pionniers de l'établissement de la linguistique en tant que science. Il convient de noter que l'approche lexicologique qui sous-tend le présent ouvrage descend en droite ligne de la vision saussurienne de l'étude linguistique.

De quoi sont constituées les langues ?

Lexique et grammaire

Nous avons dit plus haut que les langues sont constituées de signes et de règles qui permettent de combiner ces signes. Même si c'est une grossière simplification, nous allons admettre pour l'instant que les signes qui composent la langue sont, dans leur écrasante majorité, les mots de la langue et, de façon provisoire, nous appellerons *lexique* d'une langue donnée l'ensemble des mots de cette langue.

Les règles générales qui permettent de combiner les mots ou, plus généralement, les signes de la langue pour former des phrases constituent la *grammaire* de la langue.

Chaque langue est donc avant tout constituée d'un lexique et d'une grammaire. Apprendre une langue consiste à assimiler ces deux ensembles de connaissances et à développer les automatismes qui permettent de les utiliser de façon spontanée.

Niveaux de fonctionnement des langues

On reconnaît habituellement au moins quatre niveaux principaux de fonctionnement dans toutes les langues :

1. la *sémantique* concerne les sens et leur organisation au sein des messages que l'on peut exprimer dans une langue ;

2. la *syntaxe* concerne la structure des phrases ;

3. la *morphologie* concerne la structure des mots ;

4. la *phonologie* et la *phonétique* concernent les éléments sonores qui sont la forme même des énoncés.

À chacun de ces niveaux de fonctionnement correspond une branche de la linguistique, qui s'attache plus particulièrement à l'étude et à la description du niveau en cause. Ainsi, pour ne prendre que le premier niveau de fonctionnement, on doit distinguer deux types de sémantiques.

1. La *sémantique d'une langue* donnée (sémantique du français, de l'anglais...) est *grosso modo* l'ensemble des sens exprimables dans cette langue ainsi que l'ensemble des règles d'expression et de combinaison de ces sens. C'est un des niveaux de fonctionnement, une des composantes structurales de la langue.

2. La *sémantique en tant que discipline*, ou étude sémantique, est l'étude scientifique de la sémantique (au sens 1) des langues.

Ainsi, dans cet ouvrage, nous allons introduire ce qu'est l'étude sémantique (c'est-à-dire la sémantique au sens 2), en empruntant la plupart de nos exemples à la sémantique (au sens 1) du français, de l'anglais, etc. Comme nous le verrons en progressant à travers les chapitres de ce livre, l'ensemble des sens véhiculés par une langue donnée est en grande partie en correspondance avec l'ensemble des mots de cette langue. Il existe donc un lien privilégié entre l'étude sémantique des langues et l'étude de leur lexique : la lexicologie. C'est la raison pour laquelle ce livre présente simultanément les notions fondamentales de ces deux branches de la linguistique.

Difficulté de l'étude linguistique

Tout lecteur du présent ouvrage peut légitimement penser qu'il comprend la nature des connaissances linguistiques puisqu'il parle, écrit et lit au moins une langue : le français. Cependant, le fait qu'on maîtrise un ensemble de connaissances n'implique aucunement qu'on ait compris de façon consciente comment cet ensemble de connaissances est organisé et comment il fonctionne. Certaines tâches, comme l'enseignement de la langue, la traduction, la rédaction et la correction de documents, demandent que l'on soit capable non seulement de parler une ou plusieurs langues, mais aussi de raisonner sur elles. C'est ce qui donne à la linguistique, comme science qui s'applique à l'étude des langues, son intérêt et sa raison d'être.

L'étude linguistique est une activité scientifique particulièrement délicate car il n'existe pas d'autre façon de décrire les langues et de parler d'elles qu'en recourant à une langue donnée. On est ainsi exposé à une dangereuse circularité : on se sert de notre objet d'étude pour parler de celui-ci.

Lorsqu'une langue L_1 sert à décrire un système signifiant différent de cette langue, c'est-à-dire un système non langagier ou une autre langue, l'objet étudié et l'instrument de l'étude sont différents, et il n'y a aucune difficulté à distinguer l'un de l'autre. Mais lorsqu'une langue se décrit elle-même, l'identité partielle de l'objet étudié et de l'instrument d'étude crée une situation unique.

Rey-Debove, Josette (1997). *Le métalangage : Étude linguistique du discours sur le langage*, collection « U », série « Linguistique », Paris, S.E.S.J.M/Armand Colin, p. 1-2.

Il faut donc en linguistique, plus que dans toute autre science, se doter d'une terminologie et de conventions d'écriture très bien définies, et les utiliser d'une façon rigoureuse qui permet de bien signaler les contextes où la langue « se décrit elle-même », où elle devient ce qu'on appelle une *métalangue*.

Dans une science donnée, un ***métalangage*** est un code, un système de représentation, servant à modéliser l'objet d'étude de la science en question. La ***métalangue*** est, en linguistique, un cas particulier de métalangage : il s'agit de la langue qui sert d'outil pour sa propre description.

Les définitions lexicales (voir Chapitre 8, p. 182 et suivantes) sont une illustration bien connue de l'usage de la langue comme métalangue. En effet, une définition de dictionnaire (monolingue) décrit le sens d'un mot d'une langue donnée au moyen d'une expression appartenant à cette même langue.

Nous reviendrons sur la terminologie et sur les conventions d'écriture en linguistique au Chapitre 3 (« Remarque sur l'usage de la terminologie », p. 61).

Limites du présent ouvrage

Nous ne prétendons pas couvrir ici de façon exhaustive les domaines de la lexicologie et de la sémantique lexicale, cela pour au moins deux raisons.

Tout d'abord, ce livre s'inscrit dans le cadre d'une linguistique qui se limite à l'étude de la langue, par opposition à une linguistique du langage en général. Nous mettons donc l'accent sur le code linguistique lui-même, en ne traitant que de façon marginale les paramètres de son apprentissage et de son utilisation.

Ensuite, nous avons mentionné plus haut le fait que la langue est en constante transformation : elle évolue dans le temps. On peut donc l'étudier de deux façons :

1. dans le contexte de son évolution — *étude diachronique* ;
2. à un moment donné de son évolution, par exemple, telle qu'elle est utilisée actuellement — *étude synchronique.*

Dans ce livre, nous nous situons dans le cadre d'une étude synchronique de la langue. Ainsi, nos exemples sont empruntés au français, à l'anglais, etc. contemporains et nous traitons très peu des problèmes liés à l'évolution du lexique de ces langues (apparition ou disparition de mots et évolution des sens exprimés par les mots).

Lectures complémentaires

Les lectures suggérées à la fin de chaque chapitre sont présentées dans un ordre qui correspond à celui de l'introduction des notions correspondantes dans le corps du texte.

Saussure, Ferdinand de (1972 [1916]). *Cours de linguistique générale*, Paris, Payot, p. 23-43.

Le *Cours de linguistique générale* de F. de Saussure est un des ouvrages fondateurs de la linguistique moderne. Il date un peu, par certains aspects, mais reste un texte de référence incontournable.

Rey-Debove, Josette (1998). « À la recherche de la distinction oral/écrit », dans *La linguistique du signe. Une approche sémiotique du langage,* collection « U », série « Linguistique », Paris, S.E.S.J.M./Armand Colin, p. 10-19.

Ce texte est particulièrement intéressant pour nous puisqu'il présente une réflexion sur la distinction entre l'oral et l'écrit d'un point de vue lexicologique. J. Rey-Debove était notamment la codirectrice de l'équipe de rédaction du dictionnaire *Le Petit Robert*.

Hagège, Claude (1985). « Écriture et oralité », dans *L'Homme de paroles. Contribution linguistique aux sciences humaines,* collection « Folio/essais », nº 49, Paris, Gallimard, p. 89-125.

Ce texte vient compléter le précédent. Il examine le rapport entre écriture et oralité dans une perspective historique.

Exercices

Nous ne proposons que trois exercices de « mise en jambes » pour ce premier chapitre. Le travail sur les données linguistiques deviendra de plus en plus important au fur et à mesure que nous progresserons, et la section « Exercices » des chapitres suivants sera en conséquence beaucoup plus riche.

Exercice 1.1

Retourner aux exemples de communications non linguistiques p. 16. Pourquoi n'avons-nous pas mentionné dans notre énumération des gestes du type réflexe, comme le geste de retirer immédiatement sa main quand on touche quelque chose de brûlant ?

Exercice 1.2

Identifier dans l'exemple (1), p. 18, des éléments linguistiques désignant explicitement le locuteur et le destinataire.

Exercice 1.3

Relire les remarques qui ont été faites plus haut sur la distinction entre oral et écrit, notamment à propos des phénomènes d'hybridation des codes (p. 19). Identifier dans le courrier électronique qui suit des traces de « contamination » de la langue écrite par la langue parlée. Est-il finalement possible de dire avec certitude que ce texte relève de l'un ou l'autre code ?

```
To: machin@umontreal.ca
From: truc@pacific.net.sg
Subject: Re: Je ne suis pas avare de vocables

>Tout est reçu. On s'y met.
>J'arrive à Paris le 1er mai, et c'est un mercredi :
>Janine a dû se tromper.
>M.

Oui. Ça doit être l'impatience de te voir :-)

T.
```

2

LE SIGNE LINGUISTIQUE

"All right – can you explain, in 200 words or less, the difference between a sign and a symbol?"

Sumire lifted the napkin from her lap, lightly dabbed at her mouth, and put it back. What was the woman driving at? "A sign and a symbol?"

"No special significance. It's just an example."
Again Sumire shook her head. "I have no idea."

HARUKI MURAKAMI, *Sputnik Sweetheart.*

Nous avons mentionné au chapitre précédent qu'une langue est un système de signes et de règles (voir notamment p. 16, la définition de *langue*). La notion de signe joue un rôle central dans notre approche de la lexicologie et de la sémantique. Nous allons donc voir, sans plus attendre, comment se caractérisent les signes linguistiques, en commençant par examiner ce qu'il faut entendre par *signe* au sens large.

Notions introduites Signe, signe intentionnel vs non intentionnel, sémiotique/ sémiologie, sémiose, icône, analogie, symbole, indice, contiguïté, signe linguistique, signifié, signifiant, mot, signe lexical vs grammatical, signe élémentaire vs complexe, combinatoire restreinte vs libre, expression grammaticale vs agrammaticale.

Signe et sémiotique

Définition du signe

Nous proposons d'adopter la définition suivante de la notion de signe.

 Un signe, au sens large, est une association entre une idée (le contenu du signe) et une forme — les termes association, idée (ou contenu) et forme étant pris dans leur acception la plus générale possible.

Par exemple, un clin d'œil est un signe dans la mesure où il sert à véhiculer une idée donnée, que l'on pourrait définir de façon très vague comme la manifestation d'une forme de connivence entre celui qui fait le clin d'œil et celui à qui il est destiné. Pour coller de plus près à notre définition, nous dirons que le signe « clin d'œil » est une association entre une idée — l'expression de la connivence — et une forme — la déformation complexe du visage que l'on appelle clin d'œil en français. Un signe de ce type peut être appelé signe intentionnel, puisqu'il est utilisé consciemment par un individu pour communiquer quelque chose. Un signe intentionnel est un signe qui a pour fonction de servir à transmettre de l'information.

La définition ci-dessus nous autorise aussi à appeler signe des associations idée-forme qui ne sont pas des outils de communication mais des phénomènes qui se manifestent naturellement. Par exemple, un certain type de vague sur la mer pourra être interprété par un marin expérimenté comme l'indication qu'un vent violent va bientôt se lever. Cette association entre une forme (type particulier de vague) et une idée (risque de vent violent) est un signe non intentionnel.

Notons que, dans ce dernier cas, il semble plus naturel de parler d'une association forme-idée plutôt que d'une association idée-forme, dans la mesure où un type de vague n'a pas pour fonction d'exprimer une idée donnée. C'est nous qui, en tant qu'observateurs, l'interprétons ainsi.

Il semble donc toujours plus naturel de considérer les signes non intentionnels comme des associations forme-idée, et les signes intentionnels — qui sont des outils de communication — comme des associations idée-forme.

Cette remarque montre à l'évidence que les signes intentionnels et les signes non intentionnels sont de nature très différente : les premiers sont de véritables outils de communication alors que les seconds se manifestent naturellement et doivent être interprétés pour exister en tant que signes. La raison pour laquelle ces deux types d'entités sont fréquemment regroupés tient à ce qu'à un niveau très profond, celui du fonctionnement de notre système cognitif, ils se rejoignent en tant qu'associations binaires entre idée et forme.

Il n'est pas exagéré de dire que notre existence, en tant qu'êtres humains, est presque entièrement consacrée à produire, recevoir et analyser des signes, ainsi qu'à réagir en conséquence. D'où l'importance de définir une discipline dédiée à l'étude des signes.

La science des signes

La **sémiotique** est la science qui étudie les différents systèmes de signes — la linguistique étant une branche de la sémiotique générale qui étudie les systèmes de signes linguistiques que sont les langues.

On emploie aussi le terme **sémiologie** pour désigner cette science. Certaines personnes tiennent le terme *sémiotique* pour un anglicisme qu'il faut absolument remplacer par *sémiologie*. D'autres affirment qu'il existe une nuance entre la sémiotique, discipline d'origine nord-américaine qui s'attache à l'étude de tous les types de signes, et la sémiologie, d'origine européenne, qui ne reconnaît comme objet d'étude que les signes intentionnels. D'autres enfin disent que ce sont deux façons acceptables de désigner exactement la même chose. Naturellement enclin à choisir la solution la plus économique à moins de voir clairement la nécessité du contraire, nous adoptons pour notre part la troisième voie et utiliserons ici le terme *sémiotique* : il apparaît au moins aussi fréquemment que *sémiologie* dans les textes de référence en français et… il présente l'avantage d'avoir une syllabe de moins que son concurrent. Le texte de J.-M. Klinkenberg proposé comme lecture à la fin du présent chapitre fait le point sur la question.

Comme nous l'avons dit plus haut, toutes les approches sémiotiques ne se donnent pas les mêmes objets d'étude. Ainsi, certains sémioticiens excluent les signes non intentionnels de leur champ d'investigation. Pour les linguistes, cependant, le problème ne se pose pas puisqu'ils n'ont à étudier que des signes intentionnels : les signes de la langue ne se manifestent pas spontanément, mais sont émis par un locuteur dans le but de communiquer.

Que l'on se situe dans une perspective de sémiotique générale ou à l'intérieur d'une discipline qui, comme la linguistique, se limite à l'étude de signes intentionnels, il est absolument nécessaire de maintenir une distinction entre le signe, en tant que tel, et sa manifestation, appelée *sémiose* par Charles Peirce, le père de la sémiotique moderne.

 La *sémiose* est une action, une activité, un événement, etc. qui implique un signe : c'est un fait (au sens le plus général) correspondant au fonctionnement d'un signe en tant que vecteur d'information.

Contrairement à la sémiose, qui est « quelque chose qui a lieu », le signe est une entité abstraite ou, plutôt, inerte : une simple association entre contenu et forme[1]. On peut ainsi comparer le signe, pris en lui-même, à une ampoule électrique éteinte et la sémiose, mettant en jeu le signe, au fonctionnement de cette ampoule : l'ampoule allumée qui éclaire une pièce. La sémiose, pour se réaliser pleinement, doit donner lieu à une réception d'information par celui qui interprète le signe en fonctionnement. Ainsi donc, une analyse complète d'un fait de sémiose implique au moins la prise en considération 1) du signe lui-même, 2) de l'émetteur du signe (en cas de signe intentionnel) et 3) du récepteur de l'information ou, plus exactement, de l'interpréteur du signe. La plupart des approches linguistiques se positionnent (explicitement ou implicitement) par rapport à leur conception du fait de sémiose, selon qu'elles privilégient le rôle du locuteur — focalisation sur l'encodage — ou celui du destinataire du message linguistique — focalisation sur le décodage. Pour notre part, nous adoptons clairement la perspective de l'encodage linguistique dans notre présentation des notions de lexicologie et de sémantique. Nous croyons en effet que c'est celle qui permet le mieux de mettre au jour les mécanismes de fonctionnement des lexiques, qui sont des ressources permettant d'encoder la pensée. La focalisation sur la tâche du locuteur permet aussi d'isoler la composante proprement langagière de la sémiose linguistique. En effet, s'il est plus facile d'avoir une connaissance dite passive d'une langue qu'une connaissance active, c'est bien parce que la première repose de façon beaucoup moins fondamentale que la seconde sur la maîtrise des règles linguistiques[2].

---

1. Sans entrer dans les détails, notons que la notion de signe, telle qu'elle est conçue par Peirce, est en fait plus complexe. Pour Peirce, le signe, bien que distinct de la sémiose, est indissociable de celle-ci car le signe n'existe qu'en tant qu'il est interprété ; selon les propres termes de Peirce : *nothing is a sign unless it is interpreted as a sign.*

2. Notons que cette dichotomie dans les approches linguistiques — encodage *vs* décodage — se retrouve dans la description des lexiques faite par les dictionnaires : voir, Chapitre 10 (p. 232), la distinction entre dictionnaires d'encodage et de décodage.

Types de relations contenu-forme dans les signes

Outre la distinction entre signes intentionnels et non intentionnels, on peut classer les signes en fonction du type de relation existant entre leur contenu et leur forme. Cela nous permet de dégager trois grandes familles de signes : icône, symbole et indice.

Icône : relation d'analogie entre contenu et forme

Un *icône* est un signe à propos duquel on peut dire, de façon très générale, qu'il existe une relation d'analogie entre son contenu et sa forme.

Ainsi, le dessin (1a) ci-dessous, apposé sur la porte des toilettes d'un restaurant, est iconique dans la mesure où le contenu qu'il véhicule alors ('toilettes pour femmes') est évoqué dans sa forme (dessin d'une silhouette féminine). Au contraire, le pavillon maritime (1b), qui signifie 'six', ne possède rien dans sa forme qui puisse présenter une quelconque analogie avec son contenu et ne sera donc pas considéré comme étant un icône[3].

(1)   a.

      b.

Le choix du terme *analogie* pour caractériser le type de relation contenu-forme considéré ici a son importance. On pourrait parler de ressemblance, mais ce dernier terme s'applique avant tout à la mise en relation d'entités de même nature, notamment d'entités qui se perçoivent de la même façon : un objet peut ressembler à un autre objet, un son à un autre son, un goût à un autre goût, etc. Cependant, dans le cadre de la caractérisation des signes,

---

3. Ce terme technique est souvent employé au masculin (*un icône*) pour le distinguer du terme désignant une image religieuse (*une icône*, nécessairement au féminin). On écrit aussi parfois *icone* (sans accent circonflexe) pour désigner ce type de signe.

nous considérons la mise en relation d'entités de natures fondamentalement différentes : le contenu du signe est une information, une entité immatérielle, alors que sa forme est une entité perceptible par les sens. Le dessin de (1a) ressemble effectivement plus ou moins à une silhouette féminine, mais il serait très étrange de dire qu'il « ressemble au contenu » du signe en question. Par contre, le contenu du signe et sa forme fonctionnent de façon **analogue** : ils nous renvoient tous deux à la notion de femme. Voilà donc pourquoi on parle ici de relation d'analogie, et non de ressemblance, entre contenu et forme.

Symbole : absence de relation évidente entre contenu et forme

Un **symbole** est un signe pour lequel on n'identifie pas de relation logique évidente entre contenu et forme.

Le pavillon maritime en (1b) est, de ce fait, un symbole typique. Un mot de la langue, comme *chat*, est aussi un symbole puisqu'il n'existe aucun lien d'analogie ou, plus généralement, aucun lien logique entre son contenu et sa forme. On pourrait aussi bien dire *cat* en anglais, *gato* en espagnol, *koška* en russe, *māo* en mandarin, etc., pour exprimer sensiblement la même chose.

Le signe linguistique est donc avant tout symbolique, et c'est là une de ses caractéristiques essentielles, comme nous le verrons plus bas.

Indice : relation de contiguïté entre contenu et forme

Un *indice* est un signe pour lequel on peut identifier une relation de contiguïté entre contenu et forme. Il fonctionne en tant que signe parce que sa présence physique dans notre environnement est interprétée comme désignant quelque chose qui est associé à cette présence physique, à cette forme.

Le terme de ***contiguïté*** est utilisé dans la définition ci-dessus pour renvoyer à tout type de « proximité », dans le sens le plus général. On peut ainsi considérer la contiguïté physique, comme celle qui se manifeste entre partie et tout, entre objets adjacents, entre une direction et ce qui est dans cette direction, etc. Mais la contiguïté mise en œuvre dans les indices recouvre aussi la succession temporelle, le lien de cause à effet, etc.

Ainsi, les signes suivants sont des indices typiques.

(2) a. Une marque de rouge à lèvres sur le rebord d'un verre, qui nous indique qu'une femme a vraisemblablement bu dans ce verre.

  b. Les poches sous les yeux d'un collègue, qui nous indiquent qu'il a encore passé la nuit à travailler.

  c. Les poches sous les yeux d'un autre collègue, qui nous indiquent qu'il a encore passé la nuit à jouer au bridge.

On remarque que, dans le cas des signes indiciels ci-dessus, **qui sont tous non intentionnels**, il existe un lien de cause à effet entre la présence du signe et ce qu'il exprime : en buvant dans ce verre, une femme laisse une marque de rouge ; en travaillant toute la nuit, notre collègue aura des valises sous les yeux ; etc.

On peut cependant aisément trouver des exemples d'indices illustrant d'autres types de relations contenu-forme, comme la relation partie-tout en (3a) ou l'adjacence en (3b).

(3) a. Le bras d'un enfant qui dépasse de l'arbre derrière lequel il s'est caché, qui révèle sa présence à son camarade de jeu.

  b. La présence d'un objet familier (lunettes, sac, etc.), qui nous indique que son propriétaire n'est pas loin.

On retiendra que les signes non intentionnels sont, par défaut, des signes indiciels. Attention, cependant ! L'inverse n'est pas vrai, et un signe indiciel peut tout à fait être intentionnel. En voici deux exemples.

1. Une croix que l'on trace sur un meuble pour signaler aux déménageurs que ce meuble doit rester dans la maison est un signe intentionnel clairement indiciel. Il sert à désigner un objet et doit être physiquement présent sur l'objet en question pour que la désignation soit effective (contiguïté physique).

2. Nous avons tous vu au moins un film policier où l'un des personnages fabrique de toutes pièces une preuve au moyen d'un « indice trompeur ». Par exemple, il laisse volontairement sur les lieux d'un crime un objet qui incriminera un autre personnage[4]. La présence de cet objet, qui sera interprétée comme signifiant que le second personnage est impliqué dans le délit, est clairement un indice. Pourtant, elle est mise en scène sciemment par quelqu'un pour transmettre une information (même si cette information est fausse).

La distinction entre signe intentionnel et signe non intentionnel ne recoupe donc qu'en partie une opposition entre icône-symbole et indice. De plus, il existe d'autres façons de classifier les signes que celle fondée sur

---

4. On dit en anglais *to plant evidence* pour désigner ce stratagème.

la nature de la relation entre contenu et forme, et d'autres terminologies sont en vigueur, parallèlement à celle que nous employons ici. Le texte d'O. Ducrot et J.-M. Schaeffer, suggéré comme lecture à la fin de ce chapitre, permet d'élargir la perspective en cette matière.

Caractère hybride des signes

Il faut interpréter la classification des signes donnée ci-dessus comme une façon d'identifier des **tendances**. Un signe est rarement purement iconique, symbolique ou indiciel.

Par exemple, serrer la main, pour « officialiser » une rencontre, est iconique dans la mesure où il existe un lien évident entre le fait de saisir la main de quelqu'un — de se lier physiquement à lui — et celui de concrétiser une rencontre. Mais ce signe est en même temps symbolique parce qu'il est en partie arbitraire. On pourrait aussi bien se frotter le nez, se mordre l'oreille ou faire des gestes encore plus étonnants.

Même le signe (1a), qui indique les toilettes pour femmes, n'est pas purement iconique. Il est aussi symbolique, car c'est par convention que l'on considère que la silhouette en question désigne la femme par opposition à l'homme. Il est aussi en partie indiciel dans la mesure où il ne prend sa signification véritable ('réservé aux femmes') qu'une fois apposé sur une porte de toilettes. Bien entendu, cette caractérisation du signe (1a) comme partiellement indiciel pourrait être débattue. Ce que nous voulons souligner ici, c'est que ce signe pris isolément n'est que la représentation schématique d'une personne de sexe féminin. Il doit être physiquement associé à un lieu déterminé pour indiquer que ce lieu est réservé aux femmes (et donc interdit aux hommes). Ce fonctionnement le rapproche de la croix que l'on trace sur un objet, mentionnée plus haut (p. 33) comme exemple d'indice intentionnel.

Au lieu de classifier de façon rigide les signes en icônes, symboles ou indices, on doit toujours garder à l'esprit que le cas le plus typique est celui de signes hybrides, qui présentent des caractéristiques d'au moins deux des classes étudiées.

On pourrait ainsi choisir de visualiser la distinction qui a été établie en fonction de la relation contenu-forme au moyen d'un triangle dont chaque angle représenterait un type « pur » de signe, chaque autre point géométrique dans la superficie du triangle indiquant un type hybride. Par exemple, la différence de nature entre (1a) et (1b) pourrait être visualisée de la façon suivante :

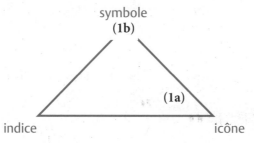

Nous verrons plus loin que cette remarque sur la nature hybride des signes peut s'appliquer aussi, dans une certaine mesure, aux signes linguistiques (« Caractère arbitraire du signe linguistique », p. 36).

Le signe linguistique selon Ferdinand de Saussure

Le *signe linguistique*, tel que le définit F. de Saussure, se distingue des autres signes par la concomitance d'au moins cinq propriétés, que nous examinerons à tour de rôle dans la présente section.

Association indissoluble signifié-signifiant

Le signe linguistique est constitué de l'association indissoluble — c'est-à-dire, nécessaire — entre un contenu, appelé *signifié*, et une forme, appelée *signifiant*. Même si l'on peut bien entendu considérer et analyser séparément les composantes du signe linguistique, il faut toujours se souvenir qu'elles n'ont pas d'existence propre : chacune de ces deux composantes n'existe qu'en fonction de l'autre.

Le signifiant du signe linguistique possède en outre la particularité d'être, selon F. de Saussure, une « image acoustique ». Ce terme peut poser problème. Ce que Saussure veut mettre en lumière ici, c'est que le signifiant du signe n'est pas une suite de sons puisqu'on ne retrouve les sons que dans la parole (la manifestation concrète de la langue). Le signifiant est plutôt un patron sonore abstrait, stocké dans la mémoire du locuteur, et que ce dernier pourra utiliser soit pour émettre (concrétiser) le signe en question, soit pour identifier un signe dont il est le récepteur.

Il est très important de bien comprendre que le signe, en tant qu'élément de la langue, est une entité entièrement psychique, qui réside dans le cerveau. La même expression linguistique ne sera jamais prononcée deux fois exactement de la même manière, mais on sait très bien identifier deux instances d'utilisation d'une expression donnée : dans chacun des cas, la suite de sons produite peut être associée à un même patron sonore abstrait, à une même image acoustique.

On utilisera les conventions d'écriture suivantes pour bien distinguer les deux composantes du signe linguistique :
- guillemets simples pour le signifié du signe, par exemple : 'stupéfaction' ;
- italique pour le signifiant du signe, par exemple : *stupéfaction*.

Pour être parfaitement rigoureux, il faudrait aussi utiliser une convention d'écriture particulière pour nommer le signe linguistique dans sa totalité, en tant qu'entité appartenant à la langue. On se contentera cependant de désigner le signe linguistique de la même façon que l'on désigne son signifiant (en italique), par exemple : le signe *stupéfaction*.

Caractère arbitraire du signe linguistique

Le signe linguistique est arbitraire, en ce sens que l'association entre son signifié et son signifiant n'est pas logiquement motivée. Cela revient à définir le signe linguistique comme symbole.

On peut noter cependant que certains mots de la langue sont en partie iconiques. Il s'agit des onomatopées, comme le nom français *ronron* [*D'après certains comportementalistes, le ronron du chat a un rôle social.*]. Il existe un lien d'analogie évident entre la forme linguistique /ʀɔ̃ʀɔ̃/ et le contenu qu'elle exprime. Malgré cela, *ronron* reste un mot du français, en partie symbolique. En anglais, par exemple, on désigne le bruit de contentement émis par le chat par le mot *purr* et il est fort douteux que les chats des pays francophones produisent des sons différents de ceux qu'émettent les chats des pays anglophones. Le fait qu'un mot, même onomatopéique, doive être traduit en passant d'une langue à l'autre est une preuve de son caractère essentiellement symbolique.

Caractère figé du signe linguistique

Le signe nous est imposé par le code social qu'est la langue et il est donc figé. C'est ce que Saussure appelle l'*immutabilité du signe*. Le nom français *maison* existait déjà en français il y a cent ans et existera encore vraisemblablement dans cent ans. C'est grâce à cette stabilité du système linguistique que l'on peut apprendre les langues, les utiliser tout au cours de notre existence et transmettre des informations à travers le temps.

Si chaque individu avait la liberté de créer de nouveaux signes linguistiques, ou de faire évoluer les signes de la langue selon son bon vouloir, il n'y aurait plus de fonctionnement social possible pour la langue. Une langue, c'est un peu comme un code de la route que tout le monde adopte et observe pour que la plus grande harmonie règne entre les humains quand ils communiquent, comme elle règne sur les routes quand ils conduisent.

Caractère évolutif du signe linguistique

Oui, il y a une « légère » nuance d'ironie dans ce que nous venons de dire, car chacun sait bien que les règles sont sans cesse transgressées, sur la route comme dans la communication langagière, et qu'elles sont de plus loin d'être immuables.

Les signes d'une langue, comme les lois ou les règlements, sont ainsi sujets à deux types de variations :

1. des variations individuelles — puisque chacun n'applique pas nécessairement ces lois de la même façon, ou n'a pas nécessairement appris exactement le même système de lois ;
2. une transformation dans le temps — dans la mesure où les lois et les systèmes de signes linguistiques subissent des modifications au cours des années.

Bien entendu, les transformations du code linguistique se produisent la plupart du temps sans que les locuteurs le désirent consciemment. Un mot de la langue meurt en général très progressivement de sa belle mort, tout simplement parce que de moins en moins de personnes l'utilisent. Tout se passe de façon graduelle, insensible et involontaire, mais le fait demeure : les signes de la langue évoluent, ce qui est en apparente contradiction avec la caractéristique précédemment mentionnée. C'est ce que Saussure appelle la *mutabilité du signe*.

Caractère linéaire du signe linguistique

Le signifiant du signe linguistique est linéaire, du fait de la nature orale de la langue et de la physiologie humaine. En effet, nous ne sommes capables de produire aisément avec notre système phonatoire qu'un son à la fois : la réalisation d'un message linguistique est donc une suite linéaire de sons. Au niveau du signe, les signifiants sont des patrons sonores linéaires. Notons que la contrainte de linéarité ne s'appliquerait pas à un système sémiotique gestuel, puisque l'on peut tout à fait, physiologiquement, produire et identifier plusieurs gestes de façon simultanée[5].

Conclusion sur la nature du signe linguistique

Pour conclure, rappelons que nous venons de caractériser le signe linguistique en nous inspirant très directement de la présentation qu'en a faite F. de Saussure. Nous ne prétendons aucunement que cette caractérisation soit complète ou suffisante. Nous verrons notamment très bientôt, p. 40 et suivantes, que chaque signe linguistique se caractérise non seulement par son signifié et son signifiant, mais aussi par ses propriétés de combinatoire, qui contraignent son emploi dans la phrase.

On peut également signaler ici une propriété importante de la **langue**, en tant que système de signes : l'ensemble des signes de chaque langue et l'ensemble des règles de combinaison de ces signes sont synchroniquement finis. C'est ce qui rend possible une description relativement complète du lexique et de la grammaire des langues (dictionnaires et traités de grammaire).

Types de signes linguistiques

Nous allons voir, dans cette section, que la notion de signe linguistique recouvre un ensemble relativement hétérogène d'entités. Nous examinerons deux grands axes d'opposition entre signes linguistiques : signe lexical *vs* signe grammatical et signe élémentaire *vs* signe complexe.

---

5. La caractéristique de linéarité s'applique à l'immense majorité des signes linguistiques. Nous verrons cependant, au Chapitre 4, qu'il existe dans chaque langue un petit ensemble de signes, dits *signes suprasegmentaux*, qui se superposent à la chaîne parlée, rompant ainsi la stricte linéarité de l'agencement des signes. Voir l'exemple (4) du Chapitre 4, ainsi que les explications qui l'accompagnent (p. 68 et suivantes).

Signe lexical et signe grammatical

Les signes linguistiques sont-ils uniquement des **mots** ? Nous avons souvent employé, dans ce qui précède, le terme *mot* en parlant de signes linguistiques. Le problème est que ce terme est très ambigu et, comme nous le verrons au chapitre suivant, nous éviterons de l'employer et lui préférerons des termes techniques plus précis, dont chacun désigne une entité linguistique clairement identifiée.

On peut cependant se permettre de dire pour l'instant que des mots comme *boire, dormir, chemin, maison*, etc. sont des signes linguistiques. Cependant, si tous les mots sont des signes linguistiques, tous les signes linguistiques ne sont pas des mots.

Il faut ainsi au moins distinguer les **signes lexicaux**, comme ceux que l'on vient de mentionner, et les **signes grammaticaux**, dont voici deux exemples.

1. Le suffixe du pluriel des noms français -*s* :
   - il a un signifiant — qui ne se manifeste cependant à l'oral que dans le phénomène de liaison ; ainsi, l'expression *quatre amis épatants* se prononce /katʀamizepatɑ̃/ ;
   - il a un signifié — le sens de pluralité.

2. Le préfixe français *re*-, qui se combine aux verbes pour exprimer le sens de répétition : *refaire, rediscuter, revisiter*, etc.

Nous aurons l'occasion de revenir sur les signes linguistiques non lexicaux au Chapitre 4, qui introduit les notions de base de morphologie dont la connaissance est nécessaire en lexicologie.

Signe élémentaire et signe complexe

La distinction entre signe lexical et signe grammatical permet de mettre en évidence une autre opposition.

1. Les **signes élémentaires** sont des signes qui ne peuvent être décomposés en signes plus simples dont ils seraient constitués. Par exemple, la préposition *avec* est un signe linguistique élémentaire.

2. À l'opposé, les **signes complexes** sont décomposables en d'autres signes. Par exemple, *amis* peut être analysé comme la combinaison des deux signes *ami* + -*s*.

Il faut souligner qu'un signe linguistique complexe n'est pas nécessairement constitué d'un signe lexical et d'un ou plusieurs signes grammaticaux. *Fruit de mer*, par exemple, est formellement décomposable en trois signes lexicaux : *fruit* + *de* + *mer*. On remarquera que nous présupposons ici que *fruit de mer* est un signe linguistique. En fait, toute expression linguistique qui correspond à une association indissoluble signifié-signifiant — *pomme de discorde, conter fleurette, à propos* [*de*], etc. — est un signe linguistique.

Ce qui peut poser problème avec les signes de ce type, c'est la nature **lexicale** des expressions en question. Ce point sera examiné en détail dans le prochain chapitre, lorsque nous aborderons la notion de locution.

Combinatoire restreinte des signes linguistiques

Le signe linguistique peut être conceptualisé comme comportant une composante additionnelle : sa combinatoire restreinte.

Attention ! Cet aspect essentiel de la caractérisation du signe linguistique n'est pas présenté dans la plupart des textes d'introduction, mais c'est une extension du signe saussurien (proposée dans le cadre de la théorie linguistique Sens-Texte[6] sous le nom de *syntactique* du signe linguistique) qui va nous permettre de rendre compte de façon « élégante » de nombreux phénomènes linguistiques.

La ***combinatoire restreinte*** d'un signe linguistique est l'ensemble des contraintes propres à ce signe qui limitent sa capacité de se combiner avec d'autres signes linguistiques et qui ne peuvent être déduites ni de son signifié ni de son signifiant.
Par opposition, la ***combinatoire libre*** d'un signe linguistique est sa capacité de se combiner avec d'autres signes linguistiques qui est directement héritée de son signifié et de son signifiant.

Par exemple, le signe français *sommeil* est l'association d'un signifié et d'un signifiant, mais il se caractérise aussi par de multiples propriétés de combinatoire restreinte. Nous n'en citerons ici que trois.

1. C'est un nom commun et, en conséquence, 1) il est apte à assumer le rôle syntaxique de sujet ou complément d'un verbe : *le sommeil est une perte de conscience, interrompre le sommeil* ; 2) il doit normalement s'employer avec un déterminant (article, adjectif possessif, etc.) : *un/le/son… sommeil.*

---

6. Nous aurons l'occasion de revenir assez fréquemment sur certaines notions importantes introduites dans le cadre de la théorie Sens-Texte (voir l'entrée « théorie Sens-Texte » dans l'index des notions, à la fin de l'ouvrage).

2. Il est masculin et conditionne donc la forme masculine de ses déterminants et des adjectifs qui le modifient : *un sommeil profond*, et non pas *une sommeil profonde.*

*Usage du symbole « * ».* En linguistique, on est fréquemment obligé d'établir des comparaisons entre des expressions bien formées, qui respectent les règles linguistiques, et des expressions qui transgressent certaines de ces règles. Les premières sont appelées **expressions grammaticales** et les secondes, **expressions agrammaticales**. On utilise donc couramment l'astérisque (*) devant une expression pour indiquer qu'elle est agrammaticale. Cette convention permet de donner des exemples de constructions mal formées en garantissant que le lecteur interprétera correctement la portée de ces exemples.

On remarquera que le terme *agrammatical* est en partie inapproprié. Il tend à associer tout énoncé incorrect à une transgression de règles de **grammaire** de la langue, occultant ainsi la transgression de règles qui, comme celles contrôlant la combinatoire des signes lexicaux, relèvent du **lexique**. Une expression agrammaticale comme *un voiture* peut être évaluée comme relevant soit d'un problème de grammaire — son auteur n'a pas respecté une règle d'accord du français —, soit d'un problème de combinatoire restreinte — son auteur n'a pas traité le nom *maison* comme portant le genre féminin. Dans un contexte d'enseignement de la langue, notamment, il est très important de bien identifier la source d'une erreur de ce type car on ne corrige pas de la même façon la méconnaissance d'une règle de grammaire (règle générale par nature) et la méconnaissance d'une propriété « locale » d'un élément du lexique.

3. On peut combiner ce signe avec les adjectifs *lourd* et *profond* pour exprimer l'intensification de son sens et avec le verbe *tomber* [*dans*] pour exprimer le sens ‛commencer à être dans un état de sommeil’, d'autres combinaisons « logiquement » possibles étant ici exclues :
   - *un lourd / profond sommeil*
   - *un pesant / grand sommeil*
   - *Léo tomba dans un profond sommeil.*
   - *Léo dégringola dans un profond sommeil.*

Ces dernières propriétés de combinatoire pourront sembler évidentes au lecteur et il se demandera peut-être en quoi elles sont véritablement des caractéristiques du signe *sommeil*. Ce point deviendra plus clair au Chapitre 7, lorsque nous étudierons la notion de collocation (p. 163 et suivantes).

Ici se conclut cet important chapitre sur le signe linguistique. La maîtrise de toutes les notions qui viennent d'être introduites est absolument essentielle pour bien appréhender le contenu des chapitres qui s'en viennent.

Équipés de ces notions, nous pouvons maintenant aborder la caractérisation de l'objet d'étude de la lexicologie : la lexie.

Lectures complémentaires

Saussure, Ferdinand de (1972 [1916]). *Cours de linguistique générale*, Paris, Payot, p. 97-113.

Ces pages du *Cours de linguistique générale* traitent de la caractérisation saussurienne du signe linguistique.

Klinkenberg, Jean-Marie (1996). « Sémiologie ou sémiotique ? », dans *Précis de sémiotique générale*, collection « Points Essais », n° 411, Bruxelles, De Boeck Université, p. 21-27.

À lire pour une discussion claire et condensée de l'usage des termes *sémiologie* et *sémiotique*. Le point de vue terminologique adopté par l'auteur correspond à l'usage que nous faisons du terme *sémiotique* (voir « La science des signes », p. 29).

Ducrot, Oswald et Jean-Marie Schaeffer (1995). « Signe », dans *Nouveau dictionnaire encyclopédique des sciences du langage*, Paris, Éditions du Seuil, p. 253-266.

On trouvera dans ce texte une classification des types de signes plus élaborée que celle introduite dans le présent chapitre. La notion de signe y est située dans une perspective plus large, proche de celle de Charles Peirce mentionnée ci-dessus (p. 30) : l'étude des systèmes sémiotiques, dont la langue est un cas particulier. Nous recommandons l'achat du dictionnaire de Ducrot et Schaeffer aux étudiants en linguistique ; c'est un ouvrage très utile et assez bon marché. Attention : il s'agit ici du ***Nouveau*** *dictionnaire encyclopédique des sciences du langage* (paru en 1995).

Benveniste, Émile (1966). « Communication animale et langage humain », dans *Problèmes de linguistique générale*, Paris, Gallimard, p. 56-62.

Ce texte est intéressant à lire pour mieux saisir la notion de système sémiotique en général.

Exercices

Exercice 2.1

En quoi le visage d'une personne qui rougit sous le coup d'une émotion, les bandes blanches qui signalent un passage pour piétons et le « V » de la victoire sont-ils des signes de nature différente ?

Exercice 2.2

Inventer un nouveau pavillon maritime pour remplacer (1b) ci-dessus (p. 31), pavillon qui serait de nature iconique plutôt que symbolique. Montrer qu'il serait alors utile de considérer une série de pavillons au lieu d'un seul.

Exercice 2.3

Nous avons décrit le signifiant du signe linguistique comme un patron sonore, même si la plupart des langues se matérialisent aussi sous une forme écrite. Pourquoi doit-on considérer que le mode de communication langagière est avant tout sonore et non écrit ?

Exercice 2.4

Expliquer pourquoi *tapis* est un signe linguistique et pourquoi la première syllabe de ce mot (*ta-*) n'en est pas un.

Exercice 2.5

Est-ce que *Miaou !* [*Le chat fit « Miaou ! » et se sauva dans la cuisine.*] est un signe linguistique ? Pourquoi ?

3

L'UNITÉ LEXICALE OU LEXIE

*Il est utile d'avoir examiné le nombre des acceptions d'un
terme, tant pour la clarté de la discussion (car on peut mieux
connaître ce qu'on soutient, une fois qu'a été mise en lumière
la diversité de ses significations), qu'en vue de nous assurer
que nos raisonnements s'appliquent à la chose elle-même
et non pas seulement à son nom. Faute, en effet, de voir
clairement en combien de sens un terme se prend, il peut
se faire que celui qui répond, comme celui qui interroge,
ne dirigent pas leur esprit vers la même chose. Au contraire,
une fois qu'on a mis en lumière les différents sens d'un terme
et qu'on sait sur lequel d'entre eux l'interlocuteur dirige son
esprit en posant son assertion, celui qui interroge paraîtrait
ridicule de ne pas appliquer son argument à ce sens-là.*

ARISTOTE, *Les Topiques* (I, 18).

Nous avons mentionné au début du Chapitre 1 (p. 15) que, le présent
ouvrage traitant de l'étude du lexique, la discipline centrale dont il relève est
la lexicologie. Voici maintenant comment nous définirons cette discipline :

> La **lexicologie** est une branche de la linguistique qui étudie les propriétés des
> unités lexicales de la langue, appelées **lexies**.

Nous attirons l'attention du lecteur sur le fait que nous n'avons pas employé le terme *mot* pour désigner l'objet d'étude de la lexicologie, lui préférant un terme aux consonances plus « techniques » : *lexie*. Nous verrons les
raisons de ce choix terminologique dans la section suivante.

La lexie fait l'objet de tout un chapitre, comme cela a été le cas pour le signe linguistique. En effet, la notion de lexie ne se laisse pas facilement isoler et, pour la définir, il faut en fait mettre au jour et expliciter tout un réseau de notions intimement liées. Un peu comme si l'on tirait sur le fil d'une pelote de laine jusqu'à ce qu'elle se déroule entièrement. La nécessité de définir une notion contraint presque inévitablement, dans le cas d'une science descriptive comme la linguistique, à définir un champ notionnel où tout se tient. Il est même difficile de s'enfermer à l'intérieur d'une branche donnée de la linguistique. La lexicologie, en particulier, n'est pas un domaine d'étude qu'on peut véritablement circonscrire. Pour bien faire de la lexicologie, pour bien aborder l'étude du lexique, il faut définir des notions de base de sémantique, bien entendu, mais aussi de syntaxe, de morphologie et de phonologie. Les incursions dans le domaine de la phonologie seront extrêmement rares et ponctuelles dans les chapitres à venir. D'ailleurs, les notions phonologiques fondamentales tendent à être admises, à un niveau élémentaire, sur une base relativement consensuelle ; nous les présupposerons donc connues et ne nous attarderons pas à les définir. Il en va tout autrement des notions de sémantique, de morphologie et (plus marginalement) de syntaxe, qu'il nous faudra souvent prendre à bras-le-corps et définir explicitement.

Dans ce chapitre, nous justifierons d'abord le rejet du terme *mot*, en tant que notion lexicologique, et nous étudierons les deux notions centrales que sont le mot-forme et le lexème. Nous examinerons ensuite le cas des locutions. C'est alors seulement que nous serons en mesure de définir la lexie de façon relativement précise. Les autres notions qu'il nous faudra ensuite introduire avant de clore le chapitre sur la lexie sont celles de vocable, de polysémie et d'homonymie. Bref, nous n'avons pas menti au lecteur en parlant de dérouler une pelote de laine…

Notions introduites *Lexicologie, lexie (= unité lexicale), mot-forme, lexème, flexion, syntagme (libre et figé), syntaxe de dépendance, arbre de dépendance, relation de dépendance syntaxique, gouverneur syntaxique, racine (d'un arbre de dépendance), locution (nominale, verbale, adjectivale, adverbiale, prépositionnelle), (non-)compositionnalité sémantique, vocable, acception, polysémie, forme canonique, homonymie, entité lexicale.*

Mot, mot-forme et lexème

Problèmes posés par l'emploi du terme « mot »

Le terme *mot* est ambigu, comme le montrent les exemples suivants :

(1) a. *Sa réponse tient en deux* **mots** *: « Sûrement pas ! »*

    b. *« [je] cours », « [tu] cours », « [il] court », « [nous] courons », etc., sont des formes du même* **mot**.

De façon très naïve et approximative, on pourrait dire que, dans la phrase (1a), *mot* est employé pour désigner des signes linguistiques qui sont séparées à l'écrit par des espaces ou des marques de ponctuation. Dans (1b), en revanche, il est explicitement dit qu'un mot est quelque chose de plus « abstrait », de plus général qu'une forme linguistique. On retrouve la même distinction lorsqu'on dit, par exemple :

(2) a. *« Parce que » s'écrit en* **deux** *mots* — sens de (1a)

    b. *« Parce que » est* **un** *mot qui se traduit en anglais par « because »* — sens de (1b)

Tout cela montre que le terme *mot* est utilisé pour désigner au moins deux notions différentes. De nombreux textes de linguistique entretiennent malheureusement la confusion, en employant ce terme pour désigner des entités tout à fait distinctes. À cela s'ajoute le fait que *mot* peut signifier encore bien d'autres choses, dans la langue de tous les jours ou comme terme technique.

(3) a. *Pour conclure, je dirai juste un mot* [= 'texte oral ou écrit relativement court'] *sur les qualités personnelles de notre cher collègue.*

    b. *Il a glissé un mot* [= 'très courte lettre'] *sous la porte de Germaine.*

    c. *En informatique, un octet est un mot* [= 'séquence d'informations élémentaires'] *de huit bits.*

Le terme *mot* est donc d'un usage dangereux en lexicologie. Lorsqu'on traite du lexique, il faudrait au moins, comme le suggère Aristote dans la citation en exergue à ce chapitre, prendre soin de spécifier dans quel sens nous employons *mot* — ce qui serait pour le moins fastidieux.

Pour éviter toute confusion, nous n'utilisons jamais *mot* comme terme linguistique technique et lui préférons un système assez riche, mais nécessaire, de termes spécifiques : *mot-forme, lexème, locution, lexie* (déjà mentionné plus haut) et *vocable*. La lexie, qui est le sujet principal de ce chapitre, est un peu le centre de gravité de cette terminologie. Cependant, c'est le mot-forme qui, en tant que signe linguistique lexical, est la source logique de toutes les autres notions. C'est donc par lui que nous commencerons.

Le mot-forme

On désignera par le terme *mot-forme*[1] la notion correspondant à l'exemple (1a) ; elle peut se définir de la façon suivante :

Un *mot-forme* est un signe linguistique ayant les deux propriétés suivantes :
1. il possède une certaine autonomie de fonctionnement ;
2. il possède une certaine cohésion interne.

Pour que la définition ci-dessus soit compréhensible, il faut préciser ce que l'on entend par *autonomie de fonctionnement* et *cohésion interne*. Nous le ferons en examinant la phrase suivante, qui contient quatre mots-formes :

(4)   *Le chemin est encombré.*

Autonomie de fonctionnement. L'autonomie de fonctionnement de chacun des mots-formes de cette phrase — *le, chemin, est* et *encombré* — peut être testée de multiples façons. Nous en examinerons trois.

Premièrement, il est possible de remplacer chacun des quatre mots-formes de (4) par d'autres mots-formes pouvant avoir la même fonction grammaticale dans la phrase, comme l'illustre le tableau ci-dessous.

Patron de phrase à quatre positions avec trois choix pour chaque position

Position 1	Position 2	Position 3	Position 4
Le	*chemin*	*est*	*encombré*
Ce	*passage*	*sera*	*libre*
Un	*couloir*	*devenait*	*bizarre*

Ce tableau contient quatre colonnes de mots-formes, chacune correspondant à la position linéaire d'un des mots-formes de (4). Chaque colonne contient trois rangées de mots-formes ayant une même « valeur fonctionnelle », c'est-à-dire pouvant avoir la même fonction grammaticale dans la phrase (déterminant de nom, sujet du verbe, verbe principal et adjectif attribut du sujet). Il est possible de faire une phrase grammaticale en employant n'importe

---

1. À propos de ce terme, voir le commentaire de Mel'čuk (1993) dans la liste des lectures complémentaires de ce chapitre (p. 62).

lequel des mots-formes de la première colonne, suivi de n'importe lequel des mots-formes de chacune des colonnes subséquentes. En voici trois exemples choisis au hasard parmi les 81 possibilités ($= 3^4$).

(5) a. *Ce chemin sera encombré.*

  b. *Un passage devenait libre.*

  c. *Ce couloir sera bizarre.*

On voit que chacun des mots-formes énumérés dans le tableau ci-dessus, et par voie de conséquence chacun des mots-formes de (4), est relativement autonome puisqu'il n'a besoin d'aucun autre mot-forme **en particulier** pour fonctionner dans une phrase. Ainsi, le mot-forme *ce* n'a pas besoin d'être suivi par *chemin* dans *Ce _____ est encombré* pour que la phrase soit acceptable. Il suffit que la position en cause soit occupée par un mot-forme ayant à peu près la même combinatoire grammaticale que *chemin*.

Une deuxième façon de montrer l'autonomie de fonctionnement des mots-formes de (4) consiste à employer chacun d'entre eux dans d'autres contextes que celui de la phrase initiale.

(6) a. *Il regarde **le** chien.*

  b. *C'est un **chemin** ombragé.*

  c. *Je pense qu'il **est** fragile.*

  d. *Je trouve ton bureau bien **encombré** de choses inutiles.*

Finalement, une troisième méthode consiste à montrer que les mots-formes apparaissant dans la phrase sont séparables les uns des autres par insertion d'autres mots-formes. Ainsi, on peut insérer des mots-formes avant et après chaque mot-forme de (4) — comme on le voit ci-dessous :

(7) *Le petit chemin ombragé est bien encombré aujourd'hui.*

Cohésion interne. La cohésion interne des mots-formes de (4), quant à elle, se manifeste justement dans le fait qu'une insertion de nouveaux mots-formes, **à l'intérieur des mots-formes** eux-mêmes, est impossible. On ne peut construire de phrase comme :

(8) **Le che**ombragé**min est encom**bien**bré.*

Rappel (Chapitre 2, p. 41) : l'astérisque (*) est utilisé en linguistique pour indiquer l'agrammaticalité d'une expression.

Pour conclure sur le mot-forme, signalons que les critères d'identification des mots-formes varient suivant la langue. Il est notamment possible, dans certaines langues, de faire usage de critères phoniques. Par exemple, en mandarin, la grande majorité des mots-formes sont constitués de deux syllabes. Ces critères ne sont cependant jamais suffisants pour identifier les mots-formes d'une langue et ils sont pratiquement inexistants dans le cas du français.

Le lexème

Examinons maintenant l'emploi que nous avons fait de *mot* dans la phrase (1b). Nous répétons cette phrase ci-dessous — en (9a), en lui adjoignant un autre exemple mettant en jeu la même utilisation de *mot*.

(9) a.   « *Suis* », « *es* », « *est* », « *sommes* », *etc., sont des formes du même* **mot**.

     b.   *Ce matin, José a appris deux nouveaux* **mots** *anglais.*

Il n'est pas question dans ces exemples de signes linguistiques du type mots-formes, mais d'entités lexicales de plus haut niveau que nous appellerons *lexèmes*.

> Le **lexème** est une généralisation du signe linguistique de type mot-forme : chaque lexème de la langue est structuré autour d'un sens exprimable par un ensemble de mots-formes que seule distingue la flexion.

Nous reviendrons sur la **flexion** au chapitre suivant. Cependant, le lecteur a sans nul doute déjà intuitivement une bonne idée de ce que recouvre cette notion ; c'est ce qui oppose les mots-formes à l'intérieur de chacune des séries suivantes :

(10) a.   *route ~ routes*

     b.   *canal ~ canaux*

     c.   *lent ~ lente ~ lents ~ lentes*

     d.   *[je] regarde ~ [tu] regardes ~ [il] regarde ~ [nous] regardons…*

> **Usage du symbole « ~ ».** Le tilde (~) est fréquemment utilisé en linguistique pour séparer des expressions que l'on veut contraster ou énumérer.

Dans chacune des séries de mots-formes ci-dessus, on retrouve un noyau unique de sens ('route', 'canal', 'lent' et 'regarder') qui appartient en propre au lexique de la langue. Les écarts sémantiques constatés entre chacun des mots-formes des séries relèvent, quant à eux, de la variation flexionnelle, c'est-à-dire avant tout de la grammaire (nombre du nom ; nombre et genre de l'adjectif ; personne, nombre, temps et mode du verbe).

Le lexème (et, donc, le sens autour duquel il est construit) est un élément de base de la connaissance lexicale. Lorsqu'on parle d'apprendre un « nouveau mot » dans une langue étrangère, on réfère en fait généralement à un lexème de cette langue : une entité de haut niveau qui se « matérialise » dans les phrases par des mots-formes spécifiques. Ainsi, DOG est un lexème de l'anglais, qui est associé aux deux mots-formes *dog* (singulier) et *dogs* (pluriel).

Les lexèmes (par exemple, DOG ci-dessus) seront toujours mentionnés dans l'ouvrage en petites majuscules, pour bien les distinguer des mots-formes. Ces derniers sont, quant à eux, écrits en italique, puisque ce sont des signes linguistiques (cf. les conventions d'écriture introduites au Chapitre 2, p. 36).

Résumons brièvement les points essentiels examinés dans cette première section.

1. *Mot* est ambigu et son usage en linguistique peut prêter à confusion.
2. Nous considérerons qu'il ne fait pas partie de notre terminologie linguistique.
3. Nous utiliserons à la place soit le terme *mot-forme* soit le terme *lexème*, selon la notion dont il sera question.
4. La notion de mot-forme a reçu une définition qui sera satisfaisante pour nos présents besoins.
5. La notion de lexème a été caractérisée comme un sens exprimable par un ensemble de mots-formes que seule distingue la flexion.

Le lexème représente le cas type de la lexie (de l'unité lexicale). Nous allons maintenant voir qu'il existe aussi des lexies qui ne sont pas des lexèmes : les locutions.

La locution

Structure syntagmatique de la locution

Nous avons pris soin, dans la section précédente, de ne pas établir une équivalence stricte entre la notion de lexème et celle d'unité lexicale, c'est-à-dire de lexie : tous les lexèmes sont des lexies, mais toutes les lexies ne sont pas des lexèmes. Faisons un petit exercice simple pour démontrer ce fait.

Il semble légitime d'admettre qu'il existe en anglais une unité lexicale POTATO ; cette unité lexicale est bien un lexème, associé aux deux mots-formes *potato* et *potatoes*. Maintenant, quel est l'équivalent français de POTATO ? Il s'agit de l'unité lexicale POMME DE TERRE, bien entendu[2]. Cependant, cette lexie n'est pas un lexème puisqu'elle est formellement exprimée dans les phrases par deux expressions linguistiques complexes — *pomme de terre* (singulier) ou *pommes de terre* (pluriel) — et non par de simples mots-formes. Nous sommes ici en présence d'une **locution**.

Pour bien cerner ce qu'est une locution, nous devons commencer par introduire une notion, celle de syntagme, qui relève normalement du domaine de la syntaxe. Elle est cependant incontournable en lexicologie, et nous aurons fréquemment l'occasion d'y faire appel.

Un **syntagme** est une suite linéaire de mots-formes qui sont tous connectés directement ou indirectement par des relations syntaxiques.

Ainsi, toute phrase grammaticale peut être « découpée » en un nombre plus ou moins grand de syntagmes, selon la complexité syntaxique de la phrase en question. Par exemple, dans la phrase ci-dessous :

(11) *Il épluche une belle pomme de terre.*

- la suite *belle pomme* est un syntagme car *belle* est un modificateur adjectival de *pomme* ; la structure du syntagme en question peut être représentée graphiquement de la façon suivante (voir explications plus bas) :

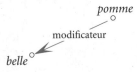

- *pomme de terre* est un syntagme car le tout forme une chaîne syntaxique (*terre* est indirectement connecté à *pomme* par l'intermédiaire de la préposition *de*) :

---

2. Le lexème PATATE n'est qu'un équivalent approximatif puisque, contrairement à POMME DE TERRE (et POTATO), il appartient au langage familier ou parlé.

- *belle pomme de terre* est aussi, conséquemment, un syntagme :

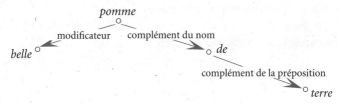

- etc.

> **Approche théorique sous-jacente.** Les analyses syntaxiques effectuées dans cet ouvrage reposent sur l'approche dite de la **syntaxe de dépendance**, présentée originellement par Lucien Tesnière dans son ouvrage *Éléments de syntaxe structurale* (Tesnière 1959). Nous veillons cependant à ce que nos analyses soient parfaitement compréhensibles pour toute personne ayant fait un minimum de grammaire au cours de ses études préuniversitaires.
>
> *Grosso modo*, selon cette approche, la structure syntaxique d'une phrase ou d'un syntagme est un « arbre » — dit **arbre de dépendance** — où chaque élément lexical de la phrase ou du syntagme est connecté par une **relation de dépendance syntaxique** à un autre élément lexical dont il dépend syntaxiquement — son **gouverneur syntaxique**. Un seul élément de cette structure — la **racine** de l'arbre — échappe à cette règle et gouverne directement ou indirectement tous les autres éléments lexicaux sans être lui-même gouverné par aucun.
>
> Le formalisme des arbres de dépendance est à rapprocher de celui des réseaux sémantiques, qui sera étudié au Chapitre 6.

Il convient de noter que le terme *syntagme* est malheureusement utilisé en linguistique pour dénoter des réalités assez différentes. Par exemple, F. de Saussure, dans son *Cours de linguistique générale*, l'emploie pour désigner toute suite cohérente de signes linguistiques. En conséquence, selon sa terminologie, une suite comme *défaire* (qui est au moins analysable en *dé-* + *faire*) est un syntagme. On trouve aussi employé en linguistique contemporaine le terme *syntagme* pour désigner des parties de la phrase (constituants) qui peuvent éventuellement n'être formées que d'un seul élément lexical — par exemple, lorsque l'on parle du « syntagme sujet » dans **Théo dort**. Il faut bien garder à l'esprit que nous n'utiliserons quant à nous le terme *syntagme* que dans le sens spécifié dans la définition ci-dessus.

Si l'on considère le point de vue de la production langagière et la façon dont le locuteur utilise ses connaissances linguistiques pour construire des phrases, on peut distinguer deux types de syntagmes :

1. un **syntagme libre** est un syntagme construit « à volonté » par le locuteur par combinaison de ses constituants lexicaux (par exemple, *une belle pomme*) ;
2. un **syntagme figé** est un syntagme que le locuteur utilise comme un tout « préconstruit » dans la langue (par exemple, *pomme de terre*).

Une fois la notion de syntagme figé introduite, nous pouvons nous inspirer de la définition proposée pour le lexème afin de caractériser la locution, de façon provisoire, en tant que regroupement de syntagmes figés que seule distingue la flexion.

Bien entendu, les syntagmes associés à une locution sont formellement constitués de mots-formes : *pomme de terre* et *pommes de terre* mettent en jeu les quatre mots-formes *pomme, pommes, de* et *terre*. Cependant, aucun de ces mots-formes **pris individuellement** n'est une des réalisations de la locution POMME DE TERRE.

Il existe plusieurs types grammaticaux de locutions, notamment :

- les **locutions nominales** : FRUIT DE MER [*Helen nous a emmenés dans une brasserie spécialisée dans les fruits de mer.*] ;
- les **locutions verbales** : PASSER À TABAC [*Je me suis fait passer à tabac en pleine rue.*] ;
- les **locutions adjectivales** : EN MORCEAUX [*Sa belle théière est en morceaux.*] ;
- les **locutions adverbiales** : À CŒUR JOIE [*L'orchestre se lança à cœur joie dans une petite improvisation pour conclure le spectacle.*].

La façon la plus courante de classifier les locutions est de prendre en considération leur fonctionnement dans la phrase, comme nous l'avons fait ci-dessus : fonctionnement nominal, verbal, adjectival, adverbial, etc. Une autre façon de les classifier, rarement utilisée de façon systématique, consiste à considérer en premier lieu la partie du discours[3] de l'élément lexical qui les gouverne syntaxiquement. Lorsqu'il n'y a pas correspondance exacte entre cette partie du discours et le type de fonctionnement dans la phrase de la locution, on ajoute une caractérisation explicite de ce dernier. On trouvera, par exemple, dans notre ouvrage de lexicologie pratique écrit avec Igor Mel'čuk *Lexique actif du français*[4] un système de classification de ce type. Selon ce système, on décrirait de la façon suivante les quatre locutions données plus haut :

---

3. Sur la notion de partie du discours, voir le Chapitre 5.

4. Mel'čuk, Igor et Alain Polguère (2007). *Lexique actif du français. L'apprentissage du vocabulaire fondé sur 20000 dérivations sémantiques et collocations du français*, collection « Champs linguistiques », Bruxelles, De Boeck et Larcier.

- POMME DE TERRE, locution nominale ;
- PASSER À TABAC, locution verbale ;
- EN MORCEAU, locution prépositionnelle, emploi adjectival ;
- À CŒUR JOIE, locution prépositionnelle, emploi adverbial.

Mais ce n'est pas simplement en regard de leur classification que les locutions peuvent poser problème. Le diagnostic même de la nature locutionnelle ou non d'un syntagme est parfois difficile à établir. Cela peut amener à des divergences dans les descriptions des dictionnaires. Prenons l'exemple de *poser un lapin*, dans le sens de ʿfaire attendre inutilement une personne en ne se présentant pas à un rendez-vous que l'on a avec elleʾ :

(12) *Rendez-vous à 13h00. Ce coup-ci, je te défends de me poser un lapin !*

On trouvera facilement cette expression dans des listes de locutions du français, et certains dictionnaires vont explicitement la décrire comme étant une locution verbale. D'autres dictionnaires, par contre, pourront être plus vagues et laisser entendre que l'on est peut-être en présence ici d'une unité lexicale LAPIN. Cette dernière façon de procéder — qui peut surprendre *a priori* — est justifiée par le fait que de nombreux locuteurs du français vont accepter comme tout à fait normales les phrases suivantes :

(13) a. *Pas de lapin ce coup-ci ! Je ne te le pardonnerais pas !*
→ Possibilité d'employer *lapin* seul, sans le verbe.

b. *Elle se souvient encore qu'un lapin lui avait été posé par son futur mari le jour de leur premier rendez-vous.*
→ Possibilité d'utiliser le passif : *lapin* devient sujet du verbe. Cela reflète une certaine autonomie du nom en question vis-à-vis du verbe.

Sans vouloir trancher ici le débat sur la nature locutionnelle ou non de *poser un lapin*, on remarquera que les exemples ci-dessus illustrent une certaine indépendance fonctionnelle des deux constituants (nominal et verbal) de ce syntagme. Or, parce que les locutions sont des syntagmes figés fonctionnant comme des touts lexicaux, elles tendent normalement à faire perdre aux éléments dont elles sont formellement constituées leur autonomie de fonctionnement dans la phrase. Il est ainsi souvent difficile, voire impossible, d'insérer des éléments dans un syntagme figé. Comparons les trois phrases ci-dessous :

(14) a. *Il a mangé un fruit **pourri** du jardin.*

   b. **Il a mangé un fruit **pourri** de mer.*

   c. *Il a mangé un fruit de mer pourri.*

La phrase (14a) est parfaite alors que la phrase (14b) est agrammaticale. On ne peut insérer l'adjectif *pourri* dans le syntagme *fruit de mer* ; pour qualifier l'aliment en question, il faut utiliser la disposition linéaire de la phrase (14c). Cela vient du fait que *fruit de mer* correspond à une locution du français alors que le syntagme *fruit du jardin*, par exemple, n'est que la résultante de la combinaison régulière de quatre lexèmes distincts : FRUIT, DE, LE et JARDIN.

Toutes les locutions ne sont pas soumises à la même rigidité d'emploi que FRUIT DE MER. Comparons à ce titre cette dernière avec la locution verbale CASSER LES PIEDS, dont les éléments constitutifs sont plus facilement séparables.

(15) *Il nous casse **souvent** les pieds, ce type-là.*

Par contre, cette locution verbale, contrairement au syntagme *poser un lapin* examiné plus haut, n'est absolument pas compatible avec le passif :

(16) a. *Les puristes me cassent les pieds.*

   b. **Mes pieds sont cassés par les puristes.*

Malgré les différences de comportement que l'on constate, on peut dire que toutes les locutions sont des syntagmes qui manifestent un certain degré de cohésion (variable selon les locutions). Cela en fait fonctionnellement des entités intermédiaires entre mots-formes et syntagmes libres.

Nous venons d'examiner les caractéristiques de la locution que l'on pourrait qualifier de formelles, ou superficielles. Il nous reste maintenant à examiner sa caractéristique la plus profonde, qui en fait une entité linguistique vraiment particulière : la non-compositionnalité sémantique.

Non-compositionnalité sémantique de la locution

Les exemples examinés ci-dessus peuvent laisser penser que les mots-formes apparaissant dans des syntagmes comme *fruit de mer* (ou, au pluriel, *fruits de mer*) ont perdu une partie de leurs propriétés de combinatoire (voir au chapitre précédent, la combinatoire restreinte du signe linguistique). Cela est en réalité la conséquence d'un fait plus profond : ces mots-formes ont perdu une partie de leur **nature** de signe linguistique, notamment leur sens. En effet, alors que le sens d'un syntagme libre comme *fruit du jardin* est la résultante de la composition des sens de chacun de ses constituants, un fruit de mer n'est pas un fruit qui pousse dans la mer. Bien entendu, on peut comprendre la métaphore en œuvre dans *fruit de mer* : cet aliment est un peu comme un fruit (on le « récolte » pour le manger) qui pousserait dans la mer. Mais la tentative d'explication s'arrête là et nous sommes en présence d'une métaphore que la langue a figée.

On dira que les locutions transgressent, au moins en partie, le principe de **compositionnalité sémantique**. Ce principe veut qu'un énoncé linguistique soit directement calculable — dans sa composition lexicale et sa structure syntaxique — à partir de la combinaison du sens de chacun de ses constituants. Pour illustrer la notion de (non-)compositionnalité sémantique, examinons le cas de *casser les pieds*. Cette expression est ambiguë : syntagme libre sémantiquement compositionnel en (17a) ou syntagme figé sémantiquement non compositionnel en (17b).

(17) a.   *Jules m'a cassé les pieds à grands coups de marteau.*

    b.   *Fred m'a cassé les pieds avec ses cris incessants.*

Seule la première phrase parle effectivement de pieds et d'une action (sadique) de casser accomplie par un certain Jules. Fred, lui, n'a rien cassé, surtout pas nos pieds. Simplement : il a crié trop fort.

Il nous est parfois difficile de percevoir la non-compositionnalité sémantique des locutions appartenant à notre langue maternelle, locutions qui nous sont devenues tellement familières au fil des ans. Il est alors utile de se tourner vers des cas empruntés à d'autres langues. Voici trois exemples anglais que volontairement nous ne traduisons pas, en espérant justement qu'ils poseront problème au lecteur :

(18) a.   *Let's **go Dutch**.*

    b.   *You **jumped the gun**, once again.*

    c.   *He did it **with flying colors**.*

En nous appuyant sur les deux notions de syntagme et de (non-)compositionnalité sémantique, nous sommes maintenant en mesure de proposer une définition complète de la notion locution.

Une ***locution*** est une entité de la langue apparentée au lexème : chaque locution de la langue est structurée autour d'un sens exprimable par un ensemble de syntagmes figés, sémantiquement non compositionnels, que seule distingue la flexion.

Nous n'en avons pas fini avec les locutions et avec la (non-)composition-nalité sémantique, et nous aurons l'occasion de revenir sur ces notions essentielles.

Définition de la notion de lexie

Récapitulons ce qui précède :

1. nous avons vu que certaines lexies ne sont pas des lexèmes car elles se matéria-lisent dans la phrase par des syntagmes figés (et non par des mots-formes) ;
2. nous avons désigné ces unités lexicales par le terme *locution* ;
3. nous avons montré que les locutions sont des syntagmes qui ont pour caracté-ristiques 1) de perdre leur « flexibilité » syntaxique et 2) d'être sémantiquement non compositionnels.

Nous pouvons maintenant proposer une définition extrêmement simple de la notion de lexie, définition qui s'appuie sur la terminologie que nous venons d'introduire.

Une **lexie**, aussi appelée **unité lexicale**, est soit un **lexème** soit une **locution**.

Chaque lexie (lexème ou locution) est associée à un sens donné, que l'on retrouve dans le signifié de chacun des mots-formes ou syntagmes figés par lesquels elle s'exprime.

Exemples :

- la lexie — le lexème — PROFESSEUR [*Il est professeur de français.*] signifie 'individu qui a pour fonction d'enseigner' et s'exprime par les mots-formes *professeur* et *professeurs* ;
- la lexie — la locution nominale — LEVÉE DE BOUCLIERS [*Ces déclarations ont suscité une levée de boucliers chez les enseignants.*] signifie 'vives protestations [d'un ensemble d'indivi-dus]' et s'exprime par les syntagmes figés *levée de boucliers* et *levées de boucliers*.

Regroupement des lexies en vocables

Nous avons dit qu'une lexie est toujours associée à un sens donné. Mais que se passe-t-il dans l'exemple ci-dessous ?

(19) *Est-ce que tu aurais un **verre** en **verre**, pas en plastique ?*

Les deux emplois de *verre* dans cette phrase ne servent pas à exprimer la même signification ; il est tout d'abord question d'un type de contenant, puis d'un matériau. On doit donc considérer que l'on est ici en présence de deux lexies distinctes.

Dans un cas comme celui-ci, on est amené à utiliser des numéros distinctifs qui identifient chacune des lexies en cause. On peut ainsi dire que l'on a, en (19), les deux lexies :

- VERRE1, qui désigne un matériau transparent cassable ;
- VERRE2, qui désigne un type de contenant servant à boire et généralement fait de verre, au sens 1.

L'exemple qu'on vient d'examiner montre que certaines lexies entretiennent entre elles une relation formelle et sémantique privilégiée. On dira qu'elles appartiennent au même vocable.

Un **vocable** est un regroupement de lexies qui ont les deux propriétés suivantes :
1. elles sont associées aux mêmes signifiants ;
2. elles présentent un lien sémantique évident.

Par exemple, si l'on consulte *Le Nouveau Petit Robert* [2007], on verra que ce dictionnaire considère que le vocable français PORC contient quatre lexies : PORC1 'animal domestique', PORC2 'individu sale', PORC3 'viande de porc1' et PORC4 'cuir fait de peau de porc1'.

Les lexies d'un vocable sont appelées **acceptions** de ce vocable. La **polysémie** est la propriété d'un vocable donné de contenir plus d'une lexie. Ainsi, le vocable PORC est polysémique alors que le vocable PHACOCHÈRE (pour rester dans le même domaine) est monosémique. Nous reviendrons plus loin sur ces importantes notions (notamment, aux Chapitres 7 et 8).

Notons que ce que l'on appelle habituellement une « entrée » de dictionnaire correspond en fait à la description d'un vocable. Il est important de se souvenir que c'est par simple convention que, dans les dictionnaires français, les vocables verbaux sont nommés et ordonnés alphabétiquement selon leur forme de l'infinitif, les noms selon leur forme du singulier et les adjectifs selon leur forme du masculin singulier. Pour des raisons pratiques, on doit utiliser une forme particulière, appelée **forme canonique**, pour renvoyer à un vocable et en stocker la description dans le dictionnaire.

Il peut arriver que deux lexies distinctes soient associées aux mêmes signifiants alors qu'elles n'entretiennent aucune relation de sens ; il s'agit alors d'un cas d'**homonymie.**

Nous distinguerons les lexies (et les vocables) homonymes par des numéros mis en exposant, par exemple :

- ADRESSE^1 [*Il fait preuve de beaucoup d'adresse.*] ~ ADRESSE^2 [*Est-ce que tu connais son adresse au travail ?*] ;
- PAVILLON^1 [*Il vit dans un pavillon de banlieue.*] ~ PAVILLON^2 [*Ils ont hissé le pavillon noir.*].

En théorie, comme notre approche est synchronique, nous devons nous appuyer sur l'absence ou la présence d'un lien sémantique en français **contemporain** pour déterminer si deux lexies sont homonymes ou sont deux acceptions d'un même vocable. S'il existe un lien étymologique, mais que ce lien ne se concrétise plus par une relation de sens couramment perçue par les locuteurs, nous devrons l'ignorer. Nous aurons l'occasion de revenir sur la notion d'homonymie au Chapitre 7.

Nous en avons maintenant terminé avec la présentation du petit système de notions dont nous ferons usage en remplacement de celle trop floue de *mot*. On peut aisément comprendre que toutes ces notions soient souvent confondues dans le discours non spécialisé sur le lexique. En effet, toutes ont à voir avec des entités linguistiques qui, d'une façon ou d'une autre, sont liées au « mot » dans le sens de mot-forme. Nous dirons qu'il s'agit dans tous les cas d'entités lexicales.

> Nous appelons *entités lexicales* les éléments de la langue qui soit sont des mots-formes, soit peuvent être vus comme des regroupements de mots-formes, soit possèdent certaines propriétés qui font qu'ils peuvent être rapprochés des mots-formes par analogie.

La notion d'entité lexicale est utile parce qu'elle permet de regrouper des entités qui sont de natures distinctes, mais qui présentent une forte parenté cognitive : à divers niveaux, toutes sont des éléments de ce que l'on pourrait appeler le savoir lexical. Nous aurons l'occasion d'examiner plusieurs autres types d'entités lexicales dans les prochains chapitres.

Mode de description des lexies

En tant que regroupement de signes linguistiques (ses mots-formes ou syntagmes associés), la lexie peut être décrite selon trois axes :

1. son sens (signifié) ;
2. sa forme (signifiant) ;
3. sa combinatoire restreinte.

Le sens figure ici en premier car c'est bien évidemment la caractéristique de la lexie qui nous intéresse le plus en lexicologie. Pour des raisons pédagogiques, nous introduirons cependant dans le prochain chapitre certaines notions de morphologie (qui sont donc plutôt liées aux signifiants lexicaux) avant de passer au plat de résistance : l'étude des sens lexicaux.

Remarque sur l'usage de la terminologie

Comme le souligne la citation d'Aristote mise en exergue à ce chapitre, la construction et la manipulation d'une terminologie sont deux aspects essentiels de toute activité scientifique et ont donc une importance considérable en linguistique. De façon complémentaire, les conventions d'écriture utilisées dans les textes scientifiques sont un reflet de l'activité de formalisation inhérente à tout travail scientifique et vont de pair avec la construction d'une terminologie. Toute personne qui veut se former à l'étude du lexique (et, plus généralement, à la linguistique) devra se familiariser avec de telles conventions et les respecter ensuite dans ses écrits.

Nous rappelons (cf. Chapitre 1, p. 23) que le recours systématique à des conventions d'écriture précisément définies joue un rôle vital en linguistique, discipline dont l'objet d'étude (la langue) sert en même temps d'outil de description, c'est-à-dire de métalangage scientifique.

Voici récapitulées trois conventions d'écriture que nous utilisons systématiquement et qui ont été introduites précédemment :

1. lexie (unité lexicale) : HUÎTRE, CASSER1, FRUIT DE MER… ;

2. signe linguistique ou
   sa forme (signifiant écrit) : *huître*, *casser*1, *fruit de mer*, *-s* [= pluriel des noms], *re-*…
   ou, lorsqu'on écrit à la main,
   huître, casser1, fruit de mer, -s, re-… ;

3. sens (signifié) : 'huître', 'casser1', 'fruit de mer', 'plusieurs', 'encore'…

Notons que l'italique (ou le soulignement) a souvent d'autres emplois : il sert notamment pour les titres d'ouvrages. De plus, on peut aussi mentionner un signifiant en recourant à une transcription phonologique.

À titre d'exemple, voici un court paragraphe servant à illustrer les différentes conventions d'écriture que nous avons introduites :

En français, on doit considérer que FRUIT DE MER est une unité lexicale à part entière puisque son sens ne peut être compris comme résultant de la composition régulière de 'fruit', 'de' et 'mer'. Elle est d'ailleurs décrite comme telle dans pratiquement tous les dictionnaires du français, dont *Le Petit Robert*. Ses formes singulier et pluriel sont, respectivement, *fruit de mer* et *fruits de mer*.

Lectures complémentaires

Mel'čuk, Igor (1993). « Mot-forme et lexème : étude préliminaire », dans *Cours de morphologie générale*, vol. 1, Montréal/Paris, Les Presses de l'Université de Montréal/CNRS Éditions, p. 97-107.

Le terme *mot-forme* est assez peu répandu dans la littérature linguistique francophone, beaucoup moins en tout état de cause que son équivalent anglais *wordform* (parfois écrit *word-form* ou *word form*). Il est avant tout associé à l'approche morphologique d'Igor Mel'čuk. Que l'on utilise ce terme ou un autre, on ne peut cependant pas faire l'économie de la notion correspondante, qui est au centre de la caractérisation du lexème et, par voie de conséquence, de la lexicologie elle-même.

La lecture ici suggérée expose, de façon assez développée, les notions liées de mot-forme et de lexème. Au lecteur qui éprouverait des difficultés à en bien saisir le contenu, il serait peut-être préférable d'attendre d'avoir complété l'étude du prochain chapitre (Chapitre 4) avant de revenir sur ce texte.

Éluerd, Roland (2000). « Situation de la lexicologie », dans *La lexicologie*, collection « Que sais-je ? », n° 3548, Paris, Presses universitaires de France, p. 6-22.

Ce texte vaut d'être lu pour ses nombreuses références à d'autres ouvrages sur la lexicologie. Sa perspective sur la discipline est un peu plus « philosophique » que la nôtre dans le présent chapitre.

Exercices

Exercice 3.1

Soit la phrase suivante :

(20) *La grève des pilotes devrait faire long feu.*

Analyser (20) en termes 1) de mots-formes et 2) de lexies.

Exercice 3.2

Démontrer qu'il existe plusieurs lexies CERCLE en français.

Exercice 3.3

Démontrer que COUP DE MAIN [*Il m'a donné un coup de main pour refaire mon mur.*] est une lexie.

Exercice 3.4

Démontrer que les deux mots-formes en gras dans la phrase ci-dessous appartiennent à deux lexies distinctes du français.

(21) *Pour sortir, il **pousse** la branche qui **pousse** près de la porte d'entrée.*

Exercice 3.5

En quoi les deux syntagmes en gras dans les phrases ci-dessous sont-ils de nature différente ?

(22) a. *Il **s'est cassé la jambe** en tombant.*

b. *Il **s'est cassé la tête** pour résoudre ce problème.*

Exercice 3.6

Expliquer pourquoi *casser un jugement* [*La Cour d'appel a cassé le jugement condamnant Jules à quinze ans de prison.*] n'est pas une locution verbale, contrairement à *casser du sucre sur le dos* [*de quelqu'un*] (qui signifie ʿdire du mal [de quelqu'un]ʾ) [*C'est pas sympa de casser du sucre sur le dos de ta collègue.*].

Exercice 3.7

La plupart des dictionnaires du français présentent la lexie PARCE QUE comme étant une locution (plus précisément, une locution conjonctive). Montrer pourquoi il serait tout à fait justifié de la considérer, d'un point de vue synchronique, comme un lexème.

4

ÉLÉMENTS DE MORPHOLOGIE

Je ne communiquerai plus par écrit avec mon voisin.
Tu ne communiqueras plus par écrit avec ton voisin.
Il ne communiquera plus par écrit avec son voisin,
etc., etc.

PATRICK CAUVIN, *Tout ce que Joseph écrivit*
cette année-là.

Nous avons vu au chapitre précédent qu'il est impossible de définir la lexie avec un minimum de rigueur sans faire pour cela une incursion dans le domaine de la morphologie (cf. les notions de mot-forme et de flexion, qu'il nous a fallu aborder). Il est utile de consacrer maintenant un chapitre entier à l'introduction des notions élémentaires de morphologie dont la maîtrise est incontournable en lexicologie.

L'examen de ces notions est nécessaire pour au moins deux raisons. Tout d'abord, l'analyse morphologique permet de mieux comprendre la notion de lexie pour ce qui est de la structure du signifiant. Ensuite, elle permet de modéliser certaines relations formelles et sémantiques qui connectent les lexies de la langue.

Commençons par définir la discipline qui fait l'objet du présent chapitre.

La **morphologie** est la branche de la linguistique qui étudie la structure des mots-formes (notion définie au chapitre précédent).

Comme la morphologie vise la description de la structure des mots-formes, il nous faudra introduire

- les éléments constitutifs de cette structure, en commençant par définir la notion de signe morphologique élémentaire ;
- les différents « mécanismes d'assemblage » de ces éléments, que nous appellerons *mécanismes morphologiques* ;
- les règles générales de la langue qui mettent en jeu ces mécanismes, c'est-à-dire les règles morphologiques.

Comme le laisse présager la longue liste de notions ci-dessous, la morphologie est un domaine d'étude extrêmement complexe et, même si ne nous faisons qu'effleurer la question, le présent chapitre est particulièrement dense. Il doit être étudié très attentivement ; il est particulièrement important de faire les exercices que nous proposons et d'examiner les éléments de réponses donnés en fin d'ouvrage.

Notions introduites *Morphologie, morphe, phonème, signe segmental* vs *suprasegmental, morphème, allomorphe, allophone, phone, radical, racine, affixe, suffixe, préfixe, mécanisme morphologique, flexion, affixe flexionnel, catégorie flexionnelle, signification flexionnelle, forme fléchie, signe zéro, dérivation, affixe dérivationnel, source et cible d'une dérivation, partie du discours, dérivation synchronique* vs *diachronique, composition, lexie composée, abréviation, siglaison, acronyme, règle morphologique, règle grammaticale* vs *lexicale, induction, variable (utilisée dans une formalisation), instanciation (d'une variable), invariabilité (d'une lexie), nom (non) comptable.*

Éléments constitutifs de la structure des mots-formes

Le morphe : signe morphologique élémentaire

Alors que certains mots-formes ne semblent pas, à première vue, analysables en signes constitutifs plus simples :

(1) *chien, assez, vite…*

d'autres se décrivent clairement comme résultant de la combinaison de plusieurs signes linguistiques :

(2) a. *chiens = chien + -s*

 b. *[il] ronfle = ronfl- + -e*

Si l'on décompose entièrement un mot-forme en signes plus simples le constituant, on arrive à des signes élémentaires (voir Chapitre 2, p. 39), qui ne sont pas eux-mêmes analysables. C'est ce qui se produit en (2a-b) avec les signes élémentaires *chien, -s, ronfl-* et *-e*. (En réalité, ce que nous disons ici doit être nuancé ; nous reviendrons sur l'analyse de *chien* un peu plus bas, dans la section « Signes zéro », p. 74.)

On appelle *morphe* un signe linguistique ayant les deux propriétés suivantes :

1. c'est un signe élémentaire (il ne peut être analysé en termes d'autres signes de la langue) ;
2. il possède un signifiant qui est un segment de la chaîne parlée, c'est-à-dire qui est une suite de phonèmes.

Les morphes sont donc les signes élémentaires mis au jour par l'analyse morphologique. Mais pourquoi est-il spécifié, dans la définition ci-dessus, que le signifiant du morphe est une suite de phonèmes ? Rappelons tout d'abord, de façon très grossière, ce que recouvre la notion de phonème.

Le *phonème* est la plus petite unité sémantiquement contrastive du système phonique d'une langue.

Dire que le phonème est une unité sémantiquement contrastive n'implique pas qu'il s'agit d'une unité porteuse de sens : un phonème n'a pas de sens par lui-même, mais son remplacement par un autre phonème dans une chaîne parlée a une incidence sur le sens exprimé. Ainsi, si l'on remplace le phonème /d/ par le phonème /t/ dans la chaîne /pudʀ/ (*poudre*), on obtient une chaîne — /putʀ/ (*poutre*) — qui ne porte pas le même sens que la chaîne initiale. Chaque langue possède son propre ensemble de phonèmes (vocaliques et consonantiques), qui doit être déterminé de façon empirique pour chaque variante régionale de la langue en question.

Retournons maintenant à la caractérisation du morphe comme signe linguistique élémentaire **dont le signifiant est une suite de phonèmes**. Cette dernière précision est nécessaire parce qu'il existe des signes linguistiques dont le signifiant **se superpose** à la chaîne parlée, et n'est donc pas une suite de phonèmes ; c'est le cas, par exemple, des intonations. Comparons les deux phrases ci-dessous :

(3) a. *Il dort.*

  b. *Il dort ?*

Ces phrases sont formellement identiques à l'oral si l'on ne considère que la séquence de phonèmes dont elles sont constituées : /ildɔʀ/.

Cependant, il existe une différence très importante entre (3a) et (3b), différence indiquée à l'écrit par les deux marques de ponctuation finales :

- le point indique que (3a) est une affirmation, qui doit donc se prononcer avec une intonation légèrement descendante ;
- le point d'interrogation indique que (3b) est une interrogation, qui doit donc se prononcer avec une intonation montante.

Pour mieux comprendre de quoi il s'agit, raisonnons directement sur les signifiants oraux plutôt qu'écrits, en examinant les transcriptions phonémiques de nos deux exemples, transcriptions agrémentées de schémas intonatifs approximatifs :

(4) a.

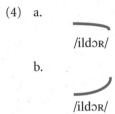

/ildɔʀ/

    b.

/ildɔʀ/

Les schémas intonatifs visualisés en (4a) et (4b) peuvent être analysés comme deux associations « signifié ↔ signifiant », respectivement :

- une affirmation ↔ une intonation légèrement descendante ;
- une interrogation ↔ une intonation montante à la fin de la suite sonore.

Si l'on donne une interprétation un peu large au terme d'*image acoustique* utilisé par Saussure pour parler du signifiant (voir Chapitre 2, p. 35), on peut dire que l'on est ici en présence de deux signes linguistiques. Il sont cependant très spéciaux dans la mesure où leur signifiant n'est justement pas un segment de la chaîne parlée : il se superpose à elle.

On appelle **signe segmental** un signe linguistique dont le signifiant est un segment de la chaîne parlée et **signe suprasegmental** un signe linguistique dont le signifiant se superpose à la chaîne parlée. Bien entendu, les signes segmentaux sont les signes « standard », ceux auxquels on pense de prime abord lorsqu'on parle de signes linguistiques.

On voit qu'il était très important, dans notre définition (p. 67), de spécifier que les morphes sont des signes segmentaux, pour ne pas inclure des phénomènes comme les contours intonatifs dans le champ d'étude de la morphologie. Leur analyse ne relève pas, en effet, de l'étude de la structure interne des signes lexicaux. Nous parlons bien ici de l'exclusion des **intonations** et non des **tons,** tels qu'on les retrouve dans les langues à tons comme les langues chinoises, le vietnamien, nombre de langues africaines, etc. Dans de telles langues, la caractérisation du signifiant des morphes inclut la spécification du ton assigné aux syllabes des morphes en question. Un exemple classique, souvent cité pour illustrer la notion de ton en chinois mandarin, est celui du contraste sémantique et formel entre (5a) et (5b) ci-dessous :

(5) a. /mā/ 'mère' — voyelle portant le premier ton (= ton haut) ;

     b. /mǎ/ 'cheval' — voyelle portant le troisième ton (= ton descendant puis montant).

Le morphème : ensemble de morphes

La description du morphe en tant que signe linguistique présuppose que le morphe est une association entre **un** signifié et **un** signifiant uniques. Or, il est fréquent de rencontrer des morphes qui semblent « changer de signifiant » dans certains contextes. Par exemple, considérons les données suivantes :

(6) a. *stupide ~ stupidité*

     b. *majeur ~ majorité*

Il est clair que les deux paires de mots-formes ci-dessus sont naturellement en relation sur le plan sémantique **et** formel :

- le rapport de sens existant entre *stupide* et *stupidité* est identique au rapport de sens existant entre *majeur* et *majorité* ('qui est X' ~ 'fait d'être X') ;
- l'écart formel existant entre *stupide* et *stupidité* est **presque** identique à celui existant entre *majeur* et *majorité*.

En d'autres termes, on voudrait associer à (6a) et (6b) deux analyses morphologiques que l'on pourrait très grossièrement représenter de la façon suivante :

(7) a. *stupidité = stupide + -ité*

     b. *majorité = majeur + -ité*

Cependant, si l'on ne dispose que de la notion de morphe pour décrire la structure formelle des mots-formes, on sera obligé de considérer un morphe « à signifiant variable » *majeur* qui devient *major-* en combinaison avec *-ité*. C'est là une stratégie très dangereuse, qui comporte le risque de rendre vague et fuyante la notion de signe linguistique. Il vaut mieux considérer que la structure des mots-formes doit se décrire à partir d'une entité de plus haut niveau que le morphe : il s'agit du morphème.

Un **morphème** est un regroupement de morphes « alternatifs » ayant le même signifié.

Ainsi, les deux morphes *majeur-* et *major-* se regroupent sous le même morphème {MAJEUR} ; les accolades servent ici à indiquer qu'un morphème est un **ensemble** de morphes. Selon les morphèmes avec lesquels il doit se combiner, {MAJEUR} trouvera son expression soit sous la forme du morphe *majeur-* soit sous celle du morphe *major-*.

Les morphes regroupés sous un même morphème sont appelés *allomorphes* de ce morphème. On notera que cette terminologie est parallèle à celle employée en phonologie : phonème *vs* **allophones** de ce phonème. Par exemple, le phonème /t/ de l'anglais se réalise par deux allophones distincts :

1. [tʰ], aspiré, en début de mot-forme — [tʰi:] *tea* ʿthéʾ, [tʰu:l] *tool* ʿoutilʾ, etc. ;
2. [t], non aspiré, dans les autres contextes — [sti:m] *steam* ʿvapeurʾ, [si:t] *seat* ʿsiègeʾ, etc.

Les allophones d'un phonème — appelés **phones** —, de même que les séquences de phones, s'écrivent entre crochets, pour les distinguer des (séquences de) phonèmes, qui s'écrivent entre barres obliques.

Comme pour les allophones en phonologie, il est nécessaire d'avoir recours à des critères bien spécifiques pour déterminer sous quelles conditions plusieurs morphes peuvent être considérés comme allomorphes d'un même morphème. L'étude de ces critères nous entraînerait trop loin dans le domaine de la morphologie. Nous nous contentons donc ici d'une ébauche de présentation de la notion de morphème.

Nous sommes de toute façon parvenu à la limite de ce qu'il est possible de dire sur le sujet de l'analyse morphologique sans introduire d'autres notions centrales en morphologie : celles de radical et d'affixe.

Radical et affixe

À ce stade, il peut être utile de relire la présentation de la notion de lexème faite au chapitre précédent, p. 50 et suivantes.

Tout lexème possède un radical :

Le *radical* d'un lexème est son support morphologique ; c'est l'élément morphologique « central », qui porte le signifié associé en propre à ce lexème.

Dans les cas standard[1], on retrouve le radical dans toutes les « manifestations morphologiques » du lexème. Par exemple :

- le radical de RONFLER est *ronfl-* — que l'on retrouve dans *ronfler*, [*je*] *ronfle*, [*tu*] *ronfles*… ;
- le radical de RECONSIDÉRER est *reconsidér-* (ou l'allomorphe *reconsidèr-*) — que l'on retrouve dans *reconsidérer*, [*je*] *reconsidère*, [*tu*] *reconsidères*…

Le second exemple ci-dessus illustre le fait que le radical d'un lexème n'est pas nécessairement un morphe : *reconsidér-* peut s'analyser en *re-* + *considér-* (le radical de CONSIDÉRER).

On appelle *racine* le radical « originel » à partir duquel est étymologiquement construit le lexème. Ainsi, en analysant en diachronie le radical *considér-*, on parvient à un radical du latin qui peut être envisagé comme étant la racine morphologique, et non le radical, de CONSIDÉRER, RECONSIDÉRER et de tous les dérivés morphologiques de cette famille. Notons qu'il peut arriver à certains auteurs d'ignorer la distinction entre *racine* et *radical*, et de n'employer que l'un ou l'autre terme pour dénoter les deux notions clairement distinguées ici.

La notion de radical en présuppose logiquement une autre, puisque le radical d'une lexie — par exemple, *ronfl-* (pour la lexie RONFLER) — est un signe segmental auquel s'ajoutent d'autres signes segmentaux d'une nature bien particulière — *-er, -e, -es*…

On appelle *affixe* un morphe non autonome, qui est destiné à se combiner avec d'autres signes morphologiques au sein d'un mot-forme.

Nous aurons à examiner deux types d'affixes dans la suite de ce chapitre :

1. les *suffixes*, qui sont des affixes se greffant après le radical dans les mots-formes — par exemple, *-s* dans *maisons* ou *-eur* dans *travailleur* ;
2. les *préfixes*, qui sont des affixes se greffant avant le radical — par exemple, *re-* dans *redemander*.

Nous allons maintenant passer à l'étude des mécanismes morphologiques. Il convient de souligner que l'ensemble de ce chapitre, et plus

---

1. L'exercice 4.3, p. 87, permet de comprendre pourquoi cette nuance est nécessaire.

particulièrement la section qui suit, prend le français comme langue de référence. Notre exposé est donc en partie biaisé par les particularités morphologiques de la langue sur laquelle nous nous appuyons. Nous veillerons cependant à nuancer notre propos et à ouvrir notre présentation vers la prise en considération d'autres langues, lorsque cela nous semblera nécessaire.

Mécanismes morphologiques

À partir des notions de radical et d'affixe, on peut identifier trois types de mécanismes morphologiques pour rendre compte de la structure des mots-formes : la flexion, la dérivation et la composition.

Ces mécanismes, que nous examinerons dans la présente section, peuvent être brièvement caractérisés de la façon suivante :
- la flexion, combinaison d'un radical et d'un affixe imposée par la langue, permet un emploi grammatical de la lexie dans la phrase ;
- la dérivation et la composition permettent la formation de nouveaux radicaux à partir de radicaux déjà existants.

La flexion

Définition de la flexion. La **flexion** est, dans le cas le plus standard, un mécanisme morphologique qui consiste en la combinaison d'un radical et d'un affixe — appelé **affixe flexionnel** — ayant les trois propriétés suivantes :

1. son signifié est très général, est plutôt abstrait et appartient nécessairement à un petit ensemble de significations mutuellement exclusives appelé **catégorie flexionnelle** — par exemple, la catégorie flexionnelle de nombre en français, qui regroupe les deux **significations flexionnelles** ⟨singulier⟩ ~ ⟨pluriel⟩[2] ;

2. l'expression de sa catégorie flexionnelle est imposée par la langue — par exemple, tout nom français doit être employé soit au singulier soit au pluriel : cela fait de la flexion un mécanisme **dont l'application est obligatoire** ;

3. sa combinaison avec le radical d'une lexie donne un mot-forme de la même lexie.

---

2. On dit que ces significations sont mutuellement exclusives car, par exemple, un nom français ne peut pas être employé **simultanément** au singulier et au pluriel. À propos de l'usage que nous faisons ici du terme *signification*, voir le Chapitre 6, p. 123.

Par exemple, on peut combiner le radical verbal *chant-* avec l'affixe flexionnel de l'infinitif des verbes du premier groupe *-er* pour produire le mot-forme *chanter* ; on peut aussi le combiner avec l'affixe flexionnel de première personne du singulier de l'indicatif présent des verbes du premier groupe *-e* pour former *chante*, etc. On dira que *chanter*, *chante...* sont des **formes fléchies** (par opposition à la forme canonique) de la lexie CHANTER[3].

Toutes les langues n'ont pas la même richesse flexionnelle. Ainsi, le russe est flexionnellement beaucoup plus riche que le français, qui l'est à son tour beaucoup plus que le mandarin. De plus, les affixes flexionnels du français sont tous des suffixes — ils se greffent après le radical —, ce qui n'est pas du tout une nécessité linguistique comme l'illustre l'exemple suivant, tiré du géorgien :

(8) mot-forme : *mcems* 'il me bat'

   analyse : *m-* préfixe flex., objet à la première pers. du sing. 'me'

   -cem- radical verbal 'battre, frapper'

   -s suffixe flex., sujet à la troisième pers. du sing. 'il'

Bien entendu, il faut prendre ici cette analyse pour argent comptant, notamment pour ce qui est du fait qu'en géorgien l'expression de la personne et du nombre grammaticaux de l'objet et du sujet pronominaux font partie de la flexion du verbe. Pour une analyse plus détaillée, on pourra se reporter à Mel'čuk (1997a : 155)[4].

Pour conclure cette section, mentionnons que les langues présentent une très grande richesse quant aux différents types de signes pouvant exprimer la flexion. Nous verrons dans la section suivante le cas particulier des signes zéro, à partir de l'analyse du singulier des noms en français. De plus, l'exercice 4.4, en fin de chapitre, propose l'analyse d'une suite de mots-formes comportant des affixes flexionnels **qui ne sont ni des préfixes ni des suffixes**.

---

3. L'analyse morphologique des verbes français n'est pas si simple que cela à effectuer, surtout si l'on veut identifier complètement les valeurs de toutes les catégories flexionnelles exprimées dans un mot-forme verbal. Voir, à ce propos, le corrigé de l'exercice 4.2, p. 87.

4. Nous empruntons beaucoup des analyses morphologiques présentées ici au *Cours de morphologie générale* d'I. Mel'čuk. Nous donnerons les références exactes de la présentation de ces exemples dans l'ouvrage source lorsque cela sera utile pour le lecteur désireux d'approfondir ses connaissances en morphologie.

Signes zéro. Les notions de radical et de flexion nous permettent de revenir sur le cas de *chien*, mentionné ci-dessus (p. 66). Nous avons dit que *chien*, par opposition à *chiens*, est un morphe dans la mesure où il n'est pas analysable en signes plus simples. Cette affirmation doit être considérée comme inexacte, maintenant que les notions de radical et de flexion (catégorie flexionnelle) ont été introduites. Dans une phrase comme :

(9)   *Le chien de Charles cherche un chat.*

le signe *chien* est en fait la combinaison du radical *chien-* (radical de la lexie CHIEN) et d'un suffixe flexionnel très particulier exprimant le singulier des noms. En effet, on sait que dans (9) le nom *chien* est au singulier du fait de l'absence du signifiant de l'affixe flexionnel de pluriel des noms *-s*. Le singulier des noms est donc exprimé en français par un signe dont le signifiant est une absence de forme, un « vide » morphologique en quelque sorte. De tels signes sont appelés ***signes zéro.***

Pour résumer, on doit analyser la forme *chien* qui figure dans l'exemple (9) comme un signe complexe formé de deux morphes :

$chien = chien\text{-}_{\text{radical nominal}} + \text{-}\varnothing_{\text{suffixe flexionnel zéro, sing. des noms}}.$

Cette analyse s'applique bien entendu à tous les noms morphologiquement réguliers du français.

Il est très important de bien comprendre que $\varnothing_{\text{sing. des noms}}$ est un signe morphologique (plus précisément, un morphe), au même titre que les affixes non zéro du français. Il possède un signifié grammatical ('singulier des noms') et une combinatoire restreinte (suffixe flexionnel nominal). Sa seule particularité réside dans son signifiant : ce suffixe est justement identifiable par une absence de signifiant segmental là où l'on doit logiquement en trouver un.

On pourrait bien évidemment tenter de rendre compte de la flexion nominale en français en court-circuitant le recours à un suffixe zéro du singulier. C'est ce que l'on fait dans certaines grammaires traditionnelles (scolaires, notamment) lorsque l'on dit que « le pluriel du nom se construit en ajoutant un *-s* à la forme du singulier ». Nous pensons qu'il faut rejeter cette façon de présenter les faits pour au moins deux raisons :

1. En procédant ainsi, on entre en contradiction avec le fonctionnement même des catégories flexionnelles. En effet, la « forme du singulier » véhicule la signification 'singulier' ; on ne peut logiquement y ajouter le suffixe du pluriel, puisqu'un mot-forme ne peut exprimer à la fois plusieurs éléments d'une même catégorie flexionnelle. Seul le recours à l'analyse par suffixation au

radical (et non au mot-forme singulier) permet d'éviter cette incohérence, et cette dernière analyse conduit logiquement à l'identification d'un suffixe zéro du singulier puisqu'un radical, par définition, ne porte pas de signification flexionnelle. Le radical du nom doit impérativement se combiner à « quelque chose » pour véhiculer un nombre grammatical, que ce soit le singulier ou le pluriel.

2. Comme on le voit, l'analyse que nous condamnons occulte le recours au radical dans la modélisation de la suffixation flexionnelle. Or, la notion de radical est par ailleurs incontournable si l'on veut traiter correctement la suffixation dérivationnelle (*parl-* + *-eur* → *parleur*, etc.), comme nous le verrons dans la prochaine section. Il est donc non seulement erroné, mais aussi pédagogiquement dangereux de ne pas présenter les deux types de suffixation de façon parallèle.

Attention, cependant : il ne faut pas jouer à l'apprenti morphologue et « voir des signes zéro partout » ! La raison pour laquelle on peut postuler le recours à un affixe zéro dans le cas du singulier des noms en français est que l'on sait par ailleurs (accord en nombre du verbe avec son sujet nominal, accord de l'adjectif modifiant le nom) que chaque mot-forme nominal est nécessairement porteur d'une des deux significations de la catégorie flexionnelle du nombre : ʿsingulierʾ ou ʿplurielʾ. L'expression du nombre nominal étant obligatoire, il **faut** qu'un signe exprime le singulier dans un mot-forme nominal si ce n'est pas le pluriel qui est exprimé. D'où l'identification, par déduction logique, de la présence d'un signe zéro dans ce cas spécifique. Le même type de raisonnement pourrait d'ailleurs être appliqué au cas des adjectifs français.

Si nous avons consacré beaucoup de place à la notion de signe zéro c'est parce qu'elle met en évidence la nature systématique du fonctionnement de la flexion en langue.

La dérivation

En accord avec l'approche adoptée dans l'ensemble de l'ouvrage, la présentation qui suit introduit la dérivation d'un point de vue synchronique ; ainsi, nous ne ferons pas d'étymologie. Cette façon de procéder est très différente de ce qui se pratique habituellement dans les exposés s'appuyant avant tout sur les données du français. Nous aurons l'occasion de revenir plusieurs fois sur ce point.

Définition de la dérivation. La **dérivation** est, dans le cas le plus standard, un mécanisme morphologique qui consiste en la combinaison d'un radical et d'un affixe — appelé **affixe dérivationnel** — ayant les trois propriétés suivantes :

1. son signifié est moins général et moins abstrait que celui d'un affixe flexionnel — il s'apparente au signifié d'une lexie ;
2. l'expression de son signifié correspond normalement à un choix libre du locuteur, qui **veut** communiquer le signifié en question, sans que cela lui soit imposé par la langue (comme dans le cas des signifiés flexionnels) ;
3. sa combinaison avec le radical d'une lexie donne un mot-forme qui est un élément d'une autre lexie.

Ainsi, le radical verbal *chant-* (de la lexie CHANTER) peut être combiné avec l'affixe dérivationnel *-eur* (dont le signifié est *grosso modo* ʿpersonne qui fait...ʾ), pour produire le nouveau radical nominal *chanteur-* (ʿpersonne qui chanteʾ).

La dérivation est donc un mécanisme morphologique qui renvoie à une relation entre lexies — ou, plus précisément, entre les radicaux de ces lexies. Par exemple, CHANTEUR — le radical nominal *chanteur-* — est un dérivé nominal de CHANTER — du radical verbal *chant-*. Le radical à l'origine d'une dérivation est appelé **source** de la dérivation ; celui construit par la dérivation est appelé **cible** de cette dérivation. On parle bien entendu aussi dans ce cas de *lexie source* et de *lexie cible* ou *dérivée*.

Dans ce qui suit, nous décrirons les différentes dérivations au moyen des deux patrons de présentation ci-dessous.

1. Dérivation présentée comme une relation entre deux lexies

   <lexie source> → <lexie cible>

   Par exemple, nous parlerons de la dérivation CHANTER → CHANTEUR.

2. Dérivation présentée comme un mécanisme de construction de radicaux

   <radical source> + <suffixe dérivationnel> → <radical cible>

   ou

   <préfixe dérivationnel> + <radical source> → <radical cible>

   Par exemple, nous décrirons en tant que mécanisme morphologique la dérivation de CHANTEUR de la façon suivante :

   chant- + *-eur* → *chanteur-*.

Notons que, pour alléger la présentation, nous pourrons omettre le tiret, que nous avons normalement coutume d'ajouter après les radicaux appelant nécessairement des suffixes flexionnels.

Pour conclure, mentionnons que les affixes dérivationnels du français sont soit des suffixes (cf. *-eur*) soit des préfixes (cf. *re-* dans *reconsidérer*).

Cependant, il existe d'autres types de dérivations! Voir à ce propos l'exercice 4.7, à la fin du présent chapitre.

Types de liens dérivationnels. La dérivation permet de « passer » d'une lexie à une autre. On peut caractériser les différents types de dérivations en fonction des écarts sémantiques et grammaticaux qui existent entre les lexies que ces dérivations mettent en relation. Ainsi, on peut examiner si les lexies en question sont synonymes ou non et si elles appartiennent ou non à la même ***partie du discours*** : nom, verbe, adjectif ou adverbe. (La notion de partie du discours sera examinée en détail au chapitre suivant.)

Lorsqu'il y a combinaison d'un affixe dérivationnel avec le radical d'une lexie L_1 pour donner le radical d'une lexie L_2, on peut être en présence d'au moins un des quatre cas de figure suivants :

Quatre types de liens dérivationnels

Cas de figure	Exemples : $L_1 \rightarrow L_2$
- sens 'L_1' fait partie du sens 'L_2' - partie du discours de L_1 = partie du discours de L_2	$LOUER_V \rightarrow RELOUER_V$
- sens 'L_1' fait partie du sens 'L_2' - partie du discours de $L_1 \neq$ partie du discours de L_2	$CHANTER_V \rightarrow CHANTEUR_N$
- sens 'L_1' et 'L_2' sont équivalents - partie du discours de L_1 = partie du discours de L_2	$CON_N \rightarrow CONNARD_N$
- sens 'L_1' et 'L_2' sont équivalents - partie du discours de $L_1 \neq$ partie du discours de L_2	$DÉCIDER_V \rightarrow DÉCISION_N$

Deux remarques s'imposent quant au contenu de ce tableau.

1. Lorsque nous disons qu'un sens « fait partie » d'un autre, nous faisons référence au fait que *relouer* veut dire '**louer** de nouveau', *chanteur* veut dire 'personne qui **chante**', etc. Les dérivations concernées ajoutent une composante sémantique au sens de la lexie source.

2. Le troisième cas de figure de ce tableau est très rare en français et nous n'avons pu en trouver des exemples que dans le langage familier ou vulgaire. On remarquera que les éléments de la paire $CON_N \sim CONNARD_N$ sont sémantiquement presque impossibles à distinguer. Leur différence réside dans le fait que la lexie dérivée est plus familière ou plus vulgaire que la lexie source de la dérivation.

Il est évident que, pour bien rendre compte des exemples présentés dans la colonne de droite du tableau ci-dessus, il faudrait procéder à une analyse plus fine des relations de sens entre les lexies en cause. On se contentera pour l'instant de noter que les dérivations peuvent

- ajouter ou non un sens au sens de départ ;
- associer à la lexie d'origine une lexie appartenant ou non à la même partie du discours.

À ce stade, il peut sembler étrange de dire que des lexies comme DÉCIDER et DÉCISION ont en gros le même sens. Nous aurons cependant l'occasion de voir, en progressant à travers les Chapitres 6, 7 et 8 (qui portent sur la sémantique lexicale), qu'il existe des raisons théoriques et pratiques de procéder de la sorte.

Dérivation synchronique et dérivation diachronique. Nous avons présenté plus haut la dérivation sur le même plan que la flexion, c'est-à-dire comme un mécanisme morphologique. Or, dans le cas du français, cela est en grande partie un abus de langage : il conviendrait de distinguer la **dérivation synchronique** et la **dérivation diachronique**.

D'un point de vue synchronique, la véritable dérivation est rare en français. On peut citer comme exemple la dérivation qui se fait par ajout du préfixe *re-*, ou de son allomorphe *ré-*, et qui produit un verbe avec ajout de la signification 'de nouveau' :

(10) a. CONSTRUIRE → RECONSTRUIRE : *re-* + *construi-* → *reconstrui-*

   b. DESSINER → REDESSINER : *re-* + *dessin-* → *redessin-*

   c. UTILISER → RÉUTILISER : *ré-* + *utilis-* → *réutilis-*

On voit que cette dérivation est très régulière, car le préfixe *re-* peut être combiné avec la plupart des radicaux verbaux pour former un autre verbe. On ne va donc pas nécessairement inclure dans un dictionnaire la description des lexies RECONSTRUIRE, REDESSINER, RÉUTILISER, etc. On ne le fera que s'il existe des indices clairs que ces lexies ont développé des caractéristiques spécifiques (de sens, de combinatoire restreinte, etc.) que ne laisse pas entièrement prévoir le mécanisme régulier de dérivation. Par exemple, la structure polysémique riche et complexe du vocable RETIRER — illustrée de façon très partielle dans les exemples ci-dessous — forcera les rédacteurs de dictionnaires à faire une description à peu près exhaustive des lexies qu'il regroupe, même si celles-ci sont formellement, en diachronie, des dérivés morphologiques des différentes acceptions de TIRER :

(11) a. *Elle va te **retirer** sa confiance si tu continues.*

  b. *Marc s'est décidé à **retirer** ses doigts de son nez.*

  c. *— Aucune réponse ! Essaie de **retirer** sur le cordon de la sonnette.*

En l'absence d'indices démontrant un figement dans le lexique d'une dérivation donnée, on considérera que les lexies verbales dérivées en *re-* sont construites à volonté par le locuteur, à partir de sa connaissance des radicaux correspondants et de la règle de dérivation en *re-*.

Mais les règles de dérivation de ce type sont rares en français. Dans notre langue, nous trouvons surtout des cas de dérivations diachroniques, c'est-à-dire de dérivations non régulières du point de vue du locuteur : c'est la langue elle-même, dans son évolution, qui présente un tel cas de dérivation. Par exemple, les dérivations suivantes n'existent que de façon diachronique :

(12) a. *consomm-* + *-ation* → *consommation-*

  b. *communiqu-* + *-ation* → *communication-*

En effet, un locuteur emploiera CONSOMMATION parce que cette lexie existe en français ; il ne la construira pas lui-même à partir du radical *consomm-* et d'une règle morphologique de dérivation. Sinon, comment expliquer que l'on trouve dans les textes *consommation*, mais pas **mangeation* ; *communication*, mais pas **parlation*, etc. ?

L'étude de la dérivation en français portera donc surtout sur des dérivations lexicalisées (qui n'apparaissent comme telles que dans une perspective diachronique). On peut considérer que, dans de tels cas, ce sont les **signifiants** des mots-formes que l'on décrit au moyen d'un mécanisme de dérivation, non les mots-formes (les signes linguistiques) eux-mêmes.

La composition

La composition est, comme la dérivation, un mécanisme morphologique qui « construit » de nouveaux radicaux : un mot-forme est formé par **composition** lorsqu'il résulte de la concaténation — c'est-à-dire de la juxtaposition linéaire — de plusieurs mots-formes ou radicaux. Par exemple :

(13) a. *sous* + *marin*$_{Adj}$ → *sous-marin*$_{Adj}$

  b. *porte*$_V$ + *manteau* → *portemanteau*

Bien entendu, la composition n'est pas une concaténation aléatoire de radicaux. Il existe en français des patrons de composition. Pour la composition nominale, par exemple, on retrouve fréquemment le patron suivant :

verbe à la 3e pers. du prés. de l'indic. + complément, par exemple : *casse-noisette* [ou *casse-noisettes*], *porte-manteau* [ou *portemanteau*], *ouvre-boîte*...

Comme on peut le constater, il existe un certain flottement dans la façon dont s'orthographient les **lexies composées** (souvent appelées *mots composés*) ; ce flottement est le reflet du caractère flou de la frontière qui sépare parfois en français locutions et lexies composées.

Il faut aussi noter que, dans les grammaires et dans les textes de linguistique, la notion de composition est souvent étendue à la lexicalisation de syntagmes, c'est-à-dire à la formation de locutions : FAIT DIVERS, POMME DE TERRE, COUP DE CŒUR, LAISSER TOMBER, etc. Cela s'explique par le fait que les mots-formes dont les locutions sont formellement constituées sont en quelque sorte « dégénérés » et que les locutions tendent à se comporter comme des blocs dans la phrase, à la manière des mots-formes (voir Chapitre 3, « La locution », p. 51 et suivantes).

L'important, pour une locution, c'est d'être un syntagme, c'est-à-dire de posséder une structure syntaxique interne qui en fait une expression linguistique valide. Cette caractéristique la distingue clairement de la lexie formée par composition.

Par exemple, JETER L'ÉPONGE est une locution verbale parce que sa structure interne est celle d'un syntagme verbal type du français : verbe, qui admet toutes les formes fléchies verbales du français (*Je* **jette** *l'éponge, tu* **jettes** *l'éponge*...), suivi d'un complément d'objet direct. On notera par contre qu'il serait impossible d'analyser PORTEMANTEAU de la même façon, même en ignorant l'orthographe qui dicte d'écrire cette lexie en un seul mot. En effet, PORTEMANTEAU, qui a une structure interne verbe + complément (sur le modèle de *Il porte un manteau*), est une lexie **nominale** et non verbale. Il n'y a donc aucune connexion entre la structure syntaxique interne que l'on pourrait chercher à imposer à cette lexie et son fonctionnement linguistique dans la phrase. Nous sommes bien ici en présence d'un nom composé et non d'une locution. La différence entre les notions de locution et de lexie composée existe donc bel et bien, même si elle n'est pas facile à cerner dans tous les cas.

La composition est quasiment inexistante **en français** en tant que mécanisme morphologique **synchronique**. C'est uniquement la perspective diachronique (apparition de nouvelles lexies) qui permet de parler de composition dans le cas du français. Il en va tout autrement dans un très grand nombre de langues, dans lesquelles le locuteur construit à volonté des mots-formes composés, de façon tout à fait régulière, pour exprimer des contenus sémantiques que l'on exprimerait en français par des syntagmes. Ce type de composition régulière se retrouve, par exemple, en finnois, comme l'illustre la série de composés suivante adaptée de Mel'čuk (1997a : 89) :

(14) *finaali* 'final' + *ottelu* 'compétition' → *finaaliottelu* 'compétition finale'
finaali 'final' + *näytäntö* 'spectacle' → *finaalinäytäntö* 'spectacle final'
kieli 'langue' + *ryhmä* 'groupe' → *kieliryhmä* 'groupe de langues'
kieli 'langue' + *virhe* 'erreur' → *kielivirhe* 'erreur linguistique'

Dans le cadre d'une véritable étude de la morphologie lexicale, notamment dans le cadre d'une étude diachronique, on pourrait pousser beaucoup plus loin l'examen des modes de formation des lexies. Nous nous contenterons de mentionner ici deux autres modes de formation lexicale qui n'existent, comme la composition en français, que d'un point de vue diachronique : l'abréviation et la siglaison.

L'*abréviation* (APPART, AUTO…) relève en général du langage parlé ou familier et permet de produire une nouvelle lexie par troncation du radical d'une lexie initiale.

La *siglaison* (USA, PDG…) produit une lexie à partir d'un syntagme lexicalisé en concaténant les lettres initiales de chacune des lexies du syntagme en question. En français, les sigles sont normalement des noms. Un sigle qui se prononce comme une suite de syllabes, plutôt qu'en épelant les lettres qui le composent, est appelé *acronyme* : OTAN (/ɔtã/ et pas /ɔteaɛn/), NASA (/naza/ et pas /ɛnaɛsa/), etc.

Pour conclure ce chapitre, il ne nous reste plus qu'à examiner brièvement la notion de règle morphologique. Nous nous intéresserons surtout à la façon dont on peut formuler de telles règles pour rendre compte des mécanismes morphologiques dont il vient d'être question.

Règles morphologiques

Cette dernière section a pour seule finalité d'introduire la notion de règle morphologique. Il ne s'agit pas d'examiner les différents types de règles morphologiques existant dans les langues, ce qui prendrait tout un traité sur la question. Nous voulons simplement ici établir une connexion entre lexique et grammaire, en montrant comment la composante morphologique de la grammaire de la langue « communique » avec le lexique.

Nature des règles morphologiques

La grammaire a été présentée au Chapitre 1 (p. 21) comme étant un ensemble de règles générales de combinaison des mots ou, plus précisément, des signes de la langue. Les **règles morphologiques** sont un cas particulier de **règles grammaticales**, c'est-à-dire qu'elles appartiennent à la grammaire. Elles contrôlent entre autre la combinaison des morphes de la langue en vue de la construction des mots-formes. On peut donc associer à chacun des mécanismes morphologiques qui viennent d'être examinés des règles morphologiques implantant les mécanismes en question.

Nous verrons dans la prochaine section comment peuvent se formuler les règles morphologiques. Notons que ce qui distingue une règle grammaticale (et, donc, une règle morphologique) d'une **règle lexicale**, c'est le fait que la première ne doit justement être associée à aucune lexie particulière de la langue. Ainsi, alors que les règles lexicales énoncent des propriétés sémantiques, formelles ou de combinatoire de lexies spécifiques (par exemple, « ORDINATEUR est du genre masculin »), les règles morphologiques ne vont pas faire référence à des radicaux donnés, mais plutôt à des types ou classes de radicaux auxquels s'appliquent les règles en question.

Exemple de formulation d'une règle morphologique

Pour illustrer comment peut se formuler une règle morphologique, il est commode de partir d'un cas particulier d'analyse morphologique d'un mot-forme et, par **induction**[5], de généraliser le cas traité sous forme d'une

---

5. L'induction est, très grossièrement, le raisonnement qui consiste à partir de l'observation de faits spécifiques pour en inférer des règles générales.

règle permettant la formation de tous les mots-formes construits selon le même patron. Nous partirons de l'analyse du mot-forme *chien* proposée plus haut dans l'encadré de la p. 74, et que nous reproduisons ci-dessous :

(15) *chien = chien-*$_{\text{radical nominal}}$ + -$\varnothing$$_{\text{suffixe flexionnel zéro, sing. des noms}}$

Pour écrire une règle morphologique (approximative) rendant compte de cette flexion particulière ainsi que de toutes les flexions semblables du français, il suffit de faire deux choses :

1. remplacer le mot-forme apparaissant à gauche du signe d'égalité par une **variable** — c'est-à-dire, par une lettre ou une expression mise en remplacement de tout un ensemble de valeurs spécifiques pouvant **instancier** la variable en question : nous choisissons d'écrire « $L_{\text{N, sing.}}$ » pour ʿlexie L nominale au singulierʾ ;

2. remplacer le radical apparaissant à droite du signe d'égalité par une autre variable : nous choisissons d'écrire « R_L », pour ʿradical de la lexie Lʾ.

En procédant de la sorte, on obtient la règle suivante :

(16) $L_{\text{N, sing.}} = R_L$ + -$\varnothing$$_{\text{suffixe flexionnel zéro, sing. des noms}}$

Bien entendu, il s'agit ici d'une ébauche de règle et nous ne prétendons aucunement qu'elle soit nécessaire et suffisante pour une inclusion dans une grammaire « grandeur nature » du français. De plus, nous avons choisi d'écrire la règle en question de façon formelle, mais on peut tout à fait reformuler (16) en n'ayant recours à aucun autre métalangage que la langue elle-même :

(17) *Le singulier d'un nom se construit à partir du radical du nom en question suivi du suffixe flexionnel zéro du singulier nominal.*

On peut maintenant s'exercer à construire une règle pour le pluriel des noms français, en s'inspirant du format de la règle (16) :

(18) $L_{\text{N, pl.}} = R_L$ + {PL}$_{\text{suffixe flexionnel, pl. des noms}}$

Cette règle stipule qu'il faut adjoindre le suffixe pluriel nominal après le radical du nom pour construire le mot-forme pluriel. Mais nous avons un peu triché en indiquant simplement que le suffixe en question est un morphème pluriel (représenté par {PL}), sans rendre compte de la combinatoire spécifique de chacun des morphes du morphème en question ; à l'écrit : -*s* (*chiens, rhumes*…), -*aux* (*bocaux, locaux*…) et -*x* (*choux, tonneaux*…). La règle devient plus complexe si l'on veut y inclure la caractérisation de quelles formes de radicaux nominaux se combinent avec chacun de ces morphes. Il faudrait aussi tenir compte des exceptions, notamment les noms invariables (voir remarque à ce propos dans la prochaine section), ainsi que des noms composés. On peut se reporter à n'importe quelle bonne grammaire du français pour mesurer à quel point l'écriture d'une description à peu près complète du pluriel nominal en français n'est pas une tâche triviale.

Pour conclure sur la question des règles morphologiques, notons que le même type de règle qui vient d'être présenté pour la flexion peut être construit pour rendre compte de la dérivation. Nous laissons le soin au lecteur de s'essayer à l'écriture d'une telle règle grâce à l'exercice 4.5, proposé en fin de chapitre.

Remarque sur l'invariabilité

Une des difficultés que présente l'apprentissage de la morphologie des langues, c'est le fait que ces dernières sont généralement remplies de cas particuliers de transgression des règles morphologiques générales. Un exemple bien connu en français est celui des noms (et adjectifs) dits invariables.

On voit fréquemment le terme *nom invariable* utilisé pour désigner deux choses très différentes.

1. Le nom français EGO [*Les intellectuels ont souvent des ego fragiles.*] est invariable au pluriel, en ce sens que le mot-forme pluriel [*les*] *ego* ne porte aucune marque de la flexion en nombre, qui le distinguerait du mot-forme singulier.

2. Le nom BÉTAIL, que l'on voit parfois caractérisé comme étant invariable, relève d'un tout autre cas de figure. Ce qui le distingue des noms « normaux », c'est qu'il s'emploie très difficilement au pluriel. De ce point de vue, il n'est pas plus invariable que OBSÈQUES, qui n'existe qu'au pluriel.

Pour être précis, on devrait utiliser une caractérisation différente des lexies dans chacun des deux cas :

1. EGO : nom commun, invariable ;
2. BÉTAIL : nom commun, surtout singulier ;
   OBSÈQUES : nom commun, pluriel.

Cette façon de procéder reflète le fait que la combinatoire de la première lexie est standard. En effet, elle s'emploie aussi bien au singulier qu'au pluriel et seule l'expression formelle de son pluriel est problématique : elle est formellement invariable.

La seconde lexie, par contre, est difficilement compatible avec l'expression de la pluralité car elle est sémantiquement structurée comme un **nom non comptable** — c'est-à-dire un nom du type EAU, SABLE, LASSITUDE, etc. Il est donc rare de lui voir appliquée la règle morphologique de formation du pluriel. Son comportement formel est, par ailleurs, tout à fait standard : *un bétail ~ des bétails*. Notons que les noms non comptables désignent soit une substance (ou quelque chose de similaire) soit un fait ou une entité que la langue conceptualise de la même façon qu'une substance : ainsi, on dit *du* bétail, *beaucoup de bétail* (au singulier), etc. C'est pourquoi les noms non comptables sont aussi parfois appelés *noms massifs* (angl. *mass nouns*).

Ici s'achève la présentation des notions élémentaires de morphologie. Nous en avons aussi terminé avec l'introduction des notions de base nécessaires à l'étude du lexique proprement dite, étude que nous allons maintenant entreprendre. Nous examinerons tout d'abord la problématique de la structuration du lexique (Chapitre 5), pour nous engager ensuite dans l'analyse de la sémantique lexicale (Chapitres 6 à 8).

Lectures complémentaires

Lipka, Leonhard (1992). « Morpheme, Word, Lexeme », dans *An Outline of English Lexicology*, Tübingen, Max Niemeyer, p. 68-74.

> Extrait d'un excellent ouvrage d'introduction à la lexicologie anglaise qui utilise une terminologie morphologique pratiquement identique à la nôtre. Le lecteur peut aussi revenir maintenant sur Mel'čuk (1993), dont on a suggéré la lecture au chapitre précédent (p. 62), pour ce qui a trait aux notions de mot-forme et de lexème.

Nida, Eugene A. (1976). « Introduction to Morphology », dans *Morphology: The Descriptive Analysis of Words*, 2e éd., Ann Arbor, The University of Michigan Press, p. 1-5.

> Ce court texte, d'une grande clarté, situe l'étude morphologique dans le cadre plus général de l'étude des langues. On notera certains écarts terminologiques par rapport à ce que nous avons dit dans le présent chapitre, notamment pour ce qui est de l'emploi du terme *word* (= mot). Cette remarque vaut aussi pour les deux lectures suivantes.

Huot, Hélène (2005). *La morphologie. Forme et sens des mots du français*, 2e éd., collection « Cursus », Paris, Armand Colin.

Un ouvrage d'introduction à l'étude de la morphologie, centré sur le français. On peut l'étudier comme un manuel, ou simplement le consulter si l'on désire en savoir plus sur cette branche de la linguistique et voir d'autres exemples d'analyses morphologiques de mots-formes français. Pour compléter l'étude du présent chapitre, on pourra notamment regarder :
- la présentation faite par H. Huot des notions de racine et radical (p. 27-29, puis le Chapitre III intitulé *Racines et radicaux* au complet) ;
- une analyse de la flexion en genre (adjectifs) et nombre (adjectifs et noms) qui écarte le recours à des suffixes zéro (p. 131-135).

Dans ce dernier cas, on pourra comparer les arguments que nous avançons plus haut, p. 74 et suivantes, en faveur des suffixes zéro avec ceux qu'avance H. Huot pour procéder autrement dans l'analyse des flexions adjectivales et nominales. À noter que H. Huot utilise le terme *nom dénombrable* là où nous emploierions *nom comptable*.

Lehmann, Alise et Françoise Martin-Berthet (1998). « Morphologie lexicale », dans *Introduction à la lexicologie. Sémantique et morphologie*, collection « Lettres Sup », Paris, Dunod, p. 99-185.

Il s'agit d'une autre introduction à la morphologie centrée sur le lexique du français, dont la lecture peut compléter celle de l'ouvrage précédent.

Exercices

Rappelons qu'il est essentiel d'étudier les exercices ci-dessous pour compléter le présent chapitre.

Les corrigés que nous proposons en fin d'ouvrage pour ces exercices sont très développés et font partie intégrante de notre présentation des notions de morphologie.

Exercice 4.1

On a dit des signes énumérés dans l'exemple (1) qu'ils n'étaient pas analysables en signes plus simples. Pourquoi le fait que *maison* contienne deux syllabes — /mɛ/ et /zɔ̃/ — ne contredit-il pas cette affirmation ?

Exercice 4.2

Identifier les différentes catégories flexionnelles que l'on trouve 1) en anglais et 2) en français.

Exercice 4.3

Examiner les formes fléchies du verbe ÊTRE. Cela permet-il de mettre en évidence un problème quant à la définition de la notion de flexion présentée dans ce chapitre ? (Penser à la notion de radical.)

Exercice 4.4

Le ulwa, langue amérindienne du Nicaragua, a recours à des affixes flexionnels qui ne sont ni des préfixes ni des suffixes. Soit la série suivante de mots-formes de cette langue :

(19) a. *suukilu* '[mon] chien' *miskitu* '[mon] chat'
     b. *suumalu* '[ton] chien' *mismatu* '[ton] chat'
     c. *suukalu* '[son] chien' *miskatu* '[son] chat'

Identifier les radicaux et les morphes flexionnels apparaissant ci-dessus, en les caractérisant au mieux. Il importe notamment de montrer que les morphes flexionnels identifiés ne sont ni des préfixes ni des suffixes.

Exercice 4.5

Décrire le plus complètement possible en tant que signe linguistique (signifié, signifiant et combinatoire restreinte) l'affixe -*age* que l'on trouve dans *nettoyage, débauchage*… Écrire ensuite la règle morphologique de dérivation en -*age* du français.

Exercice 4.6

Comparer la façon dont s'écrivent les deux lexies suivantes :
- PORTEFEUILLE ;
- PORTE-MONNAIE (parfois aussi écrite PORTEMONNAIE).

Nous avons mentionné plus haut (p. 80) qu'il y avait une certaine part d'arbitraire dans la façon dont s'orthographient les lexies composées. Est-il cependant possible de trouver une explication à la différence constatée ici ?

Exercice 4.7

Est-on en présence d'un cas de dérivation dans :

(20) *Il n'oublie jamais d'apporter son **manger** car il aime trop **manger** ?*

Qu'est-ce que cela implique quant à la notion de dérivation, telle qu'on l'a définie (p. 76) ?

Exercice 4.8

Le sigle ONU est-il un acronyme ?

5

LA STRUCTURE DU LEXIQUE

Toutes les utopies sont déprimantes, parce qu'elles ne laissent pas de place au hasard, à la différence, aux « divers ». Tout a été mis en ordre et l'ordre règne.

Derrière toute utopie, il y a toujours un grand dessein taxinomique : une place pour chaque chose et chaque chose à sa place.

GEORGES PEREC, *Penser/Classer.*

Les chapitres précédents nous ont permis de définir et caractériser avec une certaine précision la lexie, l'unité de base dont sont constitués les lexiques. Nous examinerons maintenant comment les lexiques sont **structurés**. Le fait de traiter de la structure des lexiques nous amènera naturellement à aborder le sujet de l'accès aux données lexicales. Cela explique pourquoi le présent chapitre est, comme le précédent, relativement dense.

Nous préciserons tout d'abord la notion de lexique, en la mettant en opposition avec celle de vocabulaire ; cela nous conduira à examiner la question de la variation linguistique. Puis, nous présenterons les parties du discours, qui sont des classes de lexies regroupées en fonction de leurs caractéristiques grammaticales. Nous examinerons ensuite les différents types de liens que peuvent entretenir les lexies au sein du lexique d'une langue. Cette section sera très brève, dans la mesure où un chapitre entier (le Chapitre 7) est consacré à l'étude et à la modélisation des liens lexicaux. Comme le lexique est un ensemble d'informations très riche et très complexe, il nous faudra ensuite nous pencher sur le problème de l'identification des connaissances lexicales ; nous verrons ainsi quelles méthodes d'accès aux données linguistiques peuvent être utilisées en lexicologie. Nous conclurons par quelques observations sur les phénomènes statistiques liés à l'usage du lexique.

Malgré son titre, ce chapitre ne prétend pas démontrer que les lexiques possèdent une structure bien établie, clairement identifiable. Et c'est pourquoi nous avons mis en exergue cette citation de Georges Perec. On peut toujours effectuer des classifications et des regroupements des lexies de la langue. Cependant, ces structures descriptives que l'on plaque sur le lexique ne servent qu'à mettre en évidence des aspects bien spécifiques de son organisation. Elles répondent à un besoin pratique de classement mais, prises individuellement, elles ne peuvent suffire à modéliser la structure du lexique, qui est multidimensionnelle. Cette particularité de la structure du lexique nous oblige à la considérer simultanément sous plusieurs angles.

Notions introduites Lexique, vocabulaire d'un texte vs vocabulaire d'un individu, idiolecte, marque d'usage, dialecte, langue de spécialité et terminologie, partie du discours (= classe grammaticale ou catégorie syntaxique), classe lexicale ouverte (verbe, nom/substantif, adjectif, adverbe, interjection) vs classe lexicale fermée (pronom, déterminant, conjonction, préposition), verbe auxiliaire, mot lexical vs mot grammatical, lien paradigmatique vs lien syntagmatique, introspection, enquête linguistique, corpus linguistique, français fondamental, fréquence d'emploi, occurrence, index (de signifiants lexicaux), lemmatisation, concordance, statistique lexicale, lexicométrie, linguistique quantitative, hapax, loi de Zipf.

Lexique et vocabulaire

Le lexique

Le moment est venu de proposer une définition de la notion de lexique.

Le *lexique* d'une langue est l'entité théorique qui correspond à l'ensemble des lexies de cette langue.

Par *entité théorique*, nous voulons signifier que le lexique n'est pas véritablement un ensemble dont les éléments, les lexies, peuvent être énumérés de façon systématique. Le lexique ressemble plutôt à un « ensemble flou », un ensemble dont il n'est pas toujours possible de dire s'il contient tel ou tel élément particulier.

Voici trois cas problématiques qui permettent d'illustrer cette caractéristique du lexique.

Premièrement, un terme entendu dans une conversation ou lu dans un article de journal pose souvent problème si c'est un anglicisme, c'est-à-dire s'il s'agit d'un emprunt plutôt récent à l'anglais. Ainsi, le nom FAX [*Je vous envoie un fax immédiatement.*] fait-il ou non partie du lexique français ? Certains voudront l'inclure, parce qu'il est fréquemment employé. D'autres le rejetteront, parce qu'ils s'opposent par principe à l'usage d'anglicismes, et ils exigeront que l'on utilise plutôt TÉLÉCOPIE. Bien entendu, on peut aussi consulter un dictionnaire pour trouver une réponse à cette question. Même les plus puristes toléreront donc peut-être FAX, puisque ce lexème apparaît dans *Le Nouveau Petit Robert* [2007] (avec le verbe correspondant FAXER). Une analyse des définitions de TÉLÉCOPIE et FAX permettra d'ailleurs de s'apercevoir qu'il ne s'agit pas de synonymes exacts, puisque le second, contrairement au premier, ne concerne que la transmission de données par réseau téléphonique. Un autre cas bien connu est celui du nom E-MAIL [*J'ai reçu plus de trente e-mails hier !*], qui est d'un emploi tout aussi courant que FAX. Bien qu'étant également signalé comme anglicisme par le *Petit Robert*, il est plus facile aux puristes de condamner l'usage de ce vocable puisque le dictionnaire en donne les équivalents exacts ci-dessous, non marqués comme anglicismes, pour chacun de ses sens.

- En France : ADRESSE ÉLECTRONIQUE (cf. *Est-ce que tu connais son e-mail ?*) et COURRIER ÉLECTRONIQUE (cf. *J'ai reçu son e-mail à propos du rendez-vous de demain.*).
- En Belgique et au Québec : COURRIEL (dans les deux sens).

Le recours au dictionnaire n'est donc pas la solution miracle, surtout si on est soi-même lexicologue ou lexicographe (rédacteur de dictionnaires) et si on est à la recherche de critères rationnels et cohérents pour mener à bien son travail descriptif[1].

---

1. Il faut souligner qu'il ne s'agit pas, dans le cas des anglicismes, d'un simple problème d'« attitude » : faire preuve de laxisme ou de purisme. Les emprunts lexicaux à l'anglais sont tellement nombreux en français contemporain qu'ils soulèvent de véritables problèmes descriptifs, du fait notamment du mélange des codes que leur présence entraîne dans les domaines morphologique et phonologique. Voir à ce propos le texte de Josette Rey-Debove suggéré comme lecture complémentaire en fin de chapitre.

Deuxième cas problématique : une expression comme *Défense de stationner* est-elle ou non une lexie ? C'est une entité linguistique qui forme un tout sémantique. Même si elle est autonome, comme l'est une phrase, elle possède toutes les propriétés du signe linguistique. Une telle entité linguistique, comme d'ailleurs les proverbes (*Un tiens vaut mieux que deux tu l'auras, Qui vole un œuf vole un bœuf…*), peut être ou non incluse dans le lexique selon la perspective théorique que l'on adopte vis-à-vis de la notion de lexie.

Finalement, et c'est peut-être le point le plus problématique : puisque tout le monde ne partage pas la même connaissance de la langue, le lexique de la langue doit-il être l'**union** ou l'**intersection** de la connaissance lexicale des locuteurs ? En adoptant la première solution, qui consiste à prendre la somme de **toutes** les connaissances lexicales de **tous** les locuteurs de la langue, on risque de se retrouver avec un lexique hybride qu'on ne pourra en aucune façon considérer comme formant un système. En adoptant la seconde solution, qui consiste à ne considérer **que** les connaissances qui sont véritablement communes à **tous** les locuteurs, on risque de laisser de côté une partie essentielle du lexique puisque certaines personnes ont clairement une connaissance lexicale très inférieure à la moyenne.

Les trois cas problématiques que nous venons d'examiner suffisent à montrer que, lorsqu'on parle du lexique d'une langue, on postule une entité théorique que, dans les faits, on ne peut pas décrire avec une précision et une certitude totales. Des choix théoriques et descriptifs s'imposent lorsqu'on cherche à décrire le lexique. Ces choix sont loin d'être évidents.

Considérons maintenant la seconde partie de notre définition de la notion de lexie : le lexique est un ensemble de lexies. On pourrait bien entendu postuler que le lexique est un ensemble de mots-formes, c'est-à-dire de signes lexicaux, et représenter ainsi le lexique du français :

$$\text{Lex}_{\text{français}} = \{ \text{ } à…, avoir, ai, a, avons…, maison, maisons…, petit, petite, petits,$$
$$petites… \text{ } \}.$$

Cette modélisation revient à dire que, par exemple, *maison* et *maisons* sont deux éléments distincts de notre connaissance lexicale du français. Cependant, nous percevons bien que les deux mots-formes en question sont regroupés au sein d'une entité plus générale, qui « factorise » tout ce que ces deux signes linguistiques ont en commun. Il s'agit de la lexie MAISON. Lorsqu'on apprend un nouvel élément du lexique d'une langue, on apprend en fait quelque chose qui est potentiellement associé à plusieurs mots-formes distincts et qui correspond directement à la notion de lexie. La lexie est vraisemblablement une entité psychique qui structure notre connaissance des langues, une sorte de « métasigne ».

D'un strict point de vue ensembliste, il revient à peu près au même de considérer le lexique comme un ensemble de lexies ou un ensemble de mots-formes. La différence se fait sentir dès que l'on veut modéliser le lexique dans un dictionnaire. Il faut alors choisir une unité de description. Parce que les mots-formes associés à une lexie sont en général calculables à partir du radical de la lexie et de règles grammaticales générales de flexion, il serait extrêmement redondant de construire un dictionnaire qui décrirait explicitement tous les mots-formes d'une langue. On considérera donc que le lexique d'une langue donnée est l'ensemble de ses lexies.

Le vocabulaire

La notion de lexique doit être mise en contraste avec celle de vocabulaire.

Le **vocabulaire d'un texte** est l'ensemble des lexies utilisées dans ce texte.

Il faut entendre ici le terme *texte* dans un sens très large. Ainsi, un texte peut être :

- un texte ou un ensemble de textes ;
- un texte oral ou écrit ;
- un texte impliquant un locuteur unique ou un ensemble de locuteurs.

Texte et vocabulaire d'un texte relèvent donc du domaine de la parole et non de celui de la langue (cf. Chapitre 1).

Nous avons employé systématiquement le terme *vocabulaire d'un texte*, car *vocabulaire* seul est ambigu. En effet, il faut distinguer la notion de vocabulaire d'un texte et celle de vocabulaire d'un individu[2].

Le **vocabulaire d'un individu** est le sous-ensemble du lexique d'une langue donnée contenant les lexies de cette langue que maîtrise l'individu en question.

---

2. Bien entendu, il peut aussi s'agir du vocabulaire d'un **ensemble** d'individus.

Contrairement au vocabulaire d'un texte, le vocabulaire d'un individu est, en tant que sous-ensemble d'un lexique, une entité théorique. Le vocabulaire d'un individu est une composante de l'*idiolecte* de cet individu, c'est-à-dire de la langue qu'il maîtrise et parle. En effet, personne ne parle véritablement de la même façon et personne n'a exactement la même connaissance de la langue. De ce point de vue, la langue (comme le lexique) n'a pas d'existence tangible : c'est une abstraction théorique qui synthétise les connaissances communes à l'ensemble des locuteurs. Cela a des conséquences très importantes sur la méthodologie de l'étude linguistique, dans la mesure où l'on ne peut jamais se fonder sur la façon de parler d'un individu pour en déduire une description de la langue en général. Il faut toujours se donner les moyens de prendre en compte les variations idiolectales. De plus, le problème de la variation linguistique ne se pose pas seulement en ce qui a trait à l'idiolecte. La langue varie en fonction des individus qui l'utilisent, mais aussi en fonction des contextes d'utilisation. Nous allons nous attarder un instant sur cet important sujet.

La variation linguistique

Nous examinerons à tour de rôle cinq axes de variation linguistique qui peuvent poser problème dans le cadre de l'étude de la langue et, notamment, du lexique :

1. variation liée à la situation géographique ;
2. variation liée au contexte social ;
3. variation liée à la diachronie ;
4. variation liée au domaine d'utilisation de la langue ;
5. variation liée au mode de communication.

Variation liée à la situation géographique. C'est un ensemble de différences linguistiques associées à des régions ou à des pays particuliers. Pour ce qui est du français de France, l'invasion de la télévision dans la vie personnelle, familiale et sociale des individus, de même que la plus grande mobilité géographique facilitée par le développement des trains rapides et des autoroutes sur un territoire relativement petit, a beaucoup diminué l'importance de la variation **régionale**, même si cette dernière reste présente. La variation liée à la situation géographique est, quant à elle, encore très accusée d'un pays à l'autre.

En voici quelques exemples fondés sur le contraste entre français de France et français du Québec :

- MACHINE À LAVER, qui s'emploie systématiquement en France, alors qu'au Québec on emploie surtout LAVEUSE ;
- **Fr.** [*un*] JOB ~ **Québ.** [*une*] JOB ;
- **Fr.** ASPIRATEUR ~ **Québ.** BALAYEUSE ;
- **Fr.** PETIT-DÉJEUNER ~ **Québ.** DÉJEUNER.

Nous avons ici recours à des ***marques d'usage*** semblables à celles utilisées dans les dictionnaires — **Fr.** pour le français de France et **Québ.** pour le français du Québec. Nous introduirons plus bas d'autres marques d'usage, lorsque d'autres types de variations seront examinés.

Les quelques exemples donnés ci-dessus montrent qu'il existe différents patrons de variation géographique. Par exemple :

1. une même forme (comme *déjeuner* en France ou au Québec) peut avoir des sens différents selon la région ou le pays, et donc être associée à des lexies différentes ;
2. une forme peut servir à véhiculer un sens additionnel, comme *balayeuse*, qui a, au Québec, tous les sens qu'elle a en France ('femme qui balaie' ou 'engin servant à nettoyer les rues') plus le sens additionnel 'aspirateur' ;
3. la variation peut porter sur certaines propriétés grammaticales associées à une lexie — comme dans le cas du lexème JOB, masculin en France et féminin au Québec.

Nous n'avons pas introduit ici de particularités résultant d'un besoin de nommer des entités sociales, administratives ou naturelles, ou des produits de consommation, qui ne se retrouvent pas à la fois en France et au Québec. Ainsi, le lexème ANDOUILLETTE est peu connu au Québec, tout simplement parce qu'il s'agit d'un type de charcuterie qui n'y est normalement pas produit et consommé. Il ne s'agit pas d'un véritable cas de variation **linguistique** liée à la situation géographique, dans la mesure où un Québécois n'aura d'autre choix que d'utiliser ANDOUILLETTE s'il veut désigner par son nom l'aliment en question.

Les quelques remarques que nous venons de faire à propos des types de variations liées à la situation géographique peuvent être transposées pour les autres variations linguistiques qu'il nous reste à examiner.

Variation liée au contexte social. Il n'est pas rare que l'on puisse déterminer le « milieu social » dans lequel a grandi ou dans lequel évolue un individu en se basant sur la façon dont il s'exprime. Les indices peuvent être lexicaux, grammaticaux ou phonétiques. Pour ce qui est de la description lexicale, on a souvent recours à des marques d'usage telles que **fam.** (familier), **vulg.** (vulgaire), **enfantin** (qui relève du langage utilisé par et avec de jeunes enfants), **soutenu** (style soutenu), **offic.** (officiel), etc., pour indiquer que l'emploi d'une lexie donnée est associé à un contexte particulier. Ce type d'étiquetage repose souvent, bien entendu, sur des présupposés idéologiques. Par exemple, si l'on introduit la marque d'usage **pop.** (populaire), quelle différence fait-on véritablement entre un parler populaire et un parler familier ? Pourquoi avoir **pop.**, par exemple, mais pas **bourg.** (bourgeois) ? Nous n'entrerons pas dans ce débat, nous contentant plutôt de citer quelques exemples peu litigieux :

- CABINET ~ **fam.** [ou **enfantin** ?] PETIT COIN ~ **vulg.** CHIOTTES ;
- CRIER ~ **fam.** [ou **vulg.** ?] GUEULER ;
- MOURIR ~ **fam.** CASSER SA PIPE ~ **vulg.** CREVER ~ **soutenu** PASSER DE VIE À TRÉPAS ~ **soutenu** TRÉPASSER ;
- KLAXON ~ **offic.** AVERTISSEUR SONORE.

Les écrivains ont fréquemment exploité ce genre de phénomène, notamment pour provoquer des contrastes humoristiques, comme dans l'extrait suivant de *Zazie dans le métro* :

> Une bourgeoise qui maraudait dans le coin s'approcha de l'enfant pour lui dire ces mots :
>
> — Mais, voyons, ma petite chérie, tu lui fais du mal à ce pauvre meussieu. Il ne faut pas brutaliser comme ça les grandes personnes.
>
> — Grandes personnes mon cul, répliqua Zazie. Il ne veut pas répondre à mes questions.
>
> — Ce n'est pas une raison valable. La violence, ma petite chérie, doit toujours être évitée dans les rapports humains. Elle est éminemment condamnable.
>
> — Condamnable mon cul, répliqua Zazie, je ne vous demande pas l'heure qu'il est.
>
> Queneau, Raymond (1959). *Zazie dans le métro*, collection « Folio », nᵒ 103, Paris, Gallimard, p. 100.

Nous ne nous attarderons pas davantage sur ce type de variation linguistique. L'exercice 5.3, en fin de chapitre, propose de mener une petite analyse linguistique du texte cité ci-dessus.

Notons que les deux types de variations que nous venons de présenter correspondent à des *dialectes* : dialectes régionaux, dans le premier cas ; dialectes « sociaux », dans le second.

Variation liée à la diachronie. Nous ne parlons sûrement pas la même langue que nos grands-parents ou que nos petits-enfants (si nous en avons), et cela, même si l'on ne tient pas compte de différences entrant dans la catégorie des variations liées à la situation géographique ou au contexte social. Nous avons déjà vu que la langue peut s'étudier dans la diachronie, pour modéliser son évolution dans le temps. Cette évolution se manifeste aussi dans le contexte d'une étude synchronique, lorsque justement on doit prendre en compte la façon dont s'expriment les individus appartenant à des générations différentes. Là encore, on peut avoir recours à certaines marques d'usage pour rendre compte de ces variations. Par exemple, sur le plan lexical :

- RADIO ~ **vieilli** T. S. F. (pour *transmission sans fil*) ;
- PNEU ~ **vieilli** PNEUMATIQUE.

Variation liée au domaine d'utilisation de la langue. La langue utilisée dans un texte (ou une conversation) scientifique ou technique possède généralement des caractéristiques qui la distingue en partie de la langue dite « générale ». On peut ainsi parler de l'existence de *langues de spécialité.* Celles-ci se caractérisent avant tout sur le plan lexical, par l'usage de *terminologies* spécifiques. La terminologie, l'étude des terminologies, est d'ailleurs une discipline en soi[3]. Cette affirmation se justifie par le fait que les lexiques terminologiques forment des touts lexicaux qui entretiennent des liens complexes avec le lexique général. De plus, l'étude d'une terminologie donnée est normalement indissociable de l'étude poussée du domaine d'activité (informatique, chimie, chirurgie, pharmacie, génie civil, etc.) dont elle relève.

Notons que l'apprentissage d'une discipline scientifique ou technique repose en très grande partie sur l'apprentissage d'une terminologie et de son utilisation. Ainsi, le réseau notionnel introduit dans le présent ouvrage est en réalité une composante centrale du lexique terminologique de la linguistique.

---

3. L'Homme, Marie-Claude (2004). *La terminologie : principes et techniques*, Montréal, Les Presses de l'Université de Montréal.

Variation liée au mode de communication. Il s'agit ici notamment de la distinction entre l'oral et l'écrit, mentionnée dès le premier chapitre (p. 19). Il est aussi possible de se pencher sur les cas d'utilisation de modes de communication spécifiques : conversations téléphoniques, échanges de courriers électroniques, etc. Rappelons qu'un exercice portant sur l'identification des traces de langue parlée dans les courriers électroniques a été proposé à la fin du Chapitre 1 (exercice 1.3, p. 25).

Il faudrait, bien entendu, approfondir beaucoup plus la question des variations linguistiques ; mais elle relève de domaines d'étude spécifiques (linguistique diachronique, sociolinguistique, terminologie, etc.) que nous ne pouvions qu'effleurer ici.

Remarque sur la définition des notions scientifiques

Nous avons terminé notre examen des notions de lexique et de vocabulaire. Nous allons maintenant passer aux parties du discours : le système le plus courant de classification des unités lexicales. Avant cela, une remarque importante s'impose sur la façon dont sont définies les notions introduites dans le présent ouvrage.

Les notions scientifiques ne peuvent être correctement comprises et définies qu'en considérant leur interconnexion.

C'est pourquoi une bonne définition de la notion de lexique doit, en fait, être une définition de la notion de lexique **d'une langue**. C'est aussi pourquoi nous voyons clairement dans les définitions proposées plus haut qu'il existe deux notions distinctes de vocabulaire, selon que l'on parle du vocabulaire **d'un texte** ou du vocabulaire **d'un individu**.

Toutes les définitions données dans cet ouvrage sont élaborées en tenant compte de cette contrainte. La clé pour la compréhension et l'assimilation d'une définition de ce type est de chercher à comprendre le tout formé par la notion en cause et par les autres notions qu'elle met en jeu : il faut se souvenir qu'un lexique est en fait le lexique d'une langue, qu'un vocabulaire est en fait le vocabulaire d'un texte ou d'un individu, etc.

Nous verrons plus loin (Chapitre 8) que cette méthode de définition des notions scientifiques est similaire à celle qui doit être employée pour définir les termes de la langue générale.

Les parties du discours

Les *parties du discours*—nom, verbe, adjectif, etc.—sont des classes générales à l'intérieur desquelles sont regroupées les lexies de la langue en fonction de leurs propriétés grammaticales.

Remarque terminologique

Deux autres termes sont fréquemment utilisés dans la littérature linguistique et dans les manuels d'enseignement pour désigner les parties du discours : *classe grammaticale* et *catégorie syntaxique*. Voyons pourquoi nous n'utilisons que le terme *partie du discours* dans le présent ouvrage.

Tout d'abord, pour éviter toute confusion, il est toujours préférable de n'utiliser qu'un seul terme pour désigner une notion donnée. Il faut donc faire un choix.

Le terme le plus approprié ici est, à notre avis, *classe grammaticale*, car les regroupements dont nous traiterons sont des classes (pas nécessairement très étanches d'ailleurs) qui regroupent les lexies en fonction de leurs propriétés grammaticales. Malheureusement, ce terme est très peu utilisé dans la littérature et il est toujours souhaitable, dans un texte d'introduction comme l'est celui-ci, de chercher à se conformer le plus possible à la pratique courante. C'est la meilleure façon de s'assurer que les notions enseignées pourront être aisément réutilisées au moment de l'approfondissement des connaissances (par la pratique d'une discipline ou son étude). Nous devons donc ici faire notre deuil de *classe grammaticale*.

Catégorie syntaxique est sans doute le terme le plus fréquemment utilisé en linguistique moderne issue, notamment, de la tradition américaine. Ce terme est cependant problématique, pour au moins deux raisons. Tout d'abord, il n'est pas véritablement ici question de catégories au sens d'un ensemble de valeurs mutuellement exclusives. On se souviendra, par exemple, de l'usage de ce terme dans *catégorie flexionnelle* (Chapitre 4, p. 72). Les regroupements de lexies que nous considérons n'ont pas la systématicité, la rigidité de catégories véritables et le terme plus vague de *classe* nous semble donc plus approprié. Mais surtout, ces regroupements ne se font pas uniquement en fonction de critères syntaxiques. Les critères morphologiques (présence ou non de variation flexionnelle notamment) sont également très importants, même si, effectivement, les lexies seront avant tout regroupées en fonction des rôles syntaxiques qu'elles peuvent jouer dans la phrase. Le terme *catégorie syntaxique* nous semble trop spécifique, surtout dans le cadre d'une introduction à la lexicologie. Dans un tel contexte, il est important de percevoir la multiplicité des facteurs (sémantiques, syntaxiques et morphologiques) de rapprochement ou de distinction des lexies.

Finalement, le terme *partie du discours*, dont l'usage s'est répandu à partir du Moyen-Âge (en latin, *partes orationis*), ne veut pas dire grand-chose. (Il servait initialement à désigner les « parties » dont la phrase est constituée.) Cela présente, bien entendu, un désavantage par rapport à *classe grammaticale*, mais un avantage par rapport au terme trop spécifique *catégorie syntaxique* (plus justifié, peut-être, dans le cadre d'un ouvrage de syntaxe). Son principal mérite, outre le fait d'être tellement vague qu'il s'applique sans problème à la notion qui nous intéresse ici, est qu'il s'agit d'un terme très courant dans la littérature, notamment en grammaire française. Nous pouvons donc l'utiliser sans risque, même si nous souhaiterions insister sur le fait que les parties du discours sont, par définition, des classes grammaticales de lexies. Comme nous le verrons immédiatement, nous y référerons donc toujours comme à des « classes ».

Passons maintenant à la présentation des principales parties du discours, que l'on regroupe traditionnellement selon qu'elles forment des classes lexicales ouvertes ou fermées.

Classes lexicales ouvertes

Une partie du discours est une **classe lexicale ouverte** si l'ensemble des éléments qui la composent peut varier sans que cela n'entraîne une modification importante du fonctionnement de la langue. Les néologismes ou les emprunts appartiennent avant tout à ces classes et ce sont les lexies de ces classes qui tombent le plus facilement en désuétude.

L'ensemble des parties du discours identifiées pour le français varie d'une grammaire à l'autre, que ce soit pour les classes ouvertes ou les classes fermées. On admet cependant généralement que le français, comme la plupart des langues, possède quatre classes ouvertes majeures, que nous allons maintenant énumérer en les caractérisant par une série d'exemples suivie d'une description de leur rôle syntaxique typique dans la phrase. Notons que, dans ce chapitre, nous utilisons la numérotation du *Nouveau*

Petit Robert [2007] pour identifier une acception particulière d'un vocable lorsque cela s'avère utile, comme dans le cas de ÊTRE^{1}I.1 ci-dessous.

1. **Verbe** : ÊTRE^{1}I.1 [*Je pense donc je suis.*], MANGER, SE CASSER LE NEZ...
   Le verbe se caractérise par le fait qu'il est le gouverneur syntaxique typique de la phrase ; c'est l'élément essentiel de la phrase, auquel se rattachent (directement ou indirectement) tous les autres éléments (sujet **du verbe**, complément **du verbe**, etc.).

2. **Nom**, aussi appelé **substantif** : NOURRITURE, POMME DE TERRE, IGOR...
   Le nom est le sujet ou le complément typique du verbe (même si, bien entendu, un verbe peut avoir un complément non nominal : *Je veux **que tu viennes**.*).

3. **Adjectif** : GÉNÉREUX, TYRANNIQUE, MAL EMBOUCHÉ...
   L'adjectif est le modificateur typique du nom (*une arrivée **soudaine***).

4. **Adverbe** : TRÈS, LENTEMENT, VITE ET BIEN [*Comment maigrir **vite et bien** ?*]...
   L'adverbe est le modificateur typique du verbe (*arriver **soudainement***), de l'adjectif (***parfaitement** clair*) ou d'un autre adverbe (***très** lentement*).

Nous avons pris soin de donner dans toutes les séries d'exemples ci-dessus des lexies qui sont soit des lexèmes soit des locutions. Locution verbale, locution nominale, etc. sont ainsi des sous-classes des parties du discours correspondantes.

Notons, finalement, que les autres classes ouvertes mentionnées dans la littérature peuvent toutes être associées à l'une des quatre classes majeures que nous venons de décrire. Par exemple, les **interjections** (MINCE !, OH !...) peuvent être rapprochées des adverbes de phrase, c'est-à-dire des adverbes qui portent sémantiquement sur la phrase au complet et ont, en conséquence, un positionnement très flexible (après le verbe, mais aussi en début ou fin de phrase). Pour se convaincre de la proximité grammaticale des adverbes de phrase et des interjections, on peut comparer l'emploi de *franchement* comme adverbe de phrase en (1a) avec son emploi comme interjection dans (1b) :

(1)   a.   — *Franchement, tu pourrais faire attention !*

      b.   — *Franchement !*

Classes lexicales fermées

Une partie du discours est une **classe lexicale fermée** de lexies si l'ensemble des éléments qui la composent est stable. (Il n'accepte ni ajouts ni retraits.) De plus, les classes fermées de lexies regroupent peu de lexies, comparativement aux classes ouvertes.

Comme dans le cas des classes ouvertes, il n'existe pas de consensus absolu sur le nombre et sur la dénomination des classes lexicales fermées du français. On mentionne fréquemment les parties du discours suivantes.

1. **Pronom** : JE, TU, IL…, LE^{2}I.1 [*Elle le voit.*]…

2. **Déterminant** : articles, par exemple LE^{1}I.1 [*C'est le chat*] ; adjectifs démonstratifs, par exemple CE ; adjectifs possessifs, par exemple MON ; etc.

3. **Conjonction** : ET, BIEN QUE…

4. **Préposition** : DE, PAR…

Chaque classe fermée peut être associée, sur la base des propriétés grammaticales qui caractérisent ses lexies, à l'une des quatre classes ouvertes majeures étudiées dans la section précédente :

- les pronoms sont en fait des cas particuliers de noms ;
- les déterminants sont des cas particuliers d'adjectifs (au sens large) ;
- les conjonctions et les prépositions sont des cas particuliers d'adverbes, puisque leur emploi le plus caractéristique est d'introduire des syntagmes modificateurs de verbes : *Elle part car*$_{conj.}$ *elle est fatiguée, Ces fleurs poussent sous*$_{prép.}$ *la neige*, etc.

On remarquera, finalement, qu'une sous-classe d'une classe ouverte peut être fermée. Ainsi, la sous-classe des **verbes auxiliaires** (comme ÊTRE^{1}V.2 [*Elle est partie à cinq heures.*]) est fermée, du fait de la nature éminemment grammaticale des lexies qu'elle regroupe. Ce qui nous amène tout naturellement au sujet de la prochaine section.

Mots lexicaux et mots grammaticaux

La distinction entre classes ouvertes et classes fermées de lexies correspond approximativement à l'opposition entre **mots lexicaux** et **mots grammaticaux**. Les lexies des classes ouvertes sont en quelque sorte des unités lexicales types, du point de vue de leur comportement en langue et, comme nous le verrons dans les chapitres suivants, du point de vue de leur sens : d'où le terme de *mot lexical* fréquemment employé pour les désigner. La plupart des lexies appartenant aux classes fermées sont, tant dans leur comportement en langue que pour le sens qu'elles véhiculent, intimement liées à la grammaire de la langue concernée (cf. l'utilisation des articles, des pronoms, etc.) : c'est pourquoi on les qualifie de *mots grammaticaux*.

Il faut cependant veiller à ne pas établir de parallèle trop strict entre ces deux paires de notions. Ainsi, nous venons de voir, à la toute fin de la section précédente, que la classe ouverte des verbes contient une sous-classe fermée de mots grammaticaux : les verbes auxiliaires. À l'inverse, les prépositions appartiennent à une classe fermée, mais certaines prépositions semblent bien être des mots lexicaux. Comparons les deux lexies DE^{1}I.B.1 et DE^{1}II.1 utilisées dans les exemples ci-dessous :

(2) a. *Les salades **de** Lucien sont tendres.* → DE^{1}I.B.1

    b. *Il parle **de** Jean.* → DE^{1}II.1

La préposition DE^{1}I.B.1 est utilisée en (2a) pour exprimer un sens clairement identifiable et l'exemple dont elle fait partie peut être aisément paraphrasé en remplaçant *de* par une expression sémantiquement équivalente. Nous proposons ci-dessous deux paraphrases, compte tenu du caractère vague du sens de la préposition en question :

(3) a. *Les salades **qui appartiennent à** Lucien sont tendres.*

    b. *Les salades **que fait pousser** Lucien sont tendres.*

Il n'en va pas de même pour DE^{1}II.1, que l'on utilise strictement en (2b) pour lier le verbe transitif indirect PARLER II.1 à son complément et non pour exprimer un sens donné : c'est un mot grammatical par excellence.

Pour conclure, mentionnons une autre difficulté posée par la dichotomie mot lexical *vs* grammatical. Elle ne doit pas être mise en parallèle avec la dichotomie signe lexical *vs* grammatical, introduite au Chapitre 2, p. 39. Ainsi, le mot-forme article *le* [*le chat*] est un signe **lexical** (ce n'est pas un affixe, etc.) qui appartient à une lexie **grammaticale** (LE^{1}I.1).

Nature grammaticale des parties du discours

Il est très important de toujours garder à l'esprit le fait que l'on regroupe les lexies dans des parties du discours en fonction d'un ensemble très hétérogène de propriétés grammaticales. De plus, les propriétés qui caractérisent les verbes, les noms, etc., varient considérablement d'une langue à l'autre. Par exemple, les noms français se caractérisent notamment par le fait qu'ils possèdent une flexion en nombre (singulier ~ pluriel), qu'ils possèdent un genre grammatical (masculin ou féminin) et qu'ils impliquent une détermination (*le chat*, *une idée...*). Les noms anglais, quant à eux, connaissent aussi la flexion en nombre et la détermination, mais ne possèdent pas de genre grammatical ; les noms mandarins n'ont ni flexion, ni genre grammatical, ni détermination.

Bien que les parties du discours se caractérisent avant tout par des propriétés grammaticales — du type de celles qui viennent d'être données en exemple —, il existe certaines propriétés sémantiques partagées par les noms, les verbes, etc. Mais, comme nous le verrons au chapitre suivant lors de l'étude du sens lexical (« Prédicats sémantiques, noms sémantiques et quasi-prédicats », p. 131 et suivantes), ces propriétés sémantiques communes sont très vagues et ne permettent en aucun cas de caractériser de façon rigoureuse les parties du discours. Il faudra donc se méfier des définitions du type : *Les noms désignent des objets et les verbes, des actions*. De telles définitions ne sont que des approximations et donnent d'étranges résultats si on les applique de façon littérale. L'exemple ci-dessous illustre ce problème :

(4)   a.   *Il lui déclare son **amour**.*

    b.   *Ce rocher **pèse** deux tonnes.*

Le nom en (4a) ne désigne pas plus un « objet » que le verbe de (4b) ne désigne une « action ». En effet, le nom AMOUR désigne un sentiment — un état psychique d'un individu — que l'on peut tout aussi bien désigner en utilisant le verbe AIMER :

(5)   *Il lui déclare qu'il l'aime.*

Quant au lexème verbal PESER, utilisé en (4b), il ne désigne pas une action, mais une caractéristique. Cette dernière pourrait tout aussi bien être désignée au moyen du nom POIDS, comme le démontre la paraphrase suivante de (4b) :

(6)   *Le poids de ce rocher est de deux tonnes.*

Il faut donc se méfier des caractérisations sémantiques des parties du discours, même si on les entend très souvent répétées lorsqu'il s'agit d'ébaucher une définition de ces notions. Bien entendu, la particularisation sémantique des parties du discours a malgré tout un certain fondement. Personne ne niera le fait que le nom typique est un nom de « chose » et que le verbe typique désigne un « fait ». Ce qu'il faut rejeter, c'est la nature **définitoire** d'une telle particularisation.

La façon sémantique de présenter les parties du discours remonte à très loin et a été « officialisée » par la tradition grammaticale française issue de la *Grammaire générale et raisonnée de Port-Royal*, ouvrage écrit au XVIIe siècle. Voici deux courtes citations tirées de la *Grammaire de Port-Royal* qui illustrent ce fait. Nous tenons à souligner que notre but est ici de montrer d'où la vision « sémantique » des parties du discours peut tirer ses origines, non de dénigrer un texte dont nous pensons personnellement qu'il reste d'une lecture tout à fait fascinante, plus de trois siècles après sa rédaction.

Les objets de nos pensées étant, comme nous avons déjà dit, ou des choses, ou des manières des choses, les mots destinés à signifier tant les choses que les manières s'appellent *noms*. [Seconde partie, Chapitre I, page 167.]

[…] le verbe, selon ce qui lui est essentiel, est un mot qui signifie l'affirmation. Mais si l'on veut mettre dans la définition du verbe ses principaux accidents[4], on le pourra définir ainsi : *vox significans affirmationem cum designatione personæ, numeri et temporis : un mot qui signifie l'affimation* [sic] *avec désignation de la personne, du nombre et du temps*. [Seconde partie, Chapitre II, page 180.]

Arnaud, Antoine et Claude Lancelot (1993 [1756]). *Grammaire générale et raisonnée de Port-Royal*, réimpression de l'édition de Paris de 1846, Genève, Slatkine Reprints.

On pourra mettre en contraste ces définitions avec l'extrait suivant du *Bon usage* de Maurice Grevisse, qui sert très souvent de grammaire de référence pour le français contemporain.

Les listes de parties du discours ont beaucoup varié. La tradition utilisait, selon les catégories[5], des critères sémantiques (pour le nom, l'adjectif et le verbe) ou des critères syntaxiques (pour la préposition et la conjonction notamment). Le procédé le plus sûr et le plus cohérent est de se fonder sur les critères morphologiques et les critères syntaxiques.

Grevisse, Maurice (1993). *Le bon usage*, grammaire française refondue par André Goosse, 13e éd. revue, § 139, Paris/Louvain-la-Neuve, Duculot, p. 178.

---

4. C'est-à-dire ce qui peut s'appliquer au verbe mais n'est pas définitoire.

5. Noter l'emploi de *catégorie*. *Le bon usage* n'établit pas de distinction entre les termes *classe* et *catégorie*, comme le démontre la phrase suivante, qui apparaît dans la grammaire trois paragraphes au-dessus de la présente citation : « On divise les mots en catégories ou classes, qu'on appelle traditionnellement parties du discours. »

Nous en avons terminé avec les regroupements de lexies effectués au moyen des parties du discours. Nous allons maintenant examiner brièvement les liens susceptibles d'unir les lexies, liens qui servent à établir d'autres types de classements lexicaux que ceux fondés sur les parties du discours.

Liens entre lexies : le réseau lexical de la langue

Le lexique n'est pas un ensemble « plat », une simple liste de lexies. Chaque lexie prend sa **valeur** sémantique en langue du fait des liens d'opposition, de similarité, de compatibilité, d'incompatibilité, etc., qui l'unissent aux autres lexies. (Nous reviendrons sur cette notion de valeur en langue au chapitre suivant.) Le lexique est ainsi un réseau extrêmement riche et complexe d'unités lexicales connectées les unes aux autres.

Il existe deux types majeurs de liens entre lexies, qui ont été identifiés par F. de Saussure dans le *Cours de linguistique générale* (cf. lectures des Chapitres 1 et 2).

Les *liens paradigmatiques* connectent les lexies **à l'intérieur du lexique** par des relations sémantiques, éventuellement accompagnées de relations morphologiques. Par exemple, la lexie BARBE est liée paradigmatiquement aux lexies BARBICHE, BOUC (comme types de barbe), BARBU, IMBERBE, GLABRE, BARBIER, POIL, etc.

Les *liens syntagmatiques* connectent les lexies **à l'intérieur de la phrase** par des relations de combinatoire restreinte. Par exemple, la lexie BARBE s'emploie dans les expressions suivantes[6] : *grande, longue, épaisse, grosse,… barbe* ; *se couper, se tailler, se faire… la barbe* ; *avoir, porter une barbe*, etc.

> Les quelques exemples donnés ci-dessus illustrent le fait que le lexique est un gigantesque réseau où tout se tient. Il suffit de « tirer » sur une lexie de ce réseau pour que vienne avec elle toute une série d'autres lexies auxquelles elle est attachée par des liens parfois très subtils.

L'étude des relations lexicales est au cœur du travail en lexicologie et il nous faudra bien entendu revenir en détail sur cette question, notamment aux Chapitres 7 et 8.

---

6. Ces expressions sont des collocations, notion que nous étudierons en détail au Chapitre 7.

L'accès aux données linguistiques

Si l'on veut comprendre ce qu'est la langue, il faut pouvoir la décrire. Et pour la décrire, il faut pouvoir l'observer. Les remarques faites plus tôt dans ce chapitre, à propos de la variation linguistique, montrent qu'il n'est pas aisé d'identifier ce qu'est la langue et, donc, d'isoler l'objet du travail descriptif en linguistique. En d'autres termes, il faut se poser la question suivante : quelle doit être la source de nos données linguistiques, sachant que ces dernières sont infiniment riches et variées ?

Trois méthodes principales d'accès aux données

En lexicologie (ou, plus généralement, en linguistique), on peut procéder de trois façons pour obtenir de l'information sur la langue, c'est-à-dire pour collecter des données linguistiques.

La méthode la plus simple, sur le plan logistique, consiste à procéder par **introspection**, en tentant de mettre au jour notre propre connaissance linguistique (*Comment est-ce que je dirais ça ?*, *Est-ce que cette phrase est correcte ?*, *Que veut dire cette phrase ?…*). Cette façon de faire est, bien entendu, très limitée et risque de mener à la description de la compétence linguistique d'un individu particulier : soi-même.

Une méthode, qui semble en apparence plus « scientifique » que l'introspection, consiste à mener des **enquêtes linguistiques**, en posant des questions à des locuteurs de la langue. Il ne faut pas se leurrer : une enquête linguistique doit aussi être interprétée, évaluée en fonction de multiples paramètres. Ce n'est donc pas non plus une méthode d'accès aux données qui peut prétendre à une objectivité absolue. En fait, il n'existe pas de méthode absolument objective, car il faut **toujours** évaluer en bout de ligne ce qu'on observe.

Finalement, on peut procéder par examens de **corpus linguistiques**, qui peuvent être des ensembles de textes littéraires, de textes journalistiques, de transcriptions de dialogues, etc. L'avantage de cette méthode est de donner accès à une quantité potentiellement gigantesque de données, maintenant que l'ordinateur permet de manipuler automatiquement des ensembles de textes contenant des millions et même des milliards de « mots ». La grande fiabilité des logiciels et des équipements modernes de numérisation a permis de construire avec une relative facilité des corpus à partir de textes qui n'existaient que sous forme imprimée, sans que l'on soit obligé de les retaper entièrement. De plus, l'information textuelle est maintenant presque entièrement créée et stockée sur support informatique, ce qui provoque un accroissement exponentiel de la masse de corpus potentiellement exploitables pour l'étude linguistique.

La bonne façon de procéder en lexicologie est d'utiliser un amalgame des trois méthodes qui viennent d'être décrites. Il faut cependant noter que l'apparition de l'ordinateur comme outil de recherche a donné une place de plus en plus importante au travail sur corpus. L'informatique permet non seulement de stocker d'énormes quantités de textes sur disque, mais aussi d'analyser ces textes pour en extraire de l'information de façon rapide et systématique. La linguistique et la lexicologie « de corpus » se sont donc considérablement développées au cours des dernières années.

Même si le développement de la lexicologie informatique est un phénomène plutôt récent, le travail sur corpus a permis très tôt de mettre en lumière certains phénomènes liés à l'utilisation du lexique dans les textes. On a pu ainsi proposer, dès la fin des années 1950, un noyau lexical du français parlé — le *français fondamental*[7] —, à partir de l'identification des vocables dont la *fréquence d'emploi* était significative dans un corpus de référence constitué de la transcription écrite de soixante-dix conversations. La méthode employée était relativement simple puisqu'il s'agissait de compter le nombre d'occurrences de vocables dans ce corpus.

> On appelle *occurrence* d'un élément linguistique dans un corpus donné une instance d'utilisation de cet élément dans le corpus en question.

Par exemple, le paragraphe ci-dessus contient deux occurrences du nom ÉLÉMENT.

La recherche alors menée sur le français fondamental (initialement appelé *français élémentaire*) avait une finalité très pratique. Il s'agissait d'isoler un lexique de base pour l'enseignement du français langue seconde, notamment à l'intérieur du réseau des Alliances françaises (géré par le gouvernement français).

---

7. Gougenheim, Georges, René Michéa, Paul Rivenc et Aurélien Sauvageot (1967). *L'élaboration du français fondamental*, Paris, Didier.

Outils d'exploration des corpus textuels

Il est très rare que l'on travaille sur les corpus informatisés sous leur forme originelle. Il serait impensable de ne se servir que d'un simple traitement de texte pour explorer le contenu des corpus modernes, qui sont énormes. On utilise en général des programmes qui permettent d'accéder à une information déjà « conditionnée ». Les deux principaux types de structures de données extraites des corpus sont les index et les concordances. Nous les présenterons brièvement, tels qu'ils sont maintenant générés informatiquement. Il faut cependant savoir que le recours aux index et concordances n'est aucunement une nouveauté, puisque ce sont des structures de données que l'on a produites (manuellement) de tout temps — ou, du moins, depuis que les livres existent.

Les index, ou listes de mots. Un **index** est, dans sa forme la plus standard, une table où tous les signifiants lexicaux du corpus sont énumérés, générale- ment accompagnés de leur nombre d'occurrences. Le terme *signifiant lexical* n'est pratiquement jamais utilisé dans la littérature qui traite de l'analyse de corpus. On y parle plutôt de *forme*. Voici un index généré à partir de l'extrait de *Zazie dans le métro* donné plus haut (p. 96) ; ce corpus de référence est plutôt réduit, nous en convenons, mais il suffira pour illustrer les notions étudiées ici.

Index de signifiants lexicaux : citation de *Zazie dans le métro* (p. 96)

À	2	DU	1	LES	2	QU	1
APPROCHA	1	ELLE	1	LUI	2	QUESTIONS	1
BOURGEOISE	1	ÉMINEMMENT	1	MA	2	QUI	1
BRUTALISER	1	ENFANT	1	MAIS	1	RAISON	1
ÇA	1	EST	3	MAL	1	RAPPORTS	1
CE	2	ÊTRE	1	MARAUDAIT	1	RÉPLIQUA	2
CES	1	ÉVITÉE	1	MES	1	RÉPONDRE	1
CHÉRIE	2	FAIS	1	MEUSSIEU	1	S	1
COIN	1	FAUT	1	MON	2	TOUJOURS	1
COMME	1	GRANDES	2	MOTS	1	TU	1
CONDAMNABLE	2	HEURE	1	N	1	UNE	2
CUL	2	HUMAINS	1	NE	3	VALABLE	1
DANS	2	IL	3	PAS	4	VEUT	1
DE	1	JE	1	PAUVRE	1	VIOLENCE	1
DEMANDE	1	L	2	PERSONNES	2	VOUS	1
DIRE	1	LA	1	PETITE	2	VOYONS	1
DOIT	1	LE	1	POUR	1	ZAZIE	2

L'ordre d'énumération des signifiants lexicaux peut être alphabétique, comme ci-dessus, ou alphabétique inverse. Les signifiants peuvent aussi être classés selon que les caractères sont lus de gauche à droite, ce qui est la façon standard, ou de droite à gauche, pour un classement par terminaisons. Ce dernier type de classement est utile en français quand, notamment, on s'intéresse à isoler des familles de dérivations suffixales. Ainsi, avec un classement balayant les caractères de droite à gauche, tous les signifiants lexicaux se terminant par -able, -age, -eur, etc. apparaîtront de façon groupée. Par exemple, si nous produisons un index trié par terminaisons à partir de notre petit corpus de référence, nous obtiendrons un tableau bien différent, dont nous ne donnons ici qu'un court extrait.

```
[ ... ]
JE            1
LE            1
VALABLE       1
CONDAMNABLE   2
ELLE          1
COMME         1
[ ... ]
```

On voit que cette méthode de classement permet d'isoler facilement des mots-formes apparentés par la suffixation (ici, valable et condamnable).

Les signifiants lexicaux ont été mis en majuscules dans les index ci-dessus. Nous aurions aussi bien pu faire générer par le programme utilisé des index avec les formes en minuscules, ou même faire respecter la capitalisation originelle du texte. Dans ce dernier cas, cependant, le programme aurait indexé les deux occurrences condamnable et Condamnable comme deux formes distinctes. Ce que le programme considère alors comme une « forme » s'éloigne de notre notion de signifiant lexical.

Pour conclure sur les index, il convient de remarquer que l'on pourrait vouloir travailler sur des index de **vocables**, où les formes fléchies auraient été identifiées et fusionnées dans une seule entrée de tableau. Par exemple, les deux données suivantes de notre index :

```
EST     3          ÊTRE    1
```

seraient alors remplacées par l'entrée unique :

```
ÊTRE    4
```

Pour obtenir ce genre d'index, il faut disposer d'un programme dit de *lemmatisation* qui, grâce à une analyse morphologique automatique, remplace toutes les occurrences de mots-formes dans le texte originel par la forme canonique du vocable correspondant, accompagnée de codes indiquant la flexion appliquée à chaque occurrence. Le programme d'indexation peut ensuite se mettre en action en ne s'attachant qu'au nom de vocable pour construire l'index.

Les concordances, ou mots-clés en contexte. Examinons maintenant ce qu'est une *concordance* — fréquemment appelée *KWIC*, pour *KeyWords In Context*. C'est une structure de données dans laquelle chaque occurrence d'un mot-forme du corpus est énumérée (généralement suivant l'ordre alphabétique), accompagnée de son contexte d'emploi, qui est constitué de la suite de caractères apparaissant immédiatement à gauche et à droite de l'occurrence en question. Le contexte est bien entendu ajustable par l'utilisateur du concordancier (le programme de génération de concordances). Voici un extrait d'une concordance produite à partir de notre mini-corpus de référence, avec une (très petite) « fenêtre » de contexte de 70 caractères.

```
     dans le coin s'approcha de l'enfant pour lui dire ces mots :
  Zazie, je ne vous demande pas l'heure qu'il est.
Ce n'est pas une raison valable. La violence, ma petite chérie,
  bourgeoise qui maraudait dans le coin s'approcha de l'enfant
ne faut pas brutaliser comme ça les grandes personnes. — Grandes
  doit toujours être évitée dans les rapports humains. Elle est
```

Si l'on réfléchit au fait que les formes *l'*, *le*, *la* et *les* peuvent correspondre à des signifiants d'article (*le chien*) ou de pronom (*il le regarde*), on voit immédiatement l'intérêt d'utiliser une concordance. L'extrait de concordance donné ci-dessus permet de voir d'un coup d'œil que seul LE$_{Article}$ et non LE$_{Pronom}$ est utilisé dans le corpus de référence. Cette information serait bien plus longue à obtenir s'il fallait examiner mot par mot le texte brut. On peut imaginer l'énormité de la tâche s'il s'agissait de travailler sur un corpus qui ne serait plus constitué de quelques dizaines d'occurrences mais de plusieurs millions !

Pour conclure sur le sujet, rappelons que le travail sur corpus a beaucoup évolué depuis ses premiers balbutiements. Non seulement parce que la taille des corpus informatisés a considérablement augmenté, mais aussi parce que les programmes qui permettent leur gestion et, surtout, leur consultation, se sont sophistiqués.

Voici trois aspects de cette évolution, choisis parmi les plus significatifs.

1. Les ordinateurs sont de plus en plus à même de traiter, de façon robuste et convi-viale, d'autres systèmes d'encodage de l'écrit que le seul alphabet anglais (comme c'était le cas il n'y a encore pas si longtemps). Graduellement, ce sont tous les carac-tères utilisés dans le monde qui peuvent être manipulés de façon simple et uniforme grâce au développement des normes internationales de type ISO (*International Organization for Standardization*) ou Unicode (du consortium Unicode).

2. Les index, concordances et autres données extraites des corpus ne sont plus nécessairement générés comme auparavant de façon centralisée, sur un serveur auquel doivent se connecter les utilisateurs. Il est possible de recourir aux concordanciers sur les ordinateurs individuels et de bénéficier ainsi de plus de souplesse d'utilisation.

3. Les index et les concordances sont de plus en plus souvent produits dans des environnements où d'autres ressources d'exploration de corpus sont dispo-nibles. Il s'agit notamment d'analyseurs morphologiques qui permettent la lemmatisation, comme nous l'avons mentionné, mais aussi de programmes statistiques qui rendent possible le repérage automatique de certains patrons de cooccurrence de termes ou, plus généralement, de phénomènes statistiques liés à l'utilisation du lexique.

Nous conclurons d'ailleurs ce chapitre en présentant brièvement quelques phénomènes de statistique lexicale.

Fréquence d'emploi et autres phénomènes statistiques

La recherche en linguistique quantitative

Il existe des lois de **statistique lexicale** s'appliquant au vocabulaire des textes, lois qui peuvent être exploitées de multiples façons. L'étude de la statistique lexicale, appelée **lexicométrie**, est une activité de recherche que l'on peut inclure dans une discipline plus générale : la **linguistique quantitative**. Comme son nom l'indique, la linguistique quantitative se penche sur l'étude des phénomènes linguistiques quantifiables (nombre d'occurrences de lexies, de patrons syntaxiques, etc., dans les corpus), en se fondant sur des méthodes statistiques.

Les premières applications de la statistique lexicale se sont faites dans le domaine de l'analyse des textes littéraires. Il s'agissait notamment de carac-tériser le style d'auteurs classiques en fonction des particularités lexicales de leurs textes, d'identifier une évolution de leur style au cours des années, de mettre en évidence des particularités lexicales de certains de leurs textes, etc. Les lois statistiques et les méthodes développées dans ce contexte peuvent aussi servir à confirmer ou infirmer le fait qu'un auteur présumé a bien la paternité d'un texte donné : il s'agit de techniques d'identification d'auteurs. Bien entendu, pour que les méthodes statistiques puissent prétendre à une certaine efficacité, il faut nécessairement travailler sur des corpus de grande taille. Il serait irréaliste de prétendre utiliser ces méthodes pour établir, par exemple, qu'un petit quatrain anonyme a bien été écrit par tel auteur du XVIIe siècle !

Certains ont abusé des méthodes statistiques en voulant leur faire dire plus qu'elles ne peuvent. Malgré cela, c'est un domaine d'étude potentiellement très utile à la recherche linguistique et aux applications pratiques qui en découlent. La statistique lexicale est mise à profit maintenant bien au-delà du seul domaine littéraire. Elle trouve des applications notamment dans les logiciels d'aide à la traduction, d'extraction automatique d'informations contenues dans de très larges bases de données textuelles, etc.

Il n'est pas possible d'introduire convenablement les notions de base de la statistique lexicale dans le cadre du présent ouvrage. Nous nous contenterons de présenter deux cas particuliers de régularités statistiques constatées sur le plan de l'utilisation du lexique dans les textes : la courbe de l'accroissement du vocabulaire d'un corpus en fonction de sa longueur et la loi de Zipf.

Courbe de l'accroissement du vocabulaire d'un corpus

Le phénomène dont il sera question ici concerne la mesure de la richesse lexicale d'un corpus. Si le corpus en question se réduit à un simple texte de longueur moyenne, on peut bien entendu en répertorier directement tout le vocabulaire. Cependant, la situation est rarement aussi simple. On peut notamment se retrouver devant un des trois cas de figure suivants.

1. Il arrive fréquemment que l'on veuille examiner le vocabulaire de corpus très vastes, ou même, de corpus dont la taille n'est pas fixe et qui continuent de croître. On peut donc être forcé de n'étudier en détail qu'une partie d'un corpus.

2. On peut vouloir déterminer à l'avance quelle devrait être la taille d'un corpus que l'on compte développer pour mener des études linguistiques d'un type donné.

3. On peut chercher à savoir quelle est la valeur d'un corpus dont on dispose, si on compte l'utiliser pour faire des observations portant sur la langue en général.

Chacun des trois cas qui viennent d'être mentionnés correspond à une situation où l'on doit être en mesure d'évaluer la représentativité linguistique de corpus (ou de sous-corpus). Pour parvenir à faire ce type d'évaluation, on a été amené à examiner quel était l'accroissement du vocabulaire d'un corpus en fonction de l'accroissement de sa taille. Cela a permis de faire une série d'observations fort intéressantes. Notamment, on a constaté que cet accroissement présente la courbe caractéristique suivante, dans le cas de corpus relativement homogènes :

Accroissement du vocabulaire d'un corpus en fonction de sa longueur

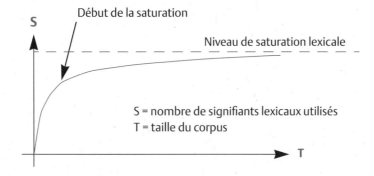

On considère ici que T, la taille du corpus, est mesurée en comptant le nombre d'occurrences de signifiants lexicaux dans le corpus.

La courbe ci-dessus possède les deux propriétés suivantes.

1. Le nombre de nouveaux signifiants rencontrés croît d'abord très rapidement, au fur et à mesure que s'accroît la taille du corpus considéré.

2. Puis on atteint un début de saturation, là où la courbe s'aplatit, de telle sorte que le niveau de saturation lexicale apparaît comme une droite asymptote de la courbe d'accroissement lexical[8] : même en faisant augmenter de façon importante la taille du corpus considéré, on rencontrera très peu d'occurrences de signifiants nouveaux.

---

8. Une droite est dite asymptote d'une courbe si la distance qui la sépare de la courbe tend vers zéro, lorsqu'on progresse le long de cette droite à l'infini.

À ces propriétés « visibles » de la courbe, il faut ajouter deux autres propriétés, qui apparaissent à l'examen des données elles-mêmes.

1. Lorsque la courbe s'aplatit, l'accroissement se fait essentiellement par des *hapax*, c'est-à-dire des signifiants lexicaux n'apparaissant qu'une seule fois dans le corpus.

2. On arrive très rapidement à une saturation complète des signifiants de mots grammaticaux, qui sont les lexies à plus haute fréquence. Ils apparaissent très vite dans le corpus et l'apparition de nouveaux mots grammaticaux devient un phénomène de plus en plus rare au fur et à mesure que T croît.

Ces observations ont une valeur universelle : elles s'appliquent à tous les corpus, pour toutes les langues. Bien entendu, les statistiques lexicales peuvent être fondées sur différents types de comptages ; on peut ainsi s'intéresser à compter les signifiants lexicaux, les mots-formes, les lexies, les vocables, ou même prendre en compte plusieurs types d'entités linguistiques à la fois.

Loi de Zipf

Dans les années 1930, le linguiste américain George K. Zipf a établi de façon empirique une loi statistique qui a de nombreuses répercussions, notamment en traitement automatique des textes. Nous la présentons ici très brièvement.

Prise dans sa forme première, c'est-à-dire déconnectée de ses multiples ramifications mathématiques, la *loi de Zipf* est assez simple à énoncer et à comprendre. Elle stipule que, si les signifiants lexicaux d'un texte suffisamment long sont ordonnés par ordre décroissant de leur fréquence d'occurrence dans le texte, on constate que leur fréquence tend à être inversement proportionnelle à leur rang (c'est-à-dire, à leur position dans la liste ordonnée). En d'autres termes, un mot apparaissant à la position n dans la liste des signifiants ordonnés par fréquence décroissante aura une fréquence environ n fois moindre que le mot apparaissant en première position.

Même si cette loi s'applique de façon approximative, elle rend compte d'un phénomène tout à fait remarquable, pour lequel on n'a pas encore trouvé d'explication satisfaisante. Notons que le traitement statistique de corpus nécessité pour la mise en évidence de la loi de Zipf révèle plusieurs phénomènes connexes intéressants, notamment :

- les signifiants des vocables les plus polysémiques sont parmi les plus fréquents ;
- les signifiants de mots grammaticaux sont aussi parmi les plus fréquents ;
- plus un signifiant est court (c'est-à-dire, moins il contient de phonèmes), plus il tend à être fréquent.

Ceci complète notre brève incursion dans la statistique lexicale. On trouvera, dans la liste de lectures complémentaires, deux textes de référence qui pourront aider le lecteur à mieux se familiariser avec ce domaine d'étude. Ici s'achève aussi ce chapitre, qui a permis de boucler l'introduction de toutes les notions de linguistique générale nécessaires en lexicologie. Nous allons maintenant entrer dans ce qui relève spécifiquement de l'analyse lexicale, notamment dans le domaine de la sémantique lexicale, qui fera l'objet des trois prochains chapitres.

Lectures complémentaires

Perrot, Jean (1968). « Le lexique : Grammaire et lexique », dans André Martinet (dir.), *Le langage*, collection « Encyclopédie de La Pléiade », Paris, Gallimard, p. 283-299.

À lire pour une présentation générale du lexique, contrasté avec le système de la grammaire. C'est aussi une bonne façon de se préparer aux chapitres qui traiteront spécifiquement de la sémantique, notamment de la sémantique lexicale. On trouvera dans ce texte de nombreuses références aux notions de morphologie examinées au chapitre précédent.

Palmer, Frank R. (1981). « Grammar and lexicon », dans *Semantics*, Cambridge *et al.*, Cambridge University Press, p. 130-135.

Très court texte qui complète utilement Perrot (1968).

Cerquiglini, Bernard, Jean-Claude Corbeil, Jean-Marie Klinkenberg et Benoît Peeters (dir.) (2000). *Le français dans tous ses états*, collection « Champs », n° 502, Paris, Flammarion.

Cet ouvrage de vulgarisation est une compilation de plusieurs textes traitant du français et de la francophonie. On le consultera notamment pour les articles qui présentent des variantes régionales du français.

Rey-Debove, Josette (1998). « Effets des anglicismes lexicaux sur le système du français », dans *La linguistique du signe. Une approche sémiotique du langage*, collection « U », série « Linguistique », Paris, S.E.S.J.M./Armand Colin, p. 185-192.

On trouvera dans ce texte (mentionné plus haut, p. 91) une perspective intéressante sur l'influence que la présence « massive » d'anglicismes exerce sur le système non seulement lexical, mais aussi morphologique et phonologique du français. J. Rey-Debove y voit une menace pour notre langue. Nous n'avons pas d'opinion à formuler sur le sujet, mais nous pensons qu'il est utile de prendre connaissance des arguments avancés ici.

Ducrot, Oswald et Jean-Marie Schaeffer (1995). « Sociolinguistique », dans *Nouveau dictionnaire encyclopédique des sciences du langage*, Paris, Éditions du Seuil, p. 143-148.

À lire pour la notion de variation linguistique. Ce court texte ne donne pas plus d'informations sur la variation lexicale que ce que l'on trouve dans le présent chapitre. Il présente cependant une bonne synthèse du domaine de l'étude sociolinguistique, avec de nombreux pointeurs bibliographiques.

Muller, Charles (1979). « La statistique lexicale », dans *Langue française et linguistique quantitative (Recueil d'articles)*, Genève, Slatkine, p. 229-242.

Voici un excellent texte d'introduction à la recherche en statistique lexicale, écrit par le père de la linguistique quantitative en France. Cet article, assez ancien, a beaucoup vieilli pour ce qui est des aspects informatiques de la discipline. Il introduit cependant, de façon limpide et précise, les notions de base de la statistique lexicale, qui sont toujours actuelles. Surtout, il propose une vision très éclairée de l'intérêt **et** des limites de l'utilisation d'outils statistiques pour l'analyse lexicale.

McEnery, Tony et Michael Oakes (2000). « Authorship Identification and Computational Stylometry », dans Robert Dale, Hermann Moisl et Harold Somers (dir.), *Handbook of Natural Language Processing*, New York/Bâle, Marcel Dekker, p. 545-562.

Ce texte présente un état de l'art en linguistique quantitative appliquée à l'identification de l'auteur d'un texte. Il est intéressant pour nous, dans la mesure où les principales techniques utilisées dans ce domaine d'application se fondent avant tout sur des indices stylistiques qui relèvent de la statistique lexicale (plus que sur l'identification de patrons syntaxiques récurrents).

Exercices

Exercice 5.1

Les langages formels ont, eux aussi, un lexique. Identifier, de la façon la plus exacte possible, le lexique du calcul arithmétique simple (le calcul que l'on utilise pour faire ses comptes, remplir ses formulaires d'impôt, etc.).

Exercice 5.2

Chacune des phrases ci-dessous comporte une incohérence, en ce qui a trait à l'emploi de la terminologie linguistique. Expliquer.

(7) a. *Cette étude a recensé tout le lexique de* Notre-Dame de Paris, *le chef-d'œuvre de Victor Hugo.*

b. *La plupart des lexies du français ont plus d'un sens.*

Exercice 5.3

Relire l'extrait de *Zazie dans le métro* (p. 96). Identifier les indices linguistiques introduits par l'auteur pour marquer la différence d'appartenance sociale entre la « bourgeoise » et l'« enfant » (c'est-à-dire Zazie).

Exercice 5.4

Peut-on trouver une différence de sens entre les deux phrases suivantes ?

(8) a. *Mon opinion est différente de la sienne.*

b. *Mon opinion diffère de la sienne.*

Quelle conclusion doit-on en tirer quant à la caractérisation sémantique des parties du discours ? Trouver d'autres exemples de ce type qui permettent de tirer le même genre de conclusion.

Exercice 5.5

Trouver tous les hapax présents dans la citation de *Zazie dans le métro*. C'est un exercice que l'on peut faire en deux minutes, pourvu que l'on utilise les bonnes données…

6

LE SENS LINGUISTIQUE

> DUPOND — *C'est un projet ridicule !…*
> *Et puis, à votre âge, ce serait de la folie !…*
> DUPONT — *Je dirais même plus :*
> *ce serait de la folie à votre âge !…*
>
> HERGÉ, *Objectif Lune.*

Il n'est pas nécessaire de faire des études, et surtout pas des études universitaires, pour parler une langue. On apprend la langue par imprégnation, à son contact. Ainsi, les personnes qui savent « bien écrire » — quel que soit le sens que l'on donne à cette expression — sont généralement des personnes qui lisent ou ont lu beaucoup ; les personnes qui savent raconter des histoires sont généralement des personnes qui en ont beaucoup entendues, etc. Étudier une langue n'est donc pas véritablement ce qui permet de **parler** cette langue avec aisance. Par contre, pour pouvoir parler **de** notre langue, ou des langues, il faut que l'on nous ait enseigné comment le faire.

Parmi tous les aspects de la connaissance linguistique, celui dont il est sans doute le plus difficile de parler (pour enseigner une langue, pour analyser des textes, etc.) est le sens linguistique. Non pas parce qu'il faut faire appel pour cela à un appareillage théorique très complexe, mais tout simplement parce que le sens semble aller de soi. On a tendance à oublier qu'il relève d'une abstraction totale, liée au monde « réel », bien entendu, mais qui projette sur ce monde une grille d'analyse en grande partie arbitraire.

Nous allons donc faire ici un premier pas dans l'apprentissage de méthodes de description et d'analyse du sens. Nous commencerons par définir quelques notions sémantiques élémentaires : sens linguistique, référent, sens logique et connotation. Puis nous proposerons un système de classification des sens linguistiques. Finalement, nous aborderons la question de la représentation formelle du sens des énoncés, en introduisant le formalisme graphique des réseaux sémantiques.

Notions introduites *Sens linguistique, paraphrase, structure communicative, valeur (du signe linguistique), dénotation/dénoter, signification, énoncé, référent, déictique, sens logique, valeur de vérité, connotation, évidence linguistique, sens lexical vs grammatical, sens liant vs non liant, prédicat sémantique, fait, actant (d'un prédicat), prédicat non actanciel, nom sémantique, entité, quasi-prédicat, artefact, valence, réseau (ou graphe) sémantique, nœud d'un réseau sémantique, régime, syntagme régi.*

Notions sémantiques élémentaires

Le sens linguistique

La façon la plus naturelle d'appréhender le **sens** d'une expression linguistique consiste avant tout à la mettre en relation avec d'autres. Le petit dialogue ci-dessous, entre une personne apprenant le français et son professeur, illustre cette particularité du sens linguistique.

(1) — *Qu'est-ce que ça veut dire « passer un savon à quelqu'un » ?*
     — *Ça signifie « le réprimander », « le gronder ».*

Pour parler du sens d'une expression, pour le décrire, on met normalement cette expression en relation d'équivalence ou de quasi-équivalence avec une autre expression :

passer un savon à quelqu'un ≅ réprimander quelqu'un.

Soient E_1 et E_2, deux expressions linguistiques : $E_1 \cong E_2$ signifie que les deux expressions sont quasi-équivalentes sur le plan sémantique. Le symbole ≡, quant à lui, est utilisé pour désigner l'équivalence exacte.

Deux expressions linguistiques ayant (approximativement) le même sens sont appelées des **paraphrases**. Il n'y a pratiquement pas d'autre façon naturelle de procéder pour décrire le sens que de faire appel à des paraphrases. Cela nous amène à définir le sens linguistique de la façon suivante.

Le *sens* d'une expression linguistique est la propriété qu'elle partage avec toutes ses paraphrases.

Cette définition pourrait paraître circulaire dans la mesure où elle revient *grosso modo* à dire que le **sens** d'une expression linguistique est la propriété que partage cette expression avec toutes les autres expressions ayant le **même sens.** Cependant, cette circularité n'est qu'apparente : *avoir le même sens* (ou *être une paraphrase*) est, comme *être grammatical*, une propriété immédiatement perçue par le locuteur, sans qu'il soit nécessaire de la définir précisément. Si l'on est un locuteur du français, on peut immédiatement dire si les trois phrases françaises (2a-c) ci-dessous sont des paraphrases—si elles ont le même sens—, et cela sans avoir besoin de suivre un cours de linguistique.

(2) a. *Je pense donc je suis.*

  b. *Le fait que je pense démontre que j'existe.*

  c. *Ma pensée est la preuve de mon existence.*

Une des caractéristiques de la langue (caractéristique qui l'oppose à bien des systèmes sémiotiques « artificiels » comme la logique formelle, les langages de programmation, etc.) est d'offrir à la personne qui l'emploie un très grand nombre d'options plus ou moins équivalentes pour exprimer un contenu donné. La relation de paraphrase est en quelque sorte une donnée première du sens, quelque chose que nous ne définirons pas, mais que nous reconnaîtrons comme un concept primitif permettant de définir la notion de sens elle-même.

Le lien de paraphrase est cependant de nature très complexe, même si sa perception par le locuteur se fait de manière instantanée. Il faut notamment distinguer la paraphrase exacte, finalement assez difficile à obtenir, et différentes variétés de paraphrases approximatives. Le lien de paraphrase renvoie en fait à un continuum ; c'est ce qu'illustrent les exemples suivants, où se manifeste un écart sémantique croissant par rapport à la phrase de référence (3a).

(3) a. *Cette pierre est très lourde.*

 b. *Cette pierre pèse très lourd.*

 c. *Le poids de cette pierre est élevé.*

 d. *Cette pierre est difficile à transporter.*

On peut considérer la phrase (3b) comme une paraphrase exacte de (3a), le remplacement de ÊTRE par PESER n'introduisant aucune nuance de sens. Par comparaison, (3c) s'écarte légèrement du sens initial, et cela de deux façons.

Premièrement, dire que le poids d'une pierre est élevé pourrait sembler moins précis que dire qu'une pierre est lourde ; un peu comme si, en optant pour (3c), le locuteur cherchait justement à éviter d'affirmer que la pierre est clairement lourde.

Deuxièmement, la structure de (3c), où POIDS est le sujet grammatical et ÉLEVÉ, l'attribut, diminue l'importance de PIERRE, qui était sujet dans la première phrase : (3a) dit quelque chose à propos d'une pierre alors que (3c) dit quelque chose à propos du poids de cette pierre. Bien entendu, il est clair que les mêmes informations sont communiquées et que l'on est bien en présence de deux paraphrases. Mais une nuance existe tout de même dans la manière dont l'information communiquée est « emballée » dans la phrase. On dira que (3a) et (3c) n'ont pas la même **structure communicative.** La notion de structure communicative des énoncés est fort importante en sémantique, mais elle déborde largement le contexte de l'étude de la sémantique lexicale. Nous n'approfondirons donc pas la question ici, nous contentant de suggérer une lecture sur le sujet à la fin de ce chapitre (Halliday, 1985) ainsi qu'un petit exercice (exercice 6.1, p. 141).

Quant à la phrase (3d), ce n'est pas vraiment une paraphrase de (3a). On peut l'utiliser dans un contexte donné pour transmettre la même « idée » générale, mais le contenu littéral des deux phrases est très différent. Ce qui les unit, c'est un lien logique et non un véritable lien linguistique : si cette pierre est difficile à transporter, c'est vraisemblablement parce qu'elle est très lourde ; ou, à l'inverse, si cette pierre est très lourde, elle doit être difficile à transporter. On appelle parfois *paraphrase conceptuelle* le type de lien unissant (3a) à (3d), par opposition à la « vraie » paraphrase, appelée *paraphrase linguistique.*

La notion de paraphrase sur laquelle nous nous sommes appuyé plus haut pour définir le sens est bien la paraphrase linguistique véritable. Cette approche de la définition du sens est tout à fait compatible avec la façon dont les dictionnaires de langue décrivent le sens (voir le Chapitre 10, sur la lexicographie) et avec la notion de *valeur* du signe linguistique proposée par F. de Saussure (voir le texte de J. Picoche dans les lectures suggérées à la fin du présent chapitre). Ainsi, le sens d'une lexie se conçoit en fonction du rapport qu'elle entretient dans le réseau lexical de la langue avec d'autres lexies ayant un sens plus ou moins équivalent, ou entretenant une certaine relation de sens avec elle.

Prenons un exemple simple pour illustrer ce fait. Si quelqu'un arrive chez un ami en disant :

(4)   *J'ai garé mon véhicule devant ta porte.*

son interlocuteur pensera peut-être qu'il est venu à bord d'un véhicule un peu spécial. Parce qu'il existe en français des noms courants pour désigner des véhicules spécifiques (VOITURE, CAMION, MOTO…), l'emploi de VÉHICULE dans (4) n'est pas perçu comme neutre. En disant *véhicule*, c'est comme si le locuteur avait volontairement évité de dire *voiture, camion*… On voit donc que le sens de VÉHICULE, comme le sens de toute lexie de la langue, est perçu par les locuteurs non de façon autonome, mais en relation avec le sens d'autres lexies que la langue met à leur disposition. C'est à ce phénomène que renvoie la notion de valeur du signe linguistique.

Nous en avons terminé avec la présentation générale de la notion de sens. Pour conclure, trois remarques de nature terminologique s'imposent.

Premièrement, il faut noter que le sens est à l'expression linguistique ce que le signifié est au signe linguistique. On fera état du *sens d'une expression linguistique* et du *signifié d'un signe*, mais ces notions renvoient toutes deux à un même type d'entité : un contenu informationnel.

Deuxièmement, le terme *dénotation* est souvent utilisé en linguistique soit comme un équivalent pour *sens linguistique*, soit au contraire pour désigner une notion séparée du sens. On trouvera à la fin de ce chapitre la référence d'un texte de J. Lyons qui établit une distinction terminologique entre sens linguistique et dénotation. Nous n'aurons pas à faire usage de cette distinction dans le présent ouvrage. Par contre, il nous arrivera d'employer le verbe *dénoter* dans le sens suivant :

  X dénote Y ≡ *La lexie ou l'expression linguistique X sert, par son sens, à désigner Y* [Ex. *Les lexies* DÉSIR, ANGOISSE *et* SOULAGEMENT *dénotent toutes des sentiments.*].

Finalement, il nous faut introduire un autre terme, qui est un peu « en compétition » avec celui de *sens* : il s'agit de *signification*. *Sens* et *signification* sont souvent utilisés de façon interchangeable dans la littérature linguistique. Quant à nous, nous avons veillé, dans le présent ouvrage, à n'utiliser le terme *signification* que pour désigner un contenu sémantique, non en tant que propriété d'une entité linguistique (comme dans le cas de *sens*), mais en tant qu'information exprimable par une entité linguistique. La nuance peut paraître bien subtile, mais il s'agit pourtant d'une distinction non triviale. Elle nous a conduit, au Chapitre 4 (p. 72), à désigner par *signification* les éléments des catégories flexionnelles. On dit ainsi que la catégorie flexionnelle de nombre du français contient les significations (et non les sens) ʿsingulierʾ et ʿplurielʾ. À l'inverse, nous parlerons du sens des morphes, des lexies, etc., et non de leur signification. On pourra aussi dire, de façon parfaitement légitime, que la **signification** flexionnelle ʿplurielʾ est le **sens** de -*s*, suffixe flexionnel des noms français.

Le référent

Un *énoncé* linguistique (phrase complète ou syntagme) est, sur le modèle du signe, une association entre un sens (le contenu véhiculé par cet énoncé) et une forme orale ou écrite. Cependant, lorsqu'un énoncé est utilisé dans la parole par le locuteur, ou perçu par le destinataire, il fonctionne généralement en pointant vers un élément de la « réalité », que l'on appelle le *référent* de l'énoncé.

Pour bien comprendre la différence entre le sens d'un énoncé et son référent, prenons un cas concret, illustré par le dessin ci-dessous.

Lorsque la personne B répond à la question de A par — *Ma sœur !*, elle utilise un énoncé (une phrase qui est, syntaxiquement, un syntagme nominal) au moyen duquel elle désigne une autre personne impliquée dans cette situation : la personne représentée de façon schématique en C.

Doit-on considérer que l'idée associée à la phrase *Ma sœur !*, son contenu, est la personne C ? La réponse est **non** car n'importe qui peut utiliser cette phrase pour désigner un individu autre que C, pour peu que cette personne soit sa sœur. Or, c'est bien la même expression qui est utilisée chaque fois ; c'est la même association entre un sens et une forme donnés.

On peut décrire le sens de la phrase énoncée par B au moyen de la paraphrase suivante : ʿLa personne de sexe féminin qui a les mêmes parents que moiʾ. C'est ce sens que l'on exprimera toujours par *Ma sœur !* lorsqu'on parlera de quelqu'un et c'est ce sens qui est linguistiquement associé à la phrase en question. La personne qui peut être désignée au moyen de *Ma sœur !* n'est donc pas le sens de cet énoncé. Elle est un élément externe, impliqué dans une situation donnée d'utilisation de l'énoncé : son référent.

Le *référent* d'un énoncé linguistique est un élément du « monde » que cet énoncé permet de désigner dans un contexte donné de parole (c'est-à-dire d'utilisation de la langue).

Le sens appartient à la langue alors que le référent n'existe que dans la parole : ce n'est que lorsqu'on considère une instance particulière d'utilisation ou de manifestation d'un énoncé qu'on peut identifier un référent donné.

Notons que, lorsqu'on décrit le sens des unités lexicales, on décrit en même temps, dans une certaine mesure, leurs référents potentiels. Ainsi, lorsque *Le Nouveau Petit Robert* [2007] définit comme suit le sens de GUERRE :

Lutte armée entre groupes sociaux, et spécialement entre États, considérée comme un phénomène social.

il caractérise en même temps le type de situation concrète qu'on pourra appeler *guerre*.

Pour conclure sur la notion de référent, examinons le cas particulier de certaines lexies appelées *déictiques*[1]. Ce sont des lexies dont le sens ne peut

---

1. Le cas des déictiques a déjà été brièvement mentionné dans le corrigé de l'exercice 1.2 du Chapitre 1 (p. 258). On trouvera la référence d'un court texte de R. Jakobson sur ce sujet dans la liste des lectures complémentaires du présent chapitre.

se décrire qu'en mentionnant une « entité » impliquée dans la situation de communication langagière.

Voici trois cas, choisis parmi les plus typiques :

1. le pronom de première personne, MOI, a pour sens la seule désignation du locuteur (la personne qui dit *moi* ou *je*) ;

2. le pronom de deuxième personne, TOI, a pour sens la seule désignation du destinataire (la personne à qui le locuteur dit *toi* ou *tu*) ;

3. l'adverbe de temps DEMAIN a pour sens ʿle jour qui succède à celui où je parleʾ (*Je viens demain* ≡ *Je viens le jour qui succède à celui où je parle*), c'est-à-dire que son sens implique la désignation du jour où la phrase contenant *demain* est énoncée.

Les déictiques sont très intéressants dans la mesure où ils sont l'illustration de signes linguistiques intermédiaires : des symboles qui sont aussi en partie des indices. Il faut se souvenir ici de la notion de signe indiciel, introduite au Chapitre 2 (p. 32) : un indice est un signe qui implique une relation de contiguïté entre sa manifestation et le contenu qu'il exprime. Or, un déictique ne prend son sens véritable que dans un contexte de communication donné, là où existe véritablement un locuteur, un destinataire et un moment de la parole. C'est donc un signe hybride. Nous avions mentionné au Chapitre 2 (p. 36) le cas des onomatopées, signes linguistiques et, de ce fait, symboliques qui sont en même temps fortement iconiques. Les déictiques nous donnent maintenant une illustration de l'autre type d'hybridation : des signes linguistiques, donc symboliques, qui fonctionnent en partie comme des indices.

Les déictiques pronominaux MOI et TOI sont les exceptions qui confirment la règle, pour ce qui est de la distinction fondamentale entre sens et référent. Ces lexèmes bien particuliers semblent avoir un sens qui est indissociable de leur référent en parole. Plus précisément, un lexème comme MOI ne peut pas être défini par une paraphrase ; la seule façon de procéder pour rendre compte de son sens est d'employer une expression comme *La personne qui parle en ce moment* ou, encore mieux, de montrer du doigt le locuteur.

Nous nous sommes beaucoup attardé sur la distinction entre sens et référent parce qu'elle pose souvent problème aux personnes non entraînées à mener des analyses sémantiques. La tendance générale, lorsqu'on parle du sens des énoncés (et donc des lexies), semble être de faire l'amalgame entre sens et référent. La raison en est vraisemblablement que le sens est une entité totalement abstraite, qui se laisse difficilement appréhender. Unifier sens et référent est une façon commode d'ancrer le sens dans la « réalité ». Toutefois, la seule façon de mettre véritablement en lumière et de modéliser le sens d'une expression linguistique, c'est toujours de la paraphraser. Nous reviendrons en détail sur ce point essentiel au Chapitre 8, lorsque nous traiterons de la définition lexicale.

Ajoutons maintenant quelques mots sur une approche « concurrente » de la modélisation du sens : l'approche logique.

Le sens logique (ou valeur de vérité)

Il ne faut pas confondre le sens linguistique avec l'interprétation logique que peuvent recevoir les expressions linguistiques — ce qu'on pourrait appeler leur *sens logique*. En effet, d'un point de vue strictement logique, l'interprétation du sens se ramène à une interprétation fondée entièrement sur les deux *valeurs de vérité* : vrai ou faux. Ainsi, deux propositions ont le même sens (logique) si elles ont la même valeur de vérité. Il n'existe d'autre façon de comparer le sens logique de deux propositions que de regarder si elles sont toutes deux vraies, toutes deux fausses ou si l'une est vraie et l'autre est fausse.

Lorsqu'on adopte le point de vue de la logique pour décrire le sens des énoncés, on ne peut plus rendre compte du sens linguistique puisque, dans un contexte de parole donné, deux phrases peuvent tout à fait être vraies sans pour autant être des paraphrases — c'est-à-dire sans avoir le même sens linguistique.

(5) a. *Vous êtes en train de lire une introduction à la lexicologie.*

 b. *Vous comprenez le français.*

Ces deux phrases sont vraies dans le présent contexte ; elles ont donc le même sens logique. Mais il est clair qu'elles n'ont pas du tout le même sens langagier. Bien entendu, pour utiliser le sens logique en sémantique, on dira que ce qui distingue les phrases (5a) et (5b) est le fait qu'elles ne sont pas substituables dans tous les contextes en gardant la même valeur de vérité. Si vous voyez dans la rue quelqu'un qui parle français avec un ami et lui dites *Vous comprenez le français*, la phrase que vous énoncez se trouve être vraie. Ce n'est pas le cas si vous dites plutôt *Vous êtes en train de lire un ouvrage de lexicologie*. On arrive donc à montrer qu'il existe une différence de sens entre deux expressions en ayant recours à la notion de sens logique. Cependant, cette façon de procéder ne constitue pas une véritable description, une explicitation, du sens linguistique. De plus, on ne parviendra jamais par cette méthode à démontrer une identité de sens linguistique, puisqu'il faudrait pour cela être capable de tester l'équivalence de sens logique dans tous les contextes de parole possibles et imaginables.

Le fait de ne pouvoir isoler une quelconque différence de sens logique, dans le cas d'une paire de phrases donnée, ne permet donc pas de déduire que les deux phrases concernées ont le même sens linguistique. Pour cela, il faut avoir recours à la perception intuitive du lien de paraphrase, comme nous l'avons dit au début de ce chapitre.

La logique, notamment la logique formelle, est un outil de modélisation des connaissances très puissant, et il est important de pouvoir s'en inspirer en linguistique. Cependant, le système de la logique formelle est avant tout un instrument de modélisation des différents types de **raisonnements** — ou inférences logiques — et non un instrument de modélisation du sens linguistique. Nous ne nous attarderons donc pas plus ici sur cette question.

Le fait que le présent ouvrage ne comprenne pas de véritable introduction aux notions de logique formelle ne signifie pas qu'on puisse en faire l'économie. Nous les estimons au contraire trop importantes et trop utiles, dans le cadre d'études poussées en linguistique (et dans bien d'autres disciplines), pour nous permettre de les présenter de façon succincte. Nous recommandons donc vivement au lecteur de se familiariser, si ce n'est déjà fait, avec les notions de base de la logique. Il trouvera notamment deux références bibliographiques sur ce sujet en fin de chapitre.

Le sens et son rapport au monde

Les sens linguistiques « dressent une carte du monde » tel que nous le percevons.

What conditions need to be met for the signs of language, limited in number, to designate reality, which is infinite? The first condition is that reality must be segmented. Whenever we manipulate an object we separate it from its environment. Part of the act of separating it is the act of naming it: a cumulus cloud, a wall, a stick, a laugh. Language gives us a map of reality in which everything is covered but much detail is left out.

Bolinger, Dwight (1968). *Aspects of Language*, New York *et al.*, Harcourt, Brace & World, p. 221.

D. Bolinger nous dit deux choses dans ce paragraphe :

1. les signes linguistiques entretiennent un lien étroit avec le « monde » par le biais de leur sens, même si, comme nous l'avons vu dans la section sur le référent, le sens d'un énoncé ne doit surtout pas être confondu avec le segment du monde que cet énoncé désigne en parole ;

2. l'ensemble des sens linguistiques représente une grille d'analyse qui façonne notre perception du monde.

Notons que ces réflexions valent bien pour les sens des signes linguistiques, et pas seulement pour les sens des lexies. En effet, les systèmes de catégories flexionnelles, les significations dérivationnelles, etc., que possède chaque langue, ont aussi une influence sur la façon dont la langue en question nous fait conceptualiser le monde.

Il convient d'ajouter à cela que les lexies de la langue influencent la façon dont nous percevons le monde, non seulement à travers leur sens, mais aussi à travers leurs possibles connotations.

Une **connotation** est un contenu informationnel associé à une lexie qui, contrairement au sens, n'est pas nécessairement exprimé quand cette lexie est utilisée.

Ainsi, TIGRE connote en français la férocité, ce qui se manifeste dans des expressions comme *féroce comme un tigre* ou *se battre comme un tigre* (en parlant d'un soldat, d'un maquisard, etc.). On peut cependant tout à fait parler d'un tigre poltron, qui se cache dans les taillis au moindre bruit.

Le sens ʿféroceʾ ne fait donc pas partie du sens de TIGRE, à la différence de ʿanimalʾ, qui en est une composante à part entière[2]. En disant :

(6) *J'ai vu un tigre.*

on dit **nécessairement** que l'on a vu un animal, mais pas nécessairement que c'était un animal féroce.

Les expressions du type *féroce comme un tigre* et *se battre comme un tigre*, mentionnées ci-dessus, sont des *évidences linguistiques* qui démontrent que la lexie française TIGRE connote la férocité. Il est essentiel de pouvoir présenter de telles évidences pour supporter l'identification d'une connotation ou, plus généralement, d'une caractéristique sémantique d'une lexie que l'on cherche à décrire.

---

2. Nous reviendrons en détail sur la notion de composante du sens d'une lexie aux Chapitres 7 et 8.

Ici s'achève notre présentation de la notion de sens et des autres notions qui y sont directement rattachées. Nous examinerons maintenant le problème de la classification des sens linguistiques. Nous verrons d'abord la distinction entre deux grandes familles de sens linguistiques : les sens lexicaux et les sens grammaticaux. Nous étudierons ensuite la subdivision des sens lexicaux en prédicats sémantiques, noms sémantiques et quasi-prédicats.

Classification des sens linguistiques

Sens lexicaux et sens grammaticaux

On peut distinguer deux types de sens contenus dans les ressources sémantiques de toute langue :

1. les **sens lexicaux**, qui sont généralement exprimés par des lexies de la langue et qui se décrivent assez bien au moyen des définitions standard des dictionnaires ;

2. les **sens grammaticaux**, qui ne sont pas associés aux lexies de la langue — sauf dans le cas des mots grammaticaux (cf. Chapitre 5, p. 102) — et que les dictionnaires tendent à décrire en faisant usage de notions métalinguistiques et en référant directement à la grammaire de la langue.

Pour bien comprendre la différence entre sens lexical et sens grammatical, nous suggérons de comparer la relative facilité avec laquelle on peut paraphraser un lexème comme VOISIN et la difficulté d'en faire autant avec l'article LE^{1}I.2 [*Elle cherche le chat.*] (numérotation du *Nouveau Petit Robert* [2007]) :

(7) a. *voisin* [*de X*] ≅ *personne qui habite près de chez X.*

    b. *le* [*X*] ≅ [*X*] *auquel vous*$_{destinataire}$ *pouvez penser en ce moment*

       Remarque : la raison du recours à des variables du type *X, Y...* dans les analyses sémantiques sera explicitée dans la prochaine section.

La tentative de paraphrasage (7b) se fonde, bien entendu, sur l'opposition *le* [*X*] ~ *un* [*X*] (≅ [*X*] *auquel vous*$_{destinataire}$ *ne pensez sans doute pas en ce moment*). Elle est perçue comme moins satisfaisante que (7a) car le syntagme proposé comme sémantiquement équivalent à la lexie définie ne peut lui être substitué dans une phrase sans donner un énoncé agrammatical, contrairement à la paraphrase proposée pour VOISIN :

(8)   a.   *Le **voisin** de Marc est irresponsable.*

~

*La **personne qui habite près de chez Marc** est irresponsable.*

b.   *Le **chat** est malade.*

~

* *Chat **auquel vous pouvez penser en ce moment** est malade.*

C'est une des raisons pour lesquelles on ne paraphrase généralement pas les lexies à sens grammatical pour en expliciter la signification dans les dictionnaires, même si cela serait possible et, sans doute, souhaitable. On préfère faire référence directement à des notions métalinguistiques, comme l'illustre la description de LE^{1}I.2 du *Nouveau Petit Robert* [2007], que nous reproduisons ci-dessous :

> « article de notoriété », devant un nom désignant un objet unique très connu, ce qui est conforme à la norme, ce qui est connu de l'interlocuteur ou ce qu'on veut présenter comme un type (emploi « typique »). *Le Soleil. La Lune. Fumer la pipe. Garder la chambre. Jouer la comédie. Avoir la fièvre.* (Valeur possessive) *Baisser les yeux. Il s'est cassé la jambe.*

Dans toute langue, les sens lexicaux constituent l'écrasante majorité des sens disponibles. Ils sont, par excellence, les sens qu'on cherche à communiquer. Par contraste, les sens grammaticaux sont en nombre très réduit (variable selon les langues) et leur expression peut être imposée par la langue (dans le cas de la flexion). La lexicologie se concentre surtout, bien entendu, sur l'étude des sens lexicaux.

Prédicats sémantiques, noms sémantiques et quasi-prédicats

La majorité des sens lexicaux sont ce que nous appelons des ***sens liants***, c'est-à-dire des sens qui, du fait de leur structure interne et du comportement en phrase des lexies qui les portent, sont faits pour se combiner avec d'autres sens. Ainsi, le sens de la lexie DONNER appelle naturellement trois autres éléments de sens pour former une sorte de micro-message :

1. celui qui donne ;
2. ce que l'on donne ;
3. celui à qui on donne.

Par contraste, le sens de POSSÉDER n'appelle que deux autres sens :

1. celui qui possède ;
2. ce que l'on possède.

Il existe aussi dans la langue des *sens non liants*, c'est-à-dire des sens qui semblent être des touts « fermés sur eux-mêmes ». Par exemple, le sens de TOMATE est non liant.

Nous allons maintenant montrer que sens lexicaux se répartissent en au moins trois classes, selon qu'ils sont ou non liants : prédicats sémantiques, noms sémantiques et quasi-prédicats. Cette classification est primordiale, car elle a une incidence directe sur la façon dont le sens linguistique doit être modélisé, comme nous aurons maintes fois l'occasion de le voir.

Prédicats sémantiques. Les ***prédicats sémantiques*** sont les sens liants types : ils dénotent des *faits*. Un fait est « quelque chose qui a lieu » ; par exemple :
- une action (manger, marcher, interroger…) ;
- un état (aimer, souffrir, être malade, se souvenir…) ;
- un événement (exploser, tomber, naître…) ;
- etc.

En tant que sens liants dénotant un fait, les prédicats impliquent normalement au moins un « participant » du fait en question, appelé ***actant*** (du prédicat). Les actants d'un prédicat sont habituellement désignés par des variables du type X, Y, Z, etc. : ʿX mange Yʾ, ʿX donne Y à Zʾ, ʿ[X est] petitʾ, ʿamour de X pour Yʾ.

Les verbes sont les prédicats sémantiques par excellence. En fait, un verbe est toujours un prédicat sémantique. Cependant, les adjectifs et les adverbes sont eux aussi des prédicats. Des lexèmes comme GROGNON ou MÉCHAMMENT signifient nécessairement ʿ[quelqu'un est] grognonʾ et ʿ[quelque chose se produit/est fait] méchammentʾ.

On voit donc que le fait d'être un prédicat est une propriété sémantique de ces trois parties du discours : verbe, adjectif et adverbe. Cependant, les noms peuvent aussi être des prédicats ; ils le sont même très fréquemment. Ainsi, lorsqu'on emploie le lexème AMOUR, on sous-entend, cf. (9a) ci-dessous, ou on exprime explicitement, cf. (9b), deux actants de ce prédicat : la personne qui éprouve de l'amour et celle pour laquelle ce sentiment est éprouvé.

(9) a. *C'est un amour platonique.*

    b. *L'amour de Léonce pour Justine est platonique.*

Même si ni Léonce ni Justine ne sont mentionnés dans (9a), on sait que deux participants sont nécessairement impliqués dans la situation dont il est question. Cette information nous est communiquée par le sens même du lexème AMOUR, dont une caractéristique est d'être un prédicat à deux actants. On peut ainsi contraster ⟨amour⟩ avec un autre prédicat nominal, celui-là à quatre actants : ⟨vente⟩.

(10) a. *La **vente** s'est faite dans la matinée.*

   b. *La **vente** par l'agence$_{[= X]}$ d'une maison$_{[= Y]}$ au client$_{[= Z]}$ pour une somme astronomique$_{[= W]}$ s'est faite dans la matinée.*

Comme on le verra plus loin, lors de l'examen de la structure des définitions lexicographiques (Chapitre 8), il est impossible de décrire correctement un sens lexical sans considérer sa nature de prédicat sémantique. Plus précisément, si un sens est un prédicat, il importe de déterminer combien d'actants il contrôle pour pouvoir dégager ce qu'on appellera les « composantes » de sa définition. De plus, certains phénomènes de connexion lexicale (par exemple, [*Y est l'*]**objet** *de la vente* et [*W est le*] **montant** *de la vente*) ou de combinatoire lexicale (par exemple, **effectuer** *une vente*) ne peuvent être bien modélisés qu'une fois mise en évidence la nature prédicative de la lexie concernée. Le rôle joué par la structure prédicative des lexies dans l'analyse de ce type de phénomènes apparaîtra clairement au chapitre suivant.

Remarquons finalement qu'il existe une famille particulière, assez paradoxale, de prédicats : les **prédicats non actanciels**. Il s'agit de sens liants dénotant des faits, mais pour lesquels on n'identifie pas d'actant. Citons en exemple les verbes impersonnels comme GELER [*Il faut se couvrir car il gèle dehors.*], VENTER [*Il vente très fort ce matin.*], etc. Ces verbes posent un problème théorique intéressant, du fait qu'ils sont prédicatifs mais non liants. On trouvera quelques remarques à leur propos dans la lecture complémentaire sur la notion de prédicat sémantique donnée en fin de chapitre (Mel'čuk et Polguère, 2008).

2. *Noms sémantiques.* La seconde classe de sens lexicaux qu'il nous faut examiner maintenant se caractérise très simplement par opposition à celle des prédicats sémantiques : les **noms sémantiques** sont des sens lexicaux qui dénotent des entités et qui sont des sens non liants. Les entités, « choses qui existent », s'opposent aux faits, « choses qui ont lieu ». Une entité peut être :

- un objet physique (caillou, planète…) ;
- une substance (sable, eau…) ;
- un individu (Jeanne d'Arc, Émile Zola…) ;
- etc.

Bien entendu, la partie du discours type des lexies dont le sens est un nom sémantique est celle des noms (noms communs, noms propres et pronoms). Néanmoins, rappelons que les noms peuvent aussi être, sémantiquement, des prédicats (AMOUR, VENTE...). De plus, de très nombreux sens lexicaux non prédicatifs habituellement considérés comme noms sémantiques appartiennent en fait à la troisième classe qu'il nous reste à examiner : celle des quasi-prédicats.

3 *Quasi-prédicats.* Certaines lexies dénotant des entités possèdent en même temps un sens liant. Ainsi, la lexie NEZ dénote clairement une entité physique : une partie du visage. Cependant, un nez est nécessairement le nez de quelqu'un et la mention de la personne à qui il appartient — *le nez de Cléopâtre* — permet d'exprimer l'actant appelé par le sens en question (un participant obligatoire de la situation « avoir un nez »). Les sens de ce type ne sont pas des noms sémantiques, puisqu'ils sont liants ; ils ne sont pas non plus des prédicats sémantiques, puisqu'ils dénotent des entités et non des faits. Comme leur comportement en langue est cependant très proche de celui des prédicats, il est justifié de les appeler *quasi-prédicats*.

Il faut noter que les lexies nominales dénotant des entités sont beaucoup plus fréquemment des quasi-prédicats que des noms sémantiques. Ainsi, les familles sémantiques suivantes regroupent des lexies nominales qui sont sémantiquement toutes des quasi-prédicats :

- lexies dénotant des individus qui ont une certaine relation avec un autre (MARI, SŒUR, VOISIN... [de qqn]) ;
- lexies dénotant des individus qui ont fait une action donnée (MEURTRIER, SAUVEUR... [de qqn]) ;
- lexies dénotant des *artefacts*, c'est-à-dire des objets ayant une fonction particulière (MARTEAU [qu'utilise qqn pour frapper sur qqch.], BOUTEILLE [qu'utilise qqn pour transporter qqch.]...) ;
- lexies dénotant des parties (EXTRÉMITÉ, CÔTÉ, FOND... [de qqch.]) ;
- etc.

Il ne s'agit là que de quelques exemples de familles de quasi-prédicats. Ils servent à illustrer le fait qu'il est finalement assez difficile de réunir une grande variété de noms sémantiques véritables. Très souvent, les exemples que l'on croit trouver correspondent en fait à des cas qui, à l'analyse, se révèlent être des quasi-prédicats. La langue met à notre disposition des sens lexicaux qui sont, dans leur immense majorité, des sens liants : prédicats ou quasi-prédicats.

Comme la nature prédicative d'une lexie a des conséquences directes sur sa combinatoire restreinte (voir plus bas la notion de régime, p. 138), il s'agit d'un phénomène qui concerne non seulement la sémantique, mais aussi la syntaxe.

Dans le contexte de l'étude de l'interaction entre sémantique et syntaxe, on a appelé *valence* d'une lexie la structure d'actants qu'elle contrôle. Ce terme, qui repose sur une analogie entre le comportement liant de certaines lexies et la valence chimique (nombre de connexions qu'un atome peut établir avec d'autres), est apparu simultanément dans la tradition grammaticale américaine (Hockett, 1958) et européenne (Tesnière, 1959) :

Hockett, Charles (1958). *A Course in Modern Linguistics,* New York, MacMillan.

Tesnière, Lucien (1959). *Éléments de syntaxe structurale*, Paris, Klincksieck.

Mise en garde à propos de la notion d'actant. Il est fréquent de voir mises en opposition les notions de prédicat et d'actant. Nous avons ainsi souvent entendu des questions du type : *Est-ce que ce sens est un prédicat ou un actant ? Dans cet exemple, combien y a-t-il de prédicats et combien d'actants ?*

Il nous semble difficile de répondre à de telles questions puisque les deux notions en cause ne renvoient pas à des phénomènes comparables :

- être un (quasi-)prédicat est une propriété intrinsèque d'un sens en langue ;
- être un actant d'un prédicat ou d'un quasi-prédicat est une « fonction sémantique » d'un sens dans un message linguistique donné ; ce n'est aucunement une propriété intrinsèque de ce sens.

Demander si un sens est un prédicat ou un actant est aussi bizarre que de demander si une lexie est un nom commun (propriété intrinsèque de la lexie dans le lexique) ou un complément d'objet direct (fonction grammaticale que peut avoir la lexie dans une phrase donnée).

Pour bien enfoncer le clou, prenons un exemple concret :

(11) *Léo veut rencontrer Lida.*

Le sens 'rencontrer' est un prédicat qui appelle deux actants ('X rencontre Y'). Ses deux actants sont, dans (11), 'Léo' et 'Lida'. Mais, dans cet exemple, il se trouve aussi être lui-même le second actant du prédicat 'vouloir', dont le premier actant est 'Léo'. L'actant d'un prédicat peut donc tout à fait être lui-même un prédicat !

Notons tout de même qu'il est possible de se servir du terme *prédicat* pour désigner un rôle sémantique, mais en prenant soin d'utiliser une expression comme 'vouloir' est le *prédicat de* 'Léo' et de 'rencontrer'. Dans ce cas-ci, c'est toute l'expression *prédicat de* qui désigne le rôle sémantique en question.

Représentation formelle du sens des énoncés

Il est utile de disposer de moyens formels de visualisation du contenu des messages linguistiques lorsque, comme avec l'exemple (11) ci-dessus, on doit analyser des configurations complexes de sens. Il existe pour ce faire un formalisme graphique très puissant appelé *réseau sémantique* (ou *graphe sémantique*). Ainsi, la configuration de sens lexicaux exprimée dans l'exemple (11) peut être visualisée au moyen du réseau sémantique suivant :

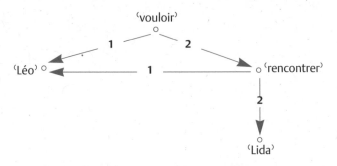

Dans cette figure, une flèche $\text{'}s_1 — n \rightarrow s_2\text{'}$ indique que le sens $\text{'}s_2\text{'}$ est le énième actant du sens $\text{'}s_1\text{'}$. Un réseau sémantique est donc une figure constituée de flèches représentant des liens actanciels, qui connectent les sens lexicaux exprimés dans la phrase. Les points connectés par les flèches et étiquetés par les sens lexicaux sont appelés *nœuds* du réseau.

Il est aussi possible de représenter dans un réseau sémantique les sens **grammaticaux** exprimés dans une phrase (temps grammatical, singulier et pluriel des noms, etc.). Pour simplifier la présentation, nous ne tiendrons cependant pas compte ici de ce type de sens.

Le formalisme des réseaux sémantiques permet de mettre au jour la structure sémantique des phrases. Ainsi, la figure ci-dessus rend explicite le fait qu'en (11) le prédicat 'rencontrer' est le second actant du prédicat 'vouloir'[3].

---

3. Nous ne tenons compte, dans ces représentations, que des connexions prédicat-actant. Le formalisme des réseaux peut être étendu pour modéliser, notamment, la structure communicative des énoncés (voir p. 122). Nous n'entrerons pas ici dans de telles considérations ; l'étude de la structure communicative, qui concerne surtout l'organisation sémantique de la phrase, déborderait le cadre du présent ouvrage.

Voyons, à partir d'un autre exemple simple, comment procéder pour représenter le contenu d'une phrase au moyen d'un réseau sémantique.

Soit la phrase suivante :

(12) *Léo téléphone souvent à son ami José.*

La meilleure façon d'entamer l'analyse sémantique de cette phrase est d'en identifier :

1. le prédicat central, c'est-à-dire le sens autour duquel gravite tout le message exprimé en (12) ;

2. la valence de ce prédicat.

C'est bien évidemment 'téléphoner', qui est un prédicat appelant deux actants.

Nous joignons ici des indices aux variables parce qu'il nous faudra nommer plus bas les actants d'autres prédicats. Nous utiliserons donc X_1, $X_2...,Y_1,Y_2...$

Qui est X_1 ? La personne qui téléphone est désignée en (12) par le nom propre LÉO, qui est un nom sémantique. On peut donc remplacer 'X₁' dans la figure ci-dessus par 'Léo'.

Qui est Y_1 ? On pourrait être tenté de dire que c'est José, et donc remplacer 'Y₁' par 'José' dans le réseau en construction. Cependant, la phrase n'est pas *Léo téléphone souvent à José, qui est son ami,* mais *Léo téléphone souvent à son **ami** José.* Ce qui est communiqué par la phrase, c'est le fait de téléphoner à un ami, caractérisé comme étant José, et non le fait de téléphoner à José, caractérisé comme étant l'ami de Léo. Le sens 'ami' est donc le second actant de 'téléphoner'.

Maintenant, il faut être conscient du fait que 'ami' n'est pas un nom sémantique. C'est un quasi-prédicat appelant deux actants : 'X₂ est un ami de Y₂'. Dessinons donc, pour y voir plus clair, la configuration de sens que nous avons identifiée jusqu'à présent.

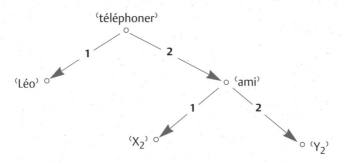

Remarquons qu'aucun nœud sémantique n'est associé à la préposition À (*téléphoner **à** quelqu'un*). En effet, cette dernière est un mot grammatical, qui n'a pas de sens lexical. On l'utilise dans la phrase (12) simplement pour établir la connexion syntaxique entre TÉLÉPHONER et son complément AMI. Son emploi est imposé par la combinatoire restreinte du verbe TÉLÉPHONER. Il ne résulte pas du besoin d'exprimer un sens particulier, qui serait associé à À. Si l'on choisit d'utiliser le lexème synonyme APPELER (au téléphone) au lieu de TÉLÉPHONER, on fait l'économie de l'emploi de cette préposition, puisque la combinatoire restreinte de APPELER spécifie que ce verbe réalise son second actant par un complément d'objet **direct** : *Léo appelle José.*

On appelle **régime** d'une lexie la composante de sa combinatoire restreinte qui regroupe l'ensemble des contraintes que cette lexie impose sur l'expression syntaxique de ses actants. Un **syntagme régi** est donc un syntagme dont la structure est conditionnée par la lexie qui le gouverne (syntagme sujet, objet direct, objet indirect, etc.). Rappelons que la notion de gouverneur syntaxique a été présentée au Chapitre 3 (p. 53).

Revenons maintenant à notre analyse. La valeur de $'Y_2'$ (dans $'X_2$ est l'ami de Y_2') nous est fournie par le pronom SON, qui réfère ici au nom LÉO. Nous pouvons donc faire coïncider le nœud étiqueté $'Y_2'$ avec le nœud 'Léo'. Cela se fait tout simplement en effaçant $'Y_2'$ et en raccordant au nœud 'Léo' la flèche qui liait $'Y_2'$ à 'ami'. Quant à la valeur de $'X_2'$, c'est évidemment 'José'. (José est l'ami auquel Léo téléphone souvent.)

Il ne nous reste plus qu'à régler la question du sens du lexème SOUVENT. Ce dernier est un adverbe et, comme tous les adverbes, c'est un prédicat sémantique : $'X_3$ a lieu souvent'. Bien entendu, ce sont les appels téléphoniques qui sont fréquents, ici ; ʿtéléphonerʾ est donc l'actant de ʿsouventʾ dans notre exemple.

Nous pouvons maintenant dessiner le réseau sémantique complet associé à (12).

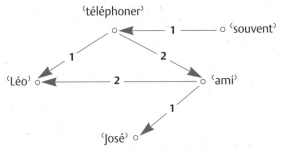

En détaillant l'analyse de cet exemple, nous avons voulu démontrer que le réseau sémantique associé à une phrase — et donc son contenu — n'est jamais quelque chose d'évident, même pour une personne entraînée à mener des analyses sémantiques. Il faut véritablement progresser étape par étape afin de mettre au jour la structure sémantique, cette donnée cachée que l'on manipule de façon inconsciente en situation de parole.

Ici se termine le premier chapitre consacré à l'étude du sens linguistique. Maintenant que la notion de sens elle-même a été caractérisée, nous passerons à l'examen des liens sémantiques qui connectent les lexies de la langue.

Lectures complémentaires

Picoche, Jacqueline (1977). « Le lexique et l'univers », dans *Précis de lexicologie française*, collection « Nathan-Université », Paris, Nathan, p. 30-44.

Cet extrait du manuel de J. Picoche est à lire pour une présentation des notions de sens et de valeur du signe linguistique. On trouvera aussi dans ce texte beaucoup d'informations sur le rapport entre la langue et le « monde réel ».

Halliday, Michael A. K. (1985). « Clause as message », dans *An Introduction to Functional Grammar*, Londres *et al.*, Edward Arnold, p. 38-67.

Ce texte expose de façon assez détaillée comment se modélise la structure communicative des énoncés au moyen, notamment, des notions de thème et de rhème. Étudier ce texte est une bonne façon de faire le pont entre la sémantique lexicale, au centre de nos préoccupations dans le présent ouvrage, et l'organisation sémantique de la phrase, que nous n'étudierons pas véritablement. L'approche linguistique sur laquelle s'appuie M. Halliday est la théorie de la grammaire systémique fonctionnelle, dont il est le créateur. Les notions qu'il présente ici sont cependant employées par la plupart des écoles linguistiques, notamment par les approches relevant de ce qu'on appelle, de façon très générale, le structuralisme européen.

Lyons, John (1978). « Référence, sens et dénotation », dans *Éléments de sémantique*, Paris, Larousse, p. 143-186.

Il est nécessaire de maîtriser de très nombreuses notions de base pour mener à bien l'étude du lexique. Ces notions ne seront utilisables, dans le cadre d'applications de la lexicologie, que si elles forment un **système**. Elles doivent être connectées et se compléter mutuellement. Voilà pourquoi nous avons choisi de limiter au maximum, dans le présent ouvrage, la discussion des différentes approches linguistiques et des terminologies dont elles font usage. Nous jugeons qu'il est préférable de bien maîtriser d'abord un tout notionnel cohérent, pour ensuite le relativiser en le confrontant à des approches complémentaires ou contradictoires. De ce point de vue, cette référence-ci complète très bien le présent chapitre. L'auteur y discute de façon assez détaillée les différentes terminologies linguistiques liées à la notion de sens.

Jakobson, Roman (1963). « Embrayeurs et autres structures doubles », dans *Essais de linguistique générale*, collection « Arguments », Paris, Éditions de Minuit, p. 176-181.

C'est le texte de référence peut-être le plus souvent cité à propos de la notion de déictique. Les déictiques sont ici appelés *embrayeurs*, une traduction du terme anglais *shifter* utilisé par l'auteur dans la version originale de son article. On trouvera dans ces pages une présentation claire des déictiques selon une perspective sémiotique, en tant que signes linguistiques à caractère indiciel. Jakobson emploie le terme d'*index* — les embrayeurs sont des symboles-index, suivant en cela la terminologie du sémioticien américain Charles Peirce.

Grize, Jean-Baptiste (1967). « Logique : Historique. Logique des classes et des propositions. Logique des prédicats. Logiques modales », dans Jean Piaget (dir.), *Logique et connaissance scientifique*, collection « Encyclopédie de La Pléiade », Paris, Gallimard, p. 135-289.

Ce texte est une excellente introduction à la logique formelle ou, plutôt, aux logiques formelles. Nous le recommandons tout particulièrement du fait de sa grande profondeur. On notera que la notion de prédicat sémantique utilisée en linguistique a été empruntée à la logique. Le pendant logique du terme *actant* est *argument*, lui-même parfois utilisé en sémantique.

Moeschler, Jacques et Anne Reboul (1994). « Opérateurs et connecteurs logiques et non logiques », dans *Dictionnaire encyclopédique de pragmatique*, Paris, Éditions du Seuil, p. 179-200.

Texte d'introduction qu'il est utile de lire pour la comparaison qu'il établit entre le sémantisme des opérateurs logiques et celui des expressions linguistiques auxquelles ils sont habituellement associés.

Mel'čuk, Igor et Alain Polguère (2008). « Prédicats et quasi-prédicats sémantiques dans une perspective lexicographique », *Revue de linguistique et de didactique des langues* (*Lidil*), vol. 37, numéro « Syntaxe et sémantique des prédicats », Zlatka Guentchéva et Iva Novakova (dir.), p. 99-114.

Lecture complémentaire sur la notion de prédicat sémantique, avec notamment une présentation détaillée de la distinction entre prédicat, nom et quasi-prédicat sémantiques.

Polguère, Alain (2002). « Le sens linguistique peut-il être visualisé ? », dans Dominique Lagorgette et Pierre Larrivée (dir.), *Représentations du sens linguistique*, collection « Lincom Studies in Theoretical Linguistics », 25, Munich, Lincom Europa, p. 89-103.

Un texte qui traite de la représentation graphique des structures sémantiques des énoncés faite au moyen de formalismes du type réseaux sémantiques.

Exercices

Exercice 6.1

Se reporter à la citation mise en exergue à ce chapitre (p. 119). Dupont dit-il véritablement « plus » que Dupond dans sa réplique ? Penser aux notions de paraphrase et de structure communicative.

Exercice 6.2

En français québécois, un sacre est un blasphème, c'est-à-dire un juron qui offense le sentiment religieux. Essayer d'expliquer, en s'appuyant sur les notions de sens et référent, ce qui est comique dans la façon dont Michel Tremblay, jeune enfant, réplique à sa mère à la fin de la citation suivante :

— J'veux pus lire ! Jamais !

— Voyons donc ! Y veut pus lire ! T'es rien que rendu à'page neuf de ton premier livre ! Essaye encore un peu, bonyeu, tu vas finir par t'habituer ! C'est quand même pas toi qui vas montrer à la comtesse de Ségur comment écrire des livres, verrat !

Elle porta une main à sa bouche, l'autre à son cœur.

— Ça y est, y m'a faite sacrer un matin de Noël !

— Grand-moman Tremblay a dit, l'autre jour, que « verrat » c'tait pas un sacre ! Un verrat, c'est un cochon, pis un cochon, ça peut pas être un sacre !

Tremblay, Michel (1994). *Un ange cornu avec des ailes de tôle*, Montréal, Leméac, p. 40.

Exercice 6.3

Les deux phrases ci-dessous ont-elles le même sens linguistique ? Ont-elles le même sens logique ? Quelle conclusion peut-on en tirer ?

(13) a. *Cet homme est vivant ou mort.*

b. *Soit il pleut soit il ne pleut pas.*

Exercice 6.4

Est-ce que ʿruséʾ fait partie du sens de RENARD ?

Exercice 6.5

Les lexies suivantes ont-elles des sens liants ? Si oui, décrire leur valence.

- DORMIR [*Jules dort depuis trois heures.*]
- PRÊTER [*Jules a prêté son livre.*]
- SOMMEIL [*Il dort d'un profond sommeil.*]
- DÉPART [*Le départ a lieu à trois heures.*]
- LUNE [*La lune est pleine ce soir.*]
- DIFFÉRENT [*Jules est très différent de Jim.*]
- GOULOT [*Elle a bu cet excellent chianti directement au goulot.*]

Exercice 6.6

Traduire en français la phrase anglaise qui suit. Constate-t-on quelque chose de spécial en ce qui a trait au fonctionnement des prédicats sémantiques anglais et français impliqués ici ?

(14) *I miss you.*

Exercice 6.7

Représenter, sous forme de réseau sémantique, le sens de la phrase suivante :

(15) *Rencontrer Lida a bouleversé la vie de Léo.*

7

LES RELATIONS SÉMANTIQUES LEXICALES

La guerre éclate
C'est tout ce qu'elle sait faire
Les bombes hachent
C'est tout ce qu'elles savent faire

BRIGITTE FONTAINE, *Il pleut.*

Nous nous sommes appliqué au chapitre précédent à décrire la nature du sens linguistique. Nous examinerons maintenant les différents types de liens sémantiques pouvant exister entre lexies : les **relations sémantiques lexicales**. Nous procéderons, pour cela, en trois étapes :

1. modélisation des liens sémantiques par comparaison « ensembliste » des sens lexicaux (*grosso modo*, inclusion et intersection de sens) ;
2. présentation des relations sémantiques fondamentales qui sont à la base de la structuration sémantique du lexique ;
3. modélisation des relations lexicales au moyen d'un outil descriptif formel, appelé *fonction lexicale.*

Notions introduites *Relation sémantique lexicale, composante sémantique, identité/ intersection/inclusion/disjonction de sens, sens plus simple (qu'un autre), hyperonymie et hyponymie, sens plus riche (qu'un autre), cohyponyme, hiérarchie sémantique des lexies, synonymie exacte ou approximative, antonymie, lexies contrastives, conversivité, homonymie, homographie, homophonie, polysémie, copolysème, causativité, fonction lexicale paradigmatique, dérivation sémantique, compositionnalité sémantique, phraséologie, syntagme phraséologisé, collocation (= syntagme semi-phraséologisé), base (d'une collocation), collocatif, fonction lexicale syntagmatique, verbe support.*

Les sens de lexies conçus comme des ensembles

On peut se représenter le sens d'une lexie comme un ensemble structuré d'autres sens. Par exemple, le sens ʿlitʾ contient les sens ʿmeubleʾ (un lit est un meuble), ʿse coucherʾ (il est conçu pour qu'on s'y couche), ʿdormir ou se reposerʾ (on l'utilise avant tout pour dormir ou se reposer), etc.

Il est relativement aisé de démontrer l'inclusion de sens. Ainsi, ʿmeubleʾ est inclus dans ʿlitʾ parce que le syntagme *ce lit* dénote nécessairement un meuble, l'inverse n'étant pas vrai : le syntagme *ce meuble* peut dénoter un fauteuil, une armoire, etc. De plus, ʿse coucherʾ est aussi inclus dans ʿlitʾ : *ce lit* dénote un meuble servant à s'y coucher, mais *Je me couche* ne dénote pas une situation où il est nécessairement fait usage d'un lit.

> Lorsqu'un sens est inclus dans un autre, nous dirons qu'il en est une **composante**. Il est aussi, de ce fait, une composante de la définition de la lexie correspondante : par exemple, ʿmeubleʾ est une composante de la définition de LIT.

Si l'on considère les sens lexicaux comme des ensembles, quatre types de relations sémantiques peuvent logiquement exister entre deux sens.

1. **Identité de sens** — par exemple, ʿvéloʾ = ʿbicycletteʾ :

2. **Intersection de sens** — par exemple, ʿchienʾ ∩ ʿpoissonʾ = ʿanimalʾ :

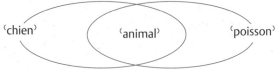

3. **Inclusion de sens**[1] — par exemple, ʿanimalʾ ⊂ ʿchienʾ :

---

1. Comme en logique ensembliste, une inclusion de sens est un cas particulier d'intersection de sens, où l'intersection correspond en fait à l'un des deux sens en cause.

4. **Disjonction de sens** — 'chien' ∩ 'rêver' = Ø :

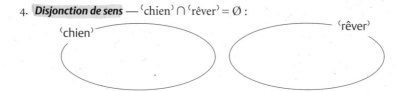

Ces petits schémas[2] sont sans doute très jolis, mais ils ne servent qu'à donner un caractère superficiellement « scientifique » à la description des liens sémantiques lexicaux. Ils ne disent presque rien sur les liens sémantiques concernés. Pour reprendre un exemple mentionné plus haut, 'lit' contient non seulement 'meuble', mais aussi 'se coucher' et 'dormir ou se reposer' : un lit est un meuble sur lequel on se couche pour dormir ou se reposer. Or, le rapport qu'entretient 'lit' avec 'meuble' est très différent de celui qu'il entretient avec 'se coucher' et 'dormir ou se reposer'.

La description des liens sémantiques sous le seul rapport d'inclusion de sens ne permet pas de rendre compte de ces phénomènes. Nous reviendrons sur ce problème à la fin du présent chapitre. Le but de cette première section était avant tout de démontrer qu'il est pertinent de considérer qu'un sens en « contient » d'autres. En fait, l'inclusion et l'identité de sens sont les relations sémantiques premières ; ce sont celles sur lesquelles se fondent, directement ou indirectement, toutes les autres relations sémantiques fondamentales, comme nous le verrons dans la prochaine section.

Lorsqu'un sens 's₁' est inclus dans un sens 's₂', on dira que 's₁' est **plus simple** que 's₂'. L'emploi de cette expression est justifié par le fait que le sens 's₁' entre, en quelque sorte, dans la composition de 's₂' ; il en est un des éléments constitutifs.

Bien entendu, dans le cas où aucune relation d'inclusion ne peut être établie entre deux sens, il devient absurde de parler de sens plus simple. Ainsi, il ne serait pas pertinent de se demander si 'nager' est plus simple que 'fauteuil'.

Relations sémantiques fondamentales

Les relations sémantiques qui seront présentées ici sont considérées comme les relations sémantiques « fondamentales » en ce qu'elles forment la charpente de la

---

2. On les appelle *diagrammes de Venn* en mathématiques. On les désigne aussi parfois sous le nom plus familier de *patates*.

structuration sémantique du lexique de toute langue. Chaque lexie se positionne dans le réseau lexical de la langue en fonction, tout d'abord, de ces relations.

Hyperonymie et hyponymie

L'hyperonymie et l'hyponymie sont deux relations sémantiques lexicales mutuellement converses, qui correspondent à un cas particulier d'inclusion de sens.

> La lexie L_{hyper} est un **hyperonyme** de la lexie L_{hypo} lorsque la relation sémantique qui les unit possède les deux caractéristiques suivantes :
> 1. le sens $^\iota L_{hyper}{}^\jmath$ est inclus dans le sens $^\iota L_{hypo}{}^\jmath$;
> 2. $^\iota L_{hypo}{}^\jmath$ peut être considéré comme un cas particulier de $^\iota L_{hyper}{}^\jmath$.
>
> La lexie L_{hypo}, quant à elle, est appelée **hyponyme** de L_{hyper}.

Pour reprendre un exemple déjà examiné plus haut, on dira que ANIMAL est un hyperonyme de CHIEN et que CHIEN est un de ses nombreux hyponymes — avec d'autres lexies telles que CHAT, CHEVAL, DROMADAIRE, POISSON…

Notre définition implique qu'un hyperonyme possède nécessairement un sens plus simple que son ou ses hyponymes. Cependant, comme l'hyperonymie et l'hyponymie renvoient à une situation beaucoup plus spécifique que la seule inclusion, on évitera désormais de parler dans un tel cas de sens plus (ou moins) simple. On dira que le sens d'un hyponyme est **plus riche** que celui de son hyperonyme et, inversement, que le sens d'un hyperonyme est moins riche que celui de son ou de ses hyponymes[3].

Il est intéressant de remarquer que si L_{hypo} est un hyponyme de L_{hyper}, l'ensemble des référents possibles de L_{hypo} est inclus dans celui des référents possibles de L_{hyper} ; en contrepartie, le sens de L_{hyper} est, lui, inclus dans celui de L_{hypo}. Ainsi, CHIEN se définit par $^\iota$animal domestique…$^\jmath$ — donc, le sens de ANIMAL est inclus dans celui de CHIEN —, mais l'ensemble de tous les chiens du monde est inclus dans l'ensemble des animaux. Cette correspondance inverse est visualisée dans la figure ci-dessous.

---

3. Alors qu'une lexie n'a normalement qu'un hyperonyme direct (une seule lexie dont elle est un « enrichissement » sémantique), elle peut tout à fait posséder plus d'un hyponyme. Certaines lexies sémantiquement classifiantes, comme ANIMAL ou SENTIMENT, par exemple, vont posséder un nombre important d'hyponymes.

Correspondance inverse entre inclusion de sens et inclusion de référents

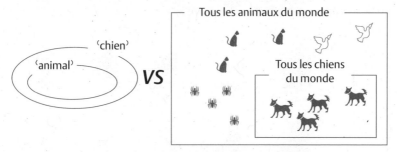

On notera que ce phénomène est une bonne illustration de la distinction qui existe entre la notion de sens et celle de référent (voir chapitre précédent, p. 124 et suivantes).

La relation d'hyperonymie-hyponymie est transitive[4] et permet donc de construire une *hiérarchie sémantique des lexies*, hiérarchie qui peut se représenter sous la forme d'un « arbre ».

Extrait de la hiérarchie sémantique
des lexies françaises (centré autour de ANIMAL)

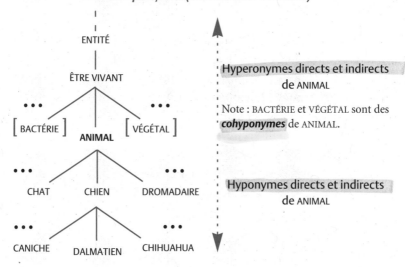

_____

4. Si ANIMAL est un hyperonyme direct de CHIEN et CHIEN est un hyperonyme direct de DALMATIEN, alors ANIMAL est un hyperonyme indirect de DALMATIEN.

En général, on ne lie par la relation d'hyperonymie (et d'hyponymie) que des lexies appartenant à la même partie du discours. On pourrait cependant admettre que, par exemple, le nom SENTIMENT est un hyperonyme, non seulement du nom AMOUR, mais aussi du verbe AIMER. Il en va tout autrement des autres relations qu'il nous reste à examiner : elles ne valent que pour des lexies appartenant à une même partie du discours.

Synonymie

La synonymie est la relation lexicale sémantique par excellence. On distingue deux types de synonymie.

Soient deux lexies L_1 et L_2 appartenant à la même partie du discours :

1. L_1 et L_2 sont des **synonymes exacts** (ou synonymes absolus) si elles ont le même sens ($'L_1' \equiv 'L_2'$) ;
2. ce sont des **synonymes approximatifs** si leurs sens sont très proches ($'L_1' \cong 'L_2'$).

Dans ce dernier cas, il y a soit intersection soit inclusion de sens telle que les lexies L_1 et L_2 peuvent être considérées comme dotées d'une valeur sémantique suffisamment proche pour que l'on puisse, en utilisant l'une ou l'autre, exprimer sensiblement la même chose.

Il est essentiel de noter que la synonymie lexicale exacte est rarissime. On cite toujours les mêmes exemples pour illustrer ce phénomène en français : VÉLO ~ BICYCLETTE[5], AUTOMOBILE ~ VOITURE, etc. La synonymie lexicale est avant tout une synonymie approximative. On peut la mettre à l'épreuve en procédant à des substitutions en contexte, comme le suggère le dernier paragraphe de la définition ci-dessus. En d'autres termes :

L_1 et L_2 peuvent être considérées comme synonymes si, en remplaçant L_1 par L_2 dans une phrase, on obtient une nouvelle phrase à peu près équivalente sémantiquement, c'est-à-dire une paraphrase approximative[6].

---

5. Sylvain Kahane nous a fait remarquer que la paire VÉLO ~ BICYCLETTE est en fait discutable et que ces lexies sont sans doute des synonymes approximatifs. En effet, on peut parler sans problème d'un *vélo à trois roues* pour décrire un tricycle, alors qu'il est beaucoup plus difficile de dire de ce véhicule que c'est une *bicyclette à trois roues*.

6. Nous reviendrons sur le test de substitution en contexte au Chapitre 8, qui traite de l'analyse sémantique lexicale. Rappelons que la notion de paraphrase a été, quant à elle, examinée au chapitre précédent.

Par exemple :

(1) *Nestor éprouve de la **haine** pour Bianca.*

$\cong$

*Nestor éprouve de l'**aversion** pour Bianca.*

Les deux lexies HAINE et AVERSION, en plus d'être des synonymes approximatifs, sont aussi des cohyponymes de SENTIMENT. Leur intersection de sens est *grosso modo* : 'sentiment négatif intense éprouvé envers quelqu'un'.

Il peut aussi arriver, comme l'implique notre définition de la synonymie, qu'un hyperonyme d'une lexie soit en même temps un de ses synonymes approximatifs (cas d'inclusion de sens entre L_1 et L_2). C'est ce que nous illustrons dans l'exemple ci-dessous, où l'on voit que la lexie PLUIE peut être employée comme paraphrase de son hyponyme DÉLUGE.

(2) *Le **déluge** d'hier soir a endommagé les récoltes.*

$\cong$

*La **pluie** d'hier soir a endommagé les récoltes.*

Mais cela n'est pas toujours le cas, surtout si l'on considère un hyperonyme indirect, c'est-à-dire qui ne se trouve pas immédiatement au-dessus de la lexie concernée dans la hiérarchie sémantique des lexies. Ainsi, il serait très bizarre d'affirmer que (3b) est une paraphrase de (3a).

(3) a. *Regarde ce **dalmatien** !*

     b. *Regarde cet **être vivant** !*

L'écart de sens entre DALMATIEN et ÊTRE VIVANT est bien trop grand pour que l'on puisse considérer ces deux lexies comme des synonymes approximatifs.

Les synonymes approximatifs se distinguent, en général, non seulement par leur sens — qui n'est pas exactement identique —, mais aussi par leur combinatoire restreinte. Il ne faut donc pas s'attendre à ce que le test consistant à substituer une lexie à son synonyme dans une phrase pour voir si l'on obtient une paraphrase s'applique dans n'importe quel contexte. Par exemple, TRAVAIL [*Helen a un travail intéressant.*] et EMPLOI [*Helen a un emploi intéressant.*] sont clairement des synonymes approximatifs. Cependant, leur combinatoire restreinte n'est pas totalement identique, comme le montrent les exemples suivants :

(4) a. *une offre d'emploi* ↛ **une offre de travail*

  b. *perdre son emploi ~ perdre son travail*

  c. *créer un emploi ~ *créer un travail*

  d. *un emploi / travail de comptable*

  e. *les emplois de comptable ~ *les travaux de comptable*

Les synonymes ne sont donc pas à coup sûr mutuellement substituables dans tous les contextes. Il suffit cependant d'être en mesure de trouver facilement des contextes où la substitution paraphrastique est possible pour que le lien de synonymie soit établi.

Antonymie

Bien que l'antonymie s'oppose naturellement à la synonymie, ces deux relations sont somme toute très proches puisqu'elles lient des lexies présentant une forte parenté sémantique.

Deux lexies L_1 et L_2 appartenant à la même partie du discours sont des **antonymes** si les sens 'L$_1$' et 'L$_2$' se distinguent par la négation ou, plus généralement, la mise en opposition d'une de leurs composantes.

Comme dans le cas des synonymes, on peut distinguer les antonymes exacts — cf. (5a) — et les antonymes approximatifs — cf. (5b).

(5) a. *Cette rue est* **près/loin** *de chez nous.*

  b. *Elle* **aime/déteste** *le fromage.*

Nous proposons de faire l'analyse de ces exemples dans l'exercice 7.5, en fin de chapitre.

Il est possible d'identifier des types particuliers d'antonymes, selon la nature de l'opposition sémantique mise en jeu. Ainsi, on trouve fréquemment citées dans la littérature, comme exemples d'antonymes, des paires de lexies dites « réversives » :

- BOUTONNER ~ DÉBOUTONNER ;
- COLLER ~ DÉCOLLER ;
- CONSTRUIRE ~ DÉTRUIRE.

On peut aussi identifier une antonymie dite « scalaire », qui lie des lexies dénotant des valeurs situées aux deux extrêmes d'une échelle de valeurs :

- CHAUD ~ FROID ;
- GRAND ~ PETIT.

L'antonymie recouvre donc des connexions lexicales très variées et nous nous contenterons de donner ici une caractérisation minimale de cette notion.

Attention ! Il ne faut pas confondre les antonymes et les lexies dites *contrastives*.

Ainsi BLANC et NOIR sont en opposition contrastive dans la langue, comme en témoignent les expressions *écrire noir sur blanc, en noir et blanc, dire « blanc » quand quelqu'un d'autre dit « noir »*, etc. Pourtant, ces lexies ne sont pas des antonymes. Ainsi, dire (6a) ci-dessous ne revient pas à **exprimer** l'opposé de (6b) ; la phrase (6a) signifie que le manteau en question est d'une couleur particulière, qui est notamment associée à la nuit (à l'absence de lumière).

(6) a. *Son manteau est noir.*

     b. *Son manteau est blanc.*

L'opposition contrastive est bien une relation sémantique lexicale. Cependant, contrairement à l'opposition antonymique, elle ne repose pas entièrement sur une comparaison sémantique directe des lexies en cause.

En décomposant le sens de deux antonymes véritables comme CHAUD et FROID, on pourra démontrer la relation d'antonymie. Il suffit de montrer que la seule différence existant entre les deux décompositions est la négation ou la mise en opposition d'une composante de sens :

1. CHAUD ≅ 'dont la température est **plus** élevée que la normale' ;
2. FROID ≅ 'dont la température est **moins** élevée que la normale'.

L'opposition contrastive, en revanche, ne peut pas être démontrée par l'analyse des sens lexicaux parce qu'elle est en grande partie conventionnelle. Elle trouve sa justification dans la présence d'expressions toutes faites, de proverbes, etc., qui impliquent une opposition et qui sont des évidences linguistiques de la présence d'un lien contrastif entre deux lexies données de la langue, comme dans le cas de BLANC et NOIR examiné ci-dessus. Rappelons que la notion d'évidence linguistique a été introduite au chapitre précédent (p. 129), lorsqu'il s'est agi de trouver une manière de démontrer la présence de connotations associées aux lexies de la langue.

Conversivité

Pour bien comprendre la notion de conversivité, il faut utiliser la modélisation des sens lexicaux en tant que prédicats ou quasi-prédicats sémantiques, présentée au chapitre précédent (p. 131 et suivantes).

Deux lexies appartenant à la même partie du discours sont **conversives** si

1. ce sont soit des prédicats sémantiques dénotant une même situation, soit des quasi-prédicats sémantiques dénotant deux entités impliquées dans une même situation ;
2. ces (quasi-)prédicats s'expriment dans la phrase avec une inversion de l'ordre d'au moins deux de leurs actants.

Les paires de conversifs peuvent appartenir à n'importe quelle partie du discours, pourvu que les conversifs qui les composent soient des prédicats ou quasi-prédicats sémantiques possédant au moins deux actants. Il peut s'agir de verbes :

(7) a. *X **emploie** Y.*

b. *Y **travaille** pour X.*

aussi bien que de noms :

(8) a. *X est l'**employeur** de Y.*

b. *Y est l'**employé** de X.*

Les phrases (7a-b, 8a-b) sont toutes quatre unies par la relation de paraphrase. Cela illustre bien l'équivalence sémantique (approximative) qui unit deux conversifs : voir l'identité de dénotation mentionnée dans la définition ci-dessus. Notons cependant que notre définition de la conversivité prend soin de traiter de façon distincte les prédicats véritables et les quasi-prédicats, puisque ces deux types de sens liants n'ont pas les mêmes dénotations : faits *vs* entités. Le cas des quasi-prédicats est illustré par les lexies mises en jeu dans la seconde paire d'exemples (8a-b). Il serait abusif de dire que les lexies EMPLOYEUR et EMPLOYÉ ont la même dénotation ; cependant, elles dénotent deux individus distincts qui sont tous deux impliqués dans une même situation : la relation d'emploi d'une personne par une autre.

Maintenant que la notion de conversivité a été introduite, nous pouvons revenir sur l'exercice 6.6 du chapitre précédent (p. 142). Si l'on accepte d'élargir la conversivité à la mise en relation de lexies appartenant à des langues différentes, ont peut dire que la lexie anglaise MISS$_V$ [*I miss you.*] fonctionne comme un conversif « interlinguistique » de MANQUER [*Tu me manques.*], et vice-versa.

Il est important de noter que de très nombreuses langues, dont le français, offrent un moyen grammatical pour effectuer une paraphrase fondée sur l'inversion de l'ordre des actants dans la phrase : la voix passive. C'est ce qu'illustrent les phrases suivantes, où la conversion est effectuée tout d'abord lexicalement — (9b) — puis grammaticalement — (9c).

(9) a. *Cette usine **emploie** cinq cents ouvriers.*

b. *Cinq cents ouvriers **travaillent** dans cette usine.*

c. *Cinq cents ouvriers **sont employés** par/dans cette usine.*

Finalement, il convient de mentionner que les liens d'antonymie et de conversivité ne s'excluent pas mutuellement. Par exemple, les prépositions AU-DESSUS et AU-DESSOUS [*au-dessus/au-dessous de la ligne*] sont des antonymes approximatifs puisque 'X est au-dessus de Y' est *grosso modo* l'opposé de 'X est au-dessous de Y'. Cependant, ces deux lexies sont aussi des conversifs puisque 'X est au-dessus de Y' est sémantiquement équivalent à 'Y est au-dessous de X' (inversion des actants).

Il ne faudrait pas en déduire que les conversifs sont toujours plus ou moins en relation d'antonymie. *Employer quelqu'un*, par exemple, ne signifie pas du tout l'opposé de *travailler pour quelqu'un*. En dépit de ce fait, il n'est pas rare que la conversivité soit présentée à tort comme un cas particulier d'antonymie dans les ouvrages de lexicologie ou de sémantique.

Homonymie

L'homonymie a déjà été mentionnée au Chapitre 3 (p. 59). C'est un cas très particulier de disjonction de sens.

> Deux lexies sont des ***homonymes*** si elles sont associées aux mêmes signifiants, mais ne possèdent aucune intersection de sens notable.

On voit donc que l'homonymie trouve sa place parmi les relations sémantiques fondamentales un peu comme l'antithèse de ces relations : c'est une absence de relation sémantique perçue comme remarquable parce qu'elle contraste avec la présence d'une identité de forme.

> Dans tout système sémiotique, on s'attend par défaut à ce qu'une identité de forme soit l'indice d'une identité ou d'une proximité de contenu.

Notons que l'on peut distinguer deux cas d'homonymie, selon le type de signifiant que l'on prend en compte.

Premièrement, il y a **homographie** lorsque les deux lexies sont associées aux mêmes signifiants écrits ; par exemple :

(10) a. *Il a acheté trois **livres**.*

b. *Ça pèse trois **livres**.*

Tel qu'il est indiqué au Chapitre 3 (p. 60), on distingue dans le présent ouvrage les noms de lexies homographes par des numéros en exposant : LIVRE^1 et LIVRE^2.

Deuxièmement, il y a **homophonie** lorsque les deux lexies sont associées aux mêmes signifiants sonores ; par exemple :

(11) a. *Il est **sot**.*

b. *Va remplir ton **seau**.*

Une homographie peut coïncider avec une homophonie ; c'est le cas de LIVRE^1 et LIVRE^2 mentionnés plus haut. Mais il n'en va pas toujours ainsi :

(12) a. *Elle mange du pain **bis**.* [= /bi/]

b. *Le public a réclamé un **bis**.* [= /bis/]

On voit donc que l'homonymie n'est pas une relation lexicale véritablement sémantique. C'est bien plutôt une relation de forme très forte, une identité de signifiants, qui est particulière en ce qu'elle s'accompagne justement d'une absence de lien sémantique.

Polysémie

Le terme de *polysémie* ne désigne pas, strictement parlant, une relation de sens entre lexies mais une caractéristique d'un vocable.

> Un vocable est **polysémique** s'il contient plus d'une lexie.

Bien entendu, on peut dériver de la polysémie une notion importante qui est, elle, une relation sémantique véritable. On peut ainsi dire que la lexie VERRE 2 [*Elle boit dans un grand verre.*] est un **copolysème** de la lexie VERRE 1 [*Le verre est un matériau transparent.*] au sein du vocable polysémique VERRE. Mais il n'existe pas, en français, de terme courant pour désigner le fait d'être des copolysèmes. Par contre, comme nous allons le voir immédiatement, il existe des termes pour désigner les liens sémantiques spécifiques entre lexies, liens qui unissent fréquemment les lexies d'un même vocable.

La plupart des vocables courants de la langue sont polysémiques. Dans le cadre de l'étude sémantique, on se doit d'examiner les différents schémas de polysémie, qui sont souvent fondés sur des types de relations sémantiques différents de ceux examinés jusqu'à présent. Pour ne pas trop surcharger ce chapitre (déjà assez consistant), nous ne citerons ici que la relation sémantique de **causativité**.

La lexie L_1 est un **causatif** de la lexie L_2 si 'L_1' ≅ 'causer L_2'.

La causativité est souvent impliquée dans les rapports sémantiques entre lexies d'un même vocable.

(13) a. *La soupe réchauffe* [*depuis dix minutes*].

　　b. *Je réchauffe la soupe.*

Même si certains choisiront peut-être plus fréquemment de dire *faire réchauffer la soupe* que *réchauffer la soupe*, la phrase (13b) reste tout à fait correcte. On peut la comparer avec (14b), qui, elle, n'est pas acceptable.

(14) a. *La soupe frémit dans la casserole.*

　　b. **Je frémis la soupe dans la casserole.*

La causativité peut aussi, bien évidemment, lier des lexies n'appartenant pas au même vocable, avec présence ou non d'un lien morphologique entre les deux lexies en cause.

(15) a. *Le bébé **dort**.*

　　b. *J'**endors** le bébé.*

(16) a. *César **meurt**.*

　　b. *Brutus **tue** César.*

Nous reviendrons beaucoup plus longuement sur la causativité et sur d'autres types courants de liens sémantiques entre lexies d'un même vocable polysémique dans le prochain chapitre (voir « Structure sémantique des vocables », p. 197 et suivantes).

Il est important de noter que la notion de polysémie est absolument centrale en lexicologie et que la littérature à ce sujet est gigantesque. Comme il s'agit d'une notion très débattue et qui relève d'un phénomène qui est loin d'être simple, nous proposons en fin de chapitre une lecture visant à compléter la présente introduction : Kleiber (1999).

Nous avons maintenant complété la présentation des relations sémantiques fondamentales. Rappelons que toute lexie se positionne avant tout
dans le réseau lexical de la langue en fonction de ces relations, comme
l'illustre la figure suivante.

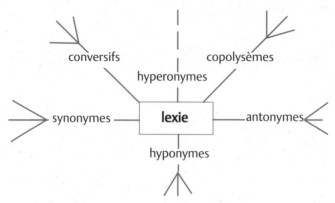

Relations fondamentales qui situent
une lexie dans le réseau lexical de la langue

Il existe un très grand nombre d'autres relations sémantiques lexicales
récurrentes en langue et l'on pourrait consacrer tout un ouvrage à leur étude.
L'examen détaillé des relations lexicales déborde donc largement le cadre du
présent ouvrage. Il est cependant important, arrivé à ce stade de l'exposé, de
montrer que la structure sémantique du lexique, si complexe et irrégulière
soit-elle, peut être étudiée et modélisée de façon relativement systématique.
C'est ce que nous ferons dans la prochaine section.

La modélisation formelle des relations lexicales

Nous étudierons maintenant les fonctions lexicales, un outil proposé dans
le cadre de la théorie linguistique Sens-Texte pour modéliser les relations
entre lexies. On peut distinguer deux aspects de l'étude des fonctions
lexicales : la notion elle-même et sa formalisation. Même si des éléments de
formalisation seront introduits ici, nous chercherons surtout à faire
comprendre la notion de fonction lexicale en tant que telle et à montrer
comment elle rend compte des différents types de liens qui peuvent unir les
éléments du réseau lexical de la langue.

La notion de fonction lexicale

Comme nous l'avons vu dans la section précédente, les relations lexicales telles que la synonymie et l'antonymie lient entre elles des lexies qu'on peut substituer l'une à l'autre dans une phrase puisqu'elles appartiennent à la même partie du discours.

- Synonymie : *Marc possède une* $\begin{bmatrix} voiture. \\ automobile. \end{bmatrix}$

- Antonymie : *Marc est* $\begin{bmatrix} petit. \\ grand. \end{bmatrix}$

On peut cependant concevoir d'autres types de relations lexicales, qui lient des lexies appartenant à des parties du discours différentes. En voici deux exemples.

1. Deux lexies peuvent appartenir à des parties du discours différentes et avoir pourtant un sens identique, comme le démontrent les deux paires verbe-nom ci-dessous :
   - COURIR [*Elle court vite.*] → COURSE [*Sa course est rapide.*] ;
   - DORMIR [*Elle dort profondément.*] → SOMMEIL [*Son sommeil est profond.*].

2. Certaines lexies prédicatives (certains verbes, notamment) sont liées de façon privilégiée à des lexies nominales qui correspondent au nom standard d'un de leurs actants :
   - COURIR [ʿX courtʾ] → COUREUR ʿX qui courtʾ ;
   - JOUER [ʿX joueʾ] → JOUEUR ʿX qui joueʾ ;
   - VOLER [ʿX vole Y à Zʾ] → VOLEUR ʿX qui voleʾ, BUTIN ʿY qui a été voléʾ et VICTIME ʿZ à qui Y a été voléʾ.

Bien entendu, une victime n'est pas nécessairement la victime d'un vol. De plus, la lexie BUTIN veut dire plus que simplement ʿquelque chose qui a été voléʾ. Il n'en demeure pas moins que la façon standard de référer aux actants de VOLER est d'utiliser les lexies mentionnées ci-dessus, comme le montre le court texte suivant :

(17) *Un collier d'une valeur inestimable **a été volé** hier. Le **voleur** s'est enfui avec son **butin** sans que la **victime**, Mme Bianca C., puisse intervenir.*

La famille de relations examinée ici peut aussi unir deux lexies appartenant à la même partie du discours : la relation qui existe entre VOLER et VOLEUR est la même que celle existant entre VOL et VOLEUR ; celle existant entre JOUER et JOUEUR est identique à celle existant entre JEU et JOUEUR, etc.

Il a été proposé, dans le cadre de la théorie linguistique Sens-Texte (voir les lectures complémentaires suggérées à la fin de ce chapitre), de décrire toutes les relations sémantiques lexicales au moyen d'un outil formel conçu sur le modèle des fonctions mathématiques : les fonctions lexicales.

> Une *fonction lexicale* f décrit une relation existant entre une lexie L — appelée *l'argument* de f — et un ensemble de lexies ou de syntagmes figés appelé la *valeur* de l'application de f à la lexie L. La fonction lexicale f est telle que :
>
> 1. l'expression f(L) représente l'application de f à la lexie L ;
> 2. chaque élément de la valeur de f(L) est lié à L (à peu près) de la même façon.
>
> Il existe autant de fonctions lexicales qu'il existe de types de liens lexicaux et chaque fonction lexicale est identifiée par un nom particulier : Syn, Anti, etc.

Cette définition, sans doute assez abstraite, doit être illustrée par des cas précis de modélisation de liens lexicaux. C'est ce que nous allons faire maintenant. Dans l'étude d'exemples concrets de fonctions lexicales, il sera important de se reporter régulièrement à la définition ci-dessus pour bien comprendre la nature théorique de cette notion.

Fonctions lexicales paradigmatiques

Nous montrerons d'abord que chacune des relations lexicales examinées jusqu'à présent dans ce chapitre peut être modélisée au moyen d'une fonction lexicale particulière. Remarquons qu'il s'est agi dans tous les cas de liens lexicaux paradigmatiques (cf. Chapitre 5, p. 106) : une mise en relation de lexies sur la base d'un rapport sémantique (synonymie, antonymie, etc.) les connectant dans le réseau lexical de la langue. Les fonctions lexicales qui modélisent ce type de lien sont appelées, fort logiquement, *fonctions lexicales paradigmatiques*. Nous verrons plus tard que les fonctions lexicales permettent aussi de modéliser les liens syntagmatiques.

Cinq fonctions lexicales paradigmatiques seront introduites ci-dessous : Syn, Anti, S_0, V_0, S_i.

Syn est la fonction lexicale qui associe à une lexie ses synonymes exacts ou approximatifs.

Syn(*voiture*) = *automobile*, fam. *auto*, Québ./fam. *char*[7]

---

7. Rappel : les marques d'usages, comme **Québ.** (français québécois) et **fam.** (langage familier), ont été introduites au Chapitre 5.

$\text{Syn}(individu)$ = fam. *gars*, fam. *type*, fam. *mec*

$\text{Syn}_\subset(avion)$ = *appareil* [volant]

APPAREIL (au sens de 'appareil volant') est un synonyme moins riche (et un hyperonyme) de AVION : son sens est inclus dans celui de AVION, comme l'indique le symbole d'inclusion mis en indice.

$\text{Syn}_\supset(appareil\ [volant])$ = *avion*

À l'opposé, AVION est un synonyme plus riche (et un hyponyme) de APPAREIL : son sens inclut celui de APPAREIL, comme l'indique le symbole d'inclusion inverse.

$\text{Syn}_\cap(jouer)$ = *s'amuser*

S'AMUSER est un synonyme « à intersection » de JOUER : son sens possède une intersection significative avec celui de JOUER, comme l'indique le symbole d'intersection. Ceci est démontré par le fait que, bien que les lexies JOUER et S'AMUSER peuvent être substituées l'une à l'autre dans de nombreux contextes, il est tout à fait possible de jouer sans s'amuser et, à l'inverse, de s'amuser sans jouer. Il y a donc ici intersection et non inclusion de sens.

On remarquera que, par convention, nous écrivons en italique argument et valeur dans les formules décrivant des applications de fonctions lexicales.

Anti est la fonction lexicale qui associe à une lexie ses antonymes.

$\text{Anti}(petit_{Adj})$ = *grand*$_{Adj}$

$\text{Anti}(haut_{Adj})$ = *bas*$_{Adj}$

S_0 est la fonction lexicale qui associe à une lexie verbale, adjectivale ou adverbiale, sa contrepartie nominale.

$\text{S}_0(courir)$ = *course*

$\text{S}_0(dormir)$ = *sommeil*

On voit qu'il s'agit de la modélisation, au moyen d'une fonction lexicale, du cas de figure nº 1 examiné au début de la section précédente (p. 159).

Le symbole « S » renvoie au terme *substantif* (cf. Chapitre 5, p. 101). Il forme la base du nom de plusieurs fonctions lexicales qui ont comme valeurs des noms ou des expressions nominales (voir notamment S_i, ci-dessous).

V_0 est le pendant verbal de S_0 ; il associe donc à une lexie nominale, adjectivale ou adverbiale, sa contrepartie verbale.

$\text{V}_0(course)$ = *courir*

$\text{V}_0(sommeil)$ = *dormir*

S_i lie une lexie prédicative au nom standard de son « i-ème » (premier, deuxième, troisième…) actant.

$S_1(courir)$	= *coureur*
$S_1(jouer)$	= *joueur*
$S_1(voler\ [qqch.])$	= *voleur*
$S_2(voler\ [qqch.])$	= *butin, produit d'un vol*
$S_3(voler\ [qqch.])$	= *victime*

Il s'agit de la modélisation, au moyen de fonctions lexicales, du cas de figure nº 2 examiné au début de la section précédente (p. 159).

Les différents exemples que nous venons de présenter montrent bien qu'une application de fonction lexicale, $f(L)$, donne une valeur qui est un ensemble. Cet ensemble peut contenir un seul élément, comme $S_1(voler\ [qqch.])$, deux éléments, comme $S_2(voler\ [qqch.])$, ou plus. Mais la valeur peut aussi être l'ensemble vide. Comparons, par exemple, les deux applications suivantes de S_0 :

$S_0(marcher)$	= *marche*
$S_0(se\ dépêcher)$	= ?

Malgré l'existence de tels « trous lexicaux », la langue laisse rarement le locuteur totalement démuni. Ainsi, pour exprimer la nominalisation du sens véhiculé par SE DÉPÊCHER, on peut soit utiliser le procédé régulier de nominalisation en « *fait de V* » (*fait de se dépêcher*), soit passer par l'intermédiaire d'un quasi-synonyme de SE DÉPÊCHER qui, lui, possède un S_0 :

$S_0(se\ hâter)$	= *hâte*

Notons, pour conclure sur les fonctions lexicales paradigmatiques, que ces dernières permettent de modéliser un véritable **système** de relations lexicales récurrentes. Ces relations structurent le lexique d'une façon qui évoque la dérivation morphologique (voir Chapitre 4, p. 75 et suivantes) ; par exemple :

$S_0(arracher)$	= *arrachage*
arrach- + -age	→ *arrachage*
$S_1(dormir)$	= *dormeur*
dorm- + -eur	→ *dormeur*

Le système des fonctions lexicales « ratisse plus large » cependant, puisqu'un lien paradigmatique encodé par une fonction lexicale ne s'accompagne pas nécessairement d'un lien morphologique correspondant :

$S_0(se\ tromper)$	= *erreur*
$S_1(accident)$	= *victime*

Pour cette raison, il a été proposé, dans le cadre de la théorie Sens-Texte, d'appeler **dérivation sémantique** le type de lien encodé par les fonctions lexicales paradigmatiques.

Ici s'achève la présentation des fonctions lexicales paradigmatiques. Mais les fonctions lexicales permettent aussi de rendre compte d'une partie de la combinatoire restreinte des lexies — de liens lexicaux syntagmatiques —, en encodant les affinités particulières que peut entretenir une lexie de la langue avec d'autres lexies au sein de ce que l'on appelle des *collocations*. Nous introduirons d'abord, dans la prochaine section, la notion fort importante de phraséologie. Cela nous permettra de décrire le type très particulier de syntagme que représentent les collocations. Nous montrerons ensuite, dans la section suivante, comment les collocations se modélisent au moyen de fonctions lexicales dites *syntagmatiques*.

La phraséologie

Par défaut, les énoncés obéissent au principe suivant, déjà mentionné au Chapitre 3 (p. 57).

> Selon le principe de **compositionnalité sémantique**, le sens d'un énoncé est la résultante de la composition du sens des éléments qui le constituent.

Ce principe rend compte du fait que le sens d'une phrase comme

(18) *Les trois escargots se ruèrent sur Gustave.*

est directement calculable à partir des données suivantes :

- le sens des lexies LE, TROIS, ESCARGOT, SE RUER, GUSTAVE ;
- les sens grammaticaux de pluriel et de passé ;
- les règles grammaticales du français.

Si l'on perçoit le sens de (18) comme un peu étrange, presque contradictoire, c'est justement parce qu'on le construit directement en combinant le sens de chacune des lexies qui le composent. L'étrangeté de la phrase vient du fait que le sens 'escargot' est, pour des raisons qui n'ont rien à voir avec les règles linguistiques, un premier actant bien improbable de 'se ruer'.

Bien que la compositionnalité sémantique soit la norme, les énoncés sont truffés de cas qui contredisent ce principe général. Il s'agit des **locutions** (déjà examinées au Chapitre 3, p. 51 et suivantes) : PASSER À TABAC, CASSER LES

PIEDS, TIRER LES VERS DU NEZ... Il est essentiel de remarquer que les locutions relèvent en fait d'un phénomène plus général que la non-compositionnalité sémantique : il s'agit de la phraséologie.

La *phraséologie* est le phénomène par lequel certains éléments de la phrase sont construits en transgressant les règles de sélection de leurs constituants lexicaux ou morphologiques.

Les locutions sont, formellement, des **syntagmes phraséologisés**[8], puisque la transgression des règles de sélection des lexèmes qui les constituent est, au moins sur le plan sémantique, complète. En ce sens, les locutions ne sont pas construites par le locuteur : ce sont des syntagmes figés, que ce dernier sélectionne comme des touts lexicaux.

Cependant, comme le laisse prévoir la définition ci-dessus, la phraséologie a d'autres manifestations. Tout d'abord, elle peut se manifester sur le plan **morphologique** : c'est-à-dire qu'un mot-forme peut être phraséologisé. Souvenons-nous du cas des dérivés morphologiques du français, examinés au Chapitre 4, p. 75 et suivantes. Ces derniers sont en fait souvent partiellement phraséologisés, dans la mesure où la sélection de l'affixe, qui s'adjoint au radical pour produire une dérivation, se fait la plupart du temps « à la pièce », de façon relativement arbitraire — voir, par exemple, l'analyse qui a été menée sur le suffixe -*age* (exercice 4.5, p. 87, et son corrigé, p. 270).

Ce que nous montre le cas particulier de ces dérivés morphologiques, outre le fait que la phraséologie peut se manifester au niveau du mot-forme (et pas seulement au niveau du syntagme), c'est que la phraséologisation peut être partielle : dans le segment *AB*, *A* peut être sélectionné de façon libre et *B* de façon arbitraire (en fonction *A*). Dans un tel cas, *AB* sera dit *semi-phraséologisé*.

Par exemple, pour dériver un nom d'un verbe d'action ou d'activité, la langue française a recours à plusieurs suffixes dont la sélection apparaît comme arbitraire, surtout dans une perspective strictement synchronique :

---

8. On utilise aussi très fréquemment le terme *expression idiomatique*. Attention : nous avons bien dit que les locutions étaient des syntagmes phraséologisés, mais pas que ces deux notions étaient équivalentes. Nous examinerons au Chapitre 9 (p. 219 et suivantes) le cas des lexies pragmatiquement définies, qui sont des syntagmes phraséologisés, sans pour autant être des locutions.

(19) *comptage, élimination, pendaison*, etc.

et non

*comptation, *éliminaison, *pendage, etc.

Même s'il n'est pas très courant en linguistique de présenter de telles structures morphologiques comme relevant de la phraséologie, il nous semble important de passer par cette étape pour mettre en évidence le phénomène de **semi**-phraséologisation. Cela nous donne tous les outils pour présenter maintenant de façon très directe la notion de collocation.

Une **collocation** est un syntagme *AB* (ou *BA*), formé des lexies L_A et L_B, qui est tel que, pour le construire, le locuteur sélectionne L_A librement d'après son sens 'L_A', alors qu'il sélectionne L_B pour exprimer auprès de L_A un sens très général 's' en fonction de la combinatoire restreinte de L_A.
  Les collocations sont donc des **syntagmes semi-phraséologisés**.

Voici quelques exemples en français, choisis parmi des centaines de milliers d'autres que nous offre cette langue :

(20) a. *caresser*$_{[= B]}$ *un projet*$_{[= A]}$
     Le locuteur veut exprimer 'projet [de X de faire Y]' par une structure verbale. Il combine PROJET avec CARESSER, mais aurait pu aussi bien choisir AVOIR [*le projet de faire Y*], ou même employer seul le verbe PROJETER [*de faire Y*], qui est un V_0 de PROJET.

   b. *dormir*$_{[= A]}$ *profondément*$_{[= B]}$
     Le locuteur veut exprimer le caractère intense de l'état de sommeil au moyen d'un modificateur de DORMIR. Il aurait aussi pu dire *dormir **à poings fermés, comme une souche***, etc.

   c. *pleuvoir*$_{[= A]}$ *des cordes*$_{[= B]}$
     Là encore, il s'agit d'exprimer le caractère intense du phénomène en question. On pourrait aussi bien dire *pleuvoir **à torrent, à verse, violemment***, etc.

On appelle ***base de la collocation*** l'élément qui, sélectionné librement en fonction de son sens par le locuteur, contrôle le syntagme en question. Dans les exemples ci-dessus, les bases des collocations sont les éléments étiquetés *A*. Les éléments étiquetés *B* sont appelés **collocatifs**.

On dit que la base contrôle la collocation car, du point de vue du locuteur, c'est le collocatif qui est choisi en fonction de la base, non l'inverse. Si l'on nous pose la questions suivante :

(21) — *Quel est exactement son projet ?*

nous pouvons très naturellement répondre au moyen d'une des deux phrases suivantes :

(22) a.　— *Il **a** pour projet d'obtenir un poste au ministère.*

　　 b.　— *Il **caresse** le projet d'obtenir un poste au ministère.*

Cependant, si nous voulons répondre à la question suivante :

(23) *Quelle est exactement son intention ?*

il est possible de répondre (24a), sur le modèle de (22a), alors que (24b), construit sur le modèle de (22b), semble plutôt étrange :

(24) a.　— *Il **a** pour intention d'obtenir un poste au ministère.*

　　 b.　 * — *Il **caresse** l'intention d'obtenir un poste au ministère.*

On pourra bien sûr essayer de rationaliser ce qui se passe ici et tenter d'expliquer pourquoi, « dans la vie de tous les jours », on peut caresser un projet, une ambition, un désir…, mais pas une intention, une aspiration, un plan… C'est un exercice assez futile et qui ne résiste pas bien longtemps à la réalité des faits linguistiques. Il est beaucoup plus utile

1. d'identifier que l'on est en présence, avec *caresser un projet*, d'une collocation type dont la base est la lexie PROJET ;

2. de noter que l'emploi de la lexie CARESSER dans le sens très vague de ʿavoir à l'esprit [quelque chose]ʾ est phraséologisé.

Nous devons maintenant faire deux remarques importantes quant au rapport existant entre locutions et collocations.

Premièrement, les collocations, contrairement aux locutions, sont sémantiquement compositionnelles : leur élément collocatif possède un sens (même s'il est souvent très vague ou presque vide) qui se combine au sens de la base pour participer au sens global de la collocation. La parenté que l'on perçoit immédiatement entre les deux familles de syntagmes vient de la phraséologie : entière dans le cas des locutions (du fait de la non-compositionnalité sémantique) et partielle dans le cas des collocations. À cause de cette nature phraséologique commune, collocations et locutions sont trop souvent confondues, ce qui a des conséquences néfastes, notamment en enseignement de la langue.

Deuxièmement, en tant que syntagmes **construits** par le locuteur, les collocations ne sont pas des lexies, contrairement aux locutions. Cependant, il s'agit tout de même de syntagmes « préfabriqués » par la langue (ils sont spécifiés dans la combinatoire restreinte de la base). En ce sens, on peut les considérer comme un cas particulier d'entités lexicales (cf. Chapitre 3, p. 60).

Pour terminer, mentionnons que les collocations, en tant que phénomènes linguistiques, possèdent les trois caractéristiques suivantes :

1. elles sont universellement présentes dans toutes les langues ;
2. elles sont omniprésentes dans les textes, qu'ils soient oraux ou écrits ;
3. elles semblent plus ou moins arbitraires, **ne peuvent pas se traduire mot à mot d'une langue à l'autre** et sont donc très difficiles à acquérir.

Toutes ces caractéristiques nous indiquent qu'il serait utile de disposer d'un mécanisme qui permette non seulement de décrire les collocations de façon rigoureuse, mais aussi de faire des prédictions à leur propos : *Cette expression doit être une collocation et je dois être vigilant en la traduisant, Ce sens doit sûrement s'exprimer par une collocation*, etc. C'est ici que les fonctions lexicales interviennent.

Fonctions lexicales syntagmatiques

D'abord s'impose une remarque très importante concernant les collocations, vues dans une perspective sémantique.

Certains sens très généraux, universellement exprimés dans toutes les langues, tendent à s'exprimer de façon collocationnelle.

Les collocations que l'expression de ces sens engendre seront décrites au moyen de ***fonctions lexicales syntagmatiques***. Pour ne pas saturer ce chapitre de trop nombreuses notions nouvelles, nous ne présenterons que quelques fonctions lexicales de ce type.

Une collocation se caractérise en fonction de deux axes : le sens exprimé par le collocatif, bien entendu, mais aussi le rôle syntaxique que joue le collocatif auprès de la base. Pour bien illustrer la richesse tant sémantique que syntaxique des phénomènes collocationnels, nous examinerons des fonctions lexicales syntagmatiques qui rendent compte des deux types de collocations suivants :

1. collocatif modificateur de la base ;
2. collocatif de type verbe support, gouverneur syntaxique de la base.

Collocatif modificateur de la base. Nous entendons par *modificateur* un élément du syntagme collocationnel qui fonctionne auprès de la base comme un adjectif épithète, si la base est nominale, ou comme un adverbe, si la base est verbale ou adjectivale. Il s'agit donc de structures syntaxiques du type suivant :

(25) a. *course* —modif→ *effrénée*

     b. *courir* —modif→ *à fond de train*

     c. *gros* ←modif— *bobo*

     d. *sale* ←modif— *regard*

     e. *regarder* —modif→ *de travers*

     f. *méchant* —modif→ *comme une teigne*

Nous verrons deux fonctions lexicales qui décrivent des collocations de ce type : `Magn` et `Bon`.

La fonction lexicale `Magn` (nom tiré du latin *magnus* 'grand') associe à une lexie l'ensemble des lexies ou expressions linguistiques qui expriment auprès d'elle (en tant que modificateurs) l'intensification, c'est-à-dire le sens général 'intense', 'très', 'beaucoup', etc.

L'intensification est un sens très vague, qui peut se combiner avec à peu près n'importe quel autre sens et qui tend universellement à s'exprimer de façon collocationnelle. Voici quelques exemples empruntés au français.

     `Magn`(*chagrin*)   = *grand, gros < énorme, immense*

     `Magn`(*amour*)   = *grand < immense*

     `Magn`(*courir*)   = *vite < à fond de train, à perdre haleine*

Dans les exemples ci-dessus, le symbole « inférieur à » indique une gradation des différents éléments de la valeur. Ainsi, un énorme chagrin est plus « intense » qu'un gros chagrin.

La fonction lexicale `Bon` (nom tiré du latin *bonus* 'bon') associe à une lexie l'ensemble des lexies ou expressions linguistiques qui expriment auprès d'elle le sens général 'bon', 'bien'... — c'est-à-dire qui marquent l'évaluation positive ou l'approbation du locuteur.

     `Bon`(*colère*)   = *saine, sainte*

     `Bon`(*compliment*)   = *bien tourné*

Toutes les fonctions lexicales présentées jusqu'à présent sont dites *simples*, parce qu'elles ne sont pas décomposables en d'autres fonctions lexicales. Ces fonctions peuvent se combiner pour former des fonctions lexicales dites *complexes*, comme `AntiMagn` (combinaison de `Anti` et `Magn`, c'est-à-dire le contraire d'un intensificateur) ou `AntiBon`.

AntiMagn(*chagrin*)   = *petit*

AntiBon(*compliment*)   = *fade, gauche, maladroit, mal tourné*

Le tableau qui suit offre d'autres exemples de valeurs obtenues en français pour Magn, Bon, AntiMagn et AntiBon. Ces exemples mettent en relief la grande richesse des données que ces fonctions lexicales syntagmatiques permettent de modéliser. La numérotation des lexies est tirée du *Nouveau Petit Robert* [2007].

Quelques illustrations de valeurs de Magn, Bon, AntiMagn et AntiBon

Lexie	F. lexic.	Valeur
ABOIEMENT1	Magn	*furieux, féroces*
[*Entends-tu ces aboiements ?*]	AntiMagn	*faibles*
	AntiBon	*intempestifs*
DÉFAITE 1	Magn	*grave, lourde, sévère, sérieuse <*
[*Il a reconnu sa défaite.*]		*écrasante, terrible < complète,*
		totale; cuisante; sanglante
	AntiBon	*honteuse, humiliante*
FRISSON	Magn	*grand*
[*Un frisson lui parcourut le dos.*]	AntiMagn	*petit, léger*
	Bon	*agréable, délicieux*
FUNÉRAILLES	Magn	*imposantes < grandioses*
[*On lui fit des funérailles nationales.*]	AntiMagn	*discrètes, intimes*
GALOP1	Magn	*grand, double, triple, rapide*
[*J'écoutais le galop des chevaux.*]	AntiMagn	*petit*
GOÛT I.2	Magn	*clair, fort, marqué*
[*La réunion avait un goût de fête.*]	AntiMagn	*petit, vague*
	Bon	*bon*
	AntiBon	*sale, mauvais*
REGARDER I.1	Magn	*intensément; fixement; droit*
[*Il nous regardait sans bouger.*]		*dans les yeux*
	AntiMagn	*discrètement, du coin de l'œil*
	AntiBon	*sournoisement*

Toutes les options données pour une même valeur de fonction lexicale ne sont pas strictement équivalentes. *Regarder intensément* ne veut pas dire exactement la même chose que *regarder fixement* ou *regarder droit dans les yeux*. C'est pourquoi nous utilisons parfois des points-virgules, de manière à indiquer des écarts sémantiques non négligeables. Ce qui importe, c'est que toutes les options présentées restent interprétables comme des cas particuliers d'expression de la fonction lexicale correspondante.

L'étiquetage d'un lien base-collocatif au moyen d'un nom de fonction lexicale ne procure pas une description sémantique fine, parfaite, absolue (que de Magn de DESCRIPTION !) du lien en question. Il rend cependant possible une généralisation très intéressante, qui permet notamment de classer les collocations, de les anticiper lorsqu'on fait la description d'une lexie donnée (quels sont ses Magn, AntiMagn... ?), de prévoir des problèmes d'apprentissage, etc.

Collocatif de type verbe support. Un **verbe support** est un collocatif verbal sémantiquement vide dans le contexte de la collocation, dont la fonction linguistique est de « verbaliser » une base nominale, c'est-à-dire de la faire fonctionner dans la phrase comme si elle était elle-même un verbe.

(26) a. *éprouver* —compl. d'objet→ *du regret* ≡ *regretter*

     b. *donner* —compl. d'objet→ *un coup* ≡ *frapper*

     c. *caresser* —compl. d'objet→ *un projet* ≡ *projeter*

On considère que le verbe support est sémantiquement vide dans le contexte de la collocation car il n'est pas utilisé par le locuteur pour exprimer un sens donné, qui ne serait pas déjà contenu dans la base. Ainsi, tous les sens **lexicaux** contenus dans la phrase (27a) ci-dessous sont aussi contenus dans l'expression (27b), où n'apparaît pas le verbe support ÉPROUVER :

(27) a. *Jean éprouve du regret.*

     b. *le regret de Jean*

Les seules différences sémantiques perceptibles entre (27a) et (27b) tiennent à la structure communicative (voir Chapitre 6, p. 122) et au temps grammatical, non exprimé dans le second cas. Les mêmes observations pourraient s'appliquer aux paires *donner un coup ~ frapper* et *caresser un projet ~ projeter*, cf. (26b-c).

On mentionne le plus souvent les constructions à verbe support où la base est un complément du verbe collocatif (comme dans les exemples ci-dessus). Un verbe support peut cependant servir à faire fonctionner la base de la collocation comme sujet, par exemple :

(28) a. *Un danger*←sujet—*menace Jean.*

b. *Des applaudissements*←sujet—*se font entendre.*

Cette opposition — base complément *vs* base sujet du verbe support — nous permet d'introduire ici deux nouvelles fonctions lexicales syntagmatiques : $Oper_i$ et $Func_i$.

La fonction lexicale $Oper_i$ (du latin *operari* 'travailler, faire') associe à une lexie prédicative nominale L l'ensemble des verbes supports qui prennent l'expression du « i-ème » (premier, deuxième, troisième…) actant de L comme sujet et prennent L comme complément d'objet direct ou indirect.

Cette caractérisation de $Oper_i$ montre que, pour bien comprendre le fonctionnement de cette fonction lexicale, il est nécessaire d'avoir une vision claire des structures sémantiques **et** syntaxiques qu'elle conditionne. Le formalisme graphique des réseaux sémantiques, introduit au chapitre précédent, ainsi que celui des arbres de dépendance, introduit au Chapitre 3 (p. 52), vont nous permettre de visualiser cette correspondance entre configurations sémantique et syntaxique.

Correspondance sémantique-syntaxe définissant la fonction lexicale $Oper_i$

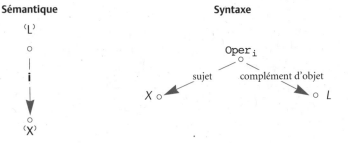

Examinons immédiatement un exemple. Soit la phrase suivante, où une collocation apparaît en gras :

(29) *Nicolas **donne un coup** à Alceste.*

Si nous menons une brève analyse sémantique des éléments de cette collocation, nous pouvons faire les trois constatations suivantes :

1. la lexie COUP est, sémantiquement, un prédicat à deux actants : 'coup de X sur Y' ;

2. en (29), *Nicolas* est l'expression du premier actant sémantique de COUP et *Alceste* l'expression de son second actant ;

3. dans cette phrase, *donne* est utilisé comme verbe support (sémantiquement vide) ; il prend *Nicolas* (premier actant de *coup*) comme sujet et *coup* comme complément d'objet direct.

Tout cela correspond exactement au rapport de configurations sémantique-syntaxe qui définit la fonction lexicale Oper$_i$ et qui est représenté graphiquement dans la figure précédente. Comme le sujet du verbe support est le **premier** actant de la base de la collocation, nous sommes plus exactement en présence d'un Oper$_1$.

Oper$_1$(*coup*)   = *administrer, asséner, donner,* fam. *flanquer, porter*

La notion de Oper$_i$, telle qu'elle a été définie, nous permet d'émettre l'hypothèse que la lexie COUP pourrait aussi posséder des Oper$_2$, c'est-à-dire être la base de collocations du même type, mais où le sujet du verbe support serait l'expression du second actant de la lexie. Et tel est bien le cas :

Oper$_2$(*coup*)   = fam. *encaisser,* fam. *manger, prendre, recevoir*

Passons maintenant à la seconde fonction lexicale syntagmatique de verbe support que nous avons choisi d'introduire ici.

La fonction lexicale Func$_i$ (du verbe latin imaginaire *functionare* 'fonctionner') associe à une lexie prédicative nominale L l'ensemble des verbes supports qui prennent L comme sujet grammatical et prennent l'expression du « i-ème » (premier, deuxième, troisième…) actant de L comme complément d'objet direct ou indirect. Lorsque les verbes en cause n'ont pas de complément, la fonction lexicale est appelée Func$_0$.

Correspondance sémantique-syntaxe définissant la fonction lexicale Func$_i$

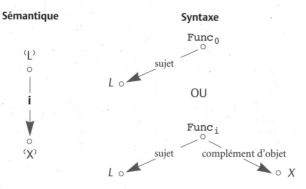

Voici maintenant quelques exemples de Func_i. Nous laissons au lecteur le soin de les analyser sémantiquement et syntaxiquement pour s'assurer qu'ils correspondent bien à la situation décrite dans la figure ci-dessus.

$\text{Func}_0(\textit{applaudissements})$ = *crépiter, résonner, retentir*

$\text{Func}_1(\textit{exclamation})$ = *échapper* [à *quelqu'un*]

$\text{Func}_2(\textit{accusation})$ = *peser* [*sur quelqu'un*]

Ici s'achève notre présentation des fonctions lexicales syntagmatiques. Comme on le voit, bien que les locuteurs utilisent les collocations de façon automatique, leur modélisation et leur compréhension requièrent une très bonne maîtrise d'un ensemble important de notions linguistiques de base. Pour comprendre le fonctionnement d'une collocation, il faut être capable de mener une analyse en profondeur des structures sémantique et syntaxique qu'elle met en jeu.

En guise de transition...

Le système des fonctions lexicales de la langue est très riche : plus d'une cinquantaine de fonctions lexicales simples, qui peuvent souvent se combiner. Il serait justifié de consacrer tout un cours de sémantique à cette notion (à ses fondements, à son utilisation potentielle en lexicologie, en enseignement des langues, etc.). Nous devons cependant nous arrêter ici. On trouvera en fin de chapitre plusieurs suggestions de lectures qui donneront une meilleure idée de la vaste gamme de phénomènes que modélisent les fonctions lexicales. On trouvera aussi dans les exercices plusieurs questions qui permettront d'aller au-delà des quelques cas de figure qui viennent d'être examinés.

De façon plus générale, nous en avons maintenant terminé avec l'examen de la modélisation des relations lexicales. On voit bien que modéliser les relations entre lexies, même au moyen d'un outil aussi puissant que les fonctions lexicales, ne suffit pas à véritablement **décrire** le sens des lexies en question. Ce serait même plutôt l'inverse.

Une véritable analyse des sens lexicaux est requise si l'on veut pouvoir identifier clairement les relations sémantiques entre lexies.

Reprenons notre exemple du sens 'lit' mentionné au début de ce chapitre (p. 146 et suivante). Sa représentation strictement ensembliste, sous forme de diagramme de Venn, ressemblerait à quelque chose comme (30a).

(30) a.

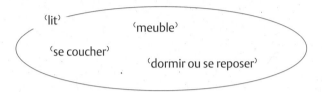

Cependant, cette visualisation du sens met seulement en évidence la relation d'inclusion. Il y manque la modélisation de l'organisation interne du sens, quelque chose qui ressemblerait à :

b.

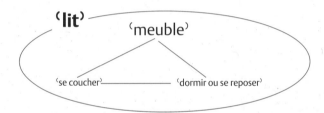

Ce que (30b) cherche à modéliser (par l'usage du gras et des caractères de tailles différentes), c'est en réalité la structure de la **définition** de la lexie LIT. La définition du sens d'une lexie ne se réduit pas à la liste de tous les sens plus simples qui le constituent ; c'est une « formule » qui rend explicite l'organisation interne de ce sens.

Seules des modélisations structurées des sens lexicaux, sous forme de définitions véritables, permettent d'expliciter les liens lexicaux du type de ceux étudiés dans le présent chapitre. Ainsi, pour pouvoir démontrer pourquoi une relation $Syn_\cap$ existe entre LIT et HAMAC, mais pas entre LIT et TABLE D'OPÉRATION (bien qu'une intersection de sens importante soit aussi présente dans ce second cas), il faut disposer d'une représentation structurée des sens.

En fait, pour être bien utilisé, tout le système des fonctions lexicales présuppose notre capacité à mener à bien une analyse sémantique des lexies. La fonction lexicale Magn, par exemple, correspond nécessairement, dans un cas donné de Magn(L), à l'intensification d'une composante sémantique particulière du sens de la lexie L, composante qu'il faut être capable d'identifier. Voici, à titre d'illustration, deux séries d'exemples de Magn(*épidémie*), puisés dans Internet, dont chacune met en jeu une composante particulière du sens de cette lexie.

(31) a. *En 1894, une **effroyable** épidémie de peste fait rage à Hong Kong.*
*Les Plateaux étaient une zone saine, sans paludisme, jusqu'en 1878 lorsqu'éclata une épidémie **meurtrière**.*
→ Magn s'applique à la composante de sens 'maladie'.

b. *C'est la plus **vaste** épidémie de peste qui ait ravagé le monde.*
*Depuis quelques années, l'ex-U.R.S.S. est endeuillée par une très **grosse** épidémie de diphtérie.*
→ Magn s'applique à 'ensemble de personnes'.

Les remarques qui viennent d'être faites démontrent qu'il est grand temps d'aborder le problème central de la sémantique lexicale : l'analyse du sens. C'est ce que nous ferons au chapitre suivant.

Lectures complémentaires

Palmer, Frank R. (1981). « Lexical Semantics: Sense Relations », dans *Semantics*, Cambridge *et al.*, Cambridge University Press, p. 83-108.

Nous suggérons de lire ce texte pour deux raisons. D'une part, il est très bien écrit et présente clairement les notions centrales examinées dans le présent chapitre. D'autre part, il est écrit en anglais et propose des exemples dans cette langue. Il est en effet toujours bon de se pencher sur des exemples empruntés à une autre langue pour bien comprendre les problèmes de sémantique. On se distancie plus facilement d'une langue étrangère ; il est plus facile de la considérer uniquement comme un objet d'étude. On trouvera aussi dans ce texte une ébauche de formalisation de la représentation du sens au moyen du langage de la logique formelle. Sans qu'il soit nécessaire d'assimiler complètement cette méthode de description du sens, il est utile d'en comprendre le fonctionnement, pour le contraster notamment avec le formalisme des réseaux sémantiques, introduit au chapitre précédent (voir « Représentation formelle du sens des énoncés », p. 136 et suivantes).

Kleiber, Georges (1999). *Problèmes de sémantique. La polysémie en questions*, collection « Sens et structure », Villeneuve d'Ascq, Presses universitaires du Septentrion.

Texte de référence, qui fait le tour des principales approches linguistiques du phénomène de la polysémie. Cet ouvrage est une véritable mine d'informations sur la question. On pourra compléter cette lecture par Cruse (1995), donné en lecture supplémentaire à la fin du Chapitre 8 (p. 203).

Mel'čuk, Igor (1997b). *Vers une linguistique Sens-Texte*, leçon inaugurale, Paris, Collège de France, p. 41-57.

Mel'čuk, Igor (2003). « Collocations dans le dictionnaire », dans Thomas Szende (dir.), *Les écarts culturels dans les dictionnaires bilingues*, Paris, Champion, p. 19-64.

Ces deux textes proposent une présentation relativement complète de la notion de fonction lexicale.

Mel'čuk, Igor et Alain Polguère (2007). *Lexique actif du français. L'apprentissage du vocabulaire fondé sur 20 000 dérivations sémantiques et collocations du français*, collection « Champs linguistiques », Bruxelles, De Boeck et Larcier.

Ouvrage à caractère pédagogique déjà mentionné au Chapitre 3 (p. 54). Il contient à la fois une introduction aux notions de dérivations sémantiques et collocations et un échantillon de dictionnaire, où chaque lexie est décrite en fonction des liens paradigmatiques et syntagmatiques qu'elle contrôle.

Galisson, Robert (1971). *Inventaire thématique et syntagmatique du français fondamental*, collection « Le français dans le monde — B.E.L.C », Paris, Hachette et Larousse.

Ce petit volume reprend les données du français fondamental (Chapitre 5, p. 108) en les structurant fort habilement, de façon à mettre en relief les liens syntagmatiques (collocationnels) unissant les lexies de ce vocabulaire de base. On y trouve aussi modélisés en partie les liens paradigmatiques, puisque les lexies sont regroupées par « thèmes », qui correspondent à peu près à ce que nous appellerons *champs sémantiques* dans le prochain chapitre (p. 189).

Exercices

Exercice 7.1

Quelle relation ensembliste existe-t-il entre le sens de la lexie LIVRE [*J'ai lu un livre passionnant.*] et celui de la lexie POÈTE [*Les poètes n'aiment pas toujours parler de leurs textes.*] ? En quoi la caractérisation des liens sémantiques sur la base de relations ensemblistes est-elle peu satisfaisante ?

Exercice 7.2

Donner tous les hyperonymes (direct et indirects) de ARBRE [*On a planté un arbre.*]. Donner cinq de ses hyponymes.

Exercice 7.3

Décrire la relation sémantique existant entre S'ALIMENTER [*José s'alimente peu.*] et MANGER [*José mange peu.*].

Exercice 7.4

Démontrer que EN ROUTE [*Le train est en route vers son terminus.*] est un antonyme de À L'ARRÊT [*Le train est à l'arrêt.*]. Pourquoi doit-on considérer que ces deux lexies sont des antonymes approximatifs ? (Penser au nombre d'actants des prédicats correspondants.)

Exercice 7.5

En se référant aux exemples (5a-b), p. 152, expliquer pourquoi PRÈS et LOIN sont des antonymes exacts alors que AIMER et DÉTESTER sont des antonymes approximatifs.

Exercice 7.6

La lexie FEU [*Ces hommes préhistoriques avaient déjà domestiqué le feu.*] est-elle un antonyme de la lexie EAU [*L'eau est nécessaire à la vie.*] ? Justifier la réponse donnée.

Exercice 7.7

Lire attentivement la citation suivante. Comment pourrait-on caractériser la relation sémantique existant entre ŒIL [*J'ai une poussière dans l'œil.*] et

REGARD [*Il lui a jeté un drôle de regard.*] ? Comment cette relation est-elle exploitée ici par A. Nothomb ?

> Les yeux des êtres vivants possèdent la plus étonnante des propriétés : le regard. Il n'y a pas plus singulier. On ne dit pas des oreilles des créatures qu'elles ont un « écoutard », ni de leurs narines qu'elles ont un « sentard » ou un « reniflard ».
>
> Amélie Nothomb, *Métaphysique des tubes.*

Exercice 7.8

Le syntagme en gras dans la phrase ci-dessous est-il phraséologisé, semi-phraséologisé ou libre ? Justifier la réponse donnée.

(32) *Jean* **court un danger**.

Exercice 7.9

Même question qu'à l'exercice 7.8, mais pour cette autre phrase :

(33) *Devant la difficulté de la tâche, tout le monde* **baisse les bras**.

Exercice 7.10

Décrire les collocations ci-dessous au moyen de fonctions lexicales. Justifier la réponse donnée.

- *C'est un de mes* **cousins éloignés**.
- *Un* **grave différend** *les oppose*.
- *Un* **léger différend** *les oppose*.
- *Il* **dort sur ses deux oreilles**.
- *Il* **dort à demi**.
- *Il* **dort comme un bébé**.

Exercice 7.11

Compléter les formules suivantes en donnant de façon aussi exhaustive que possible les valeurs de chacune des applications de fonctions lexicales. Nous donnons, dans chacun des cas, un exemple permettant d'identifier l'acception qui doit être considérée.

Syn(*manger* [*Elle mange un steak saignant.*])   = ...

Anti(*permettre* [*Je lui permets d'utiliser mon vélo.*])   = ...

S_0(*tomber* [*Il est tombé sur le sol.*])   = ...

$S_2($ acheter [*Il a acheté une nouvelle chemise.*] $)$ = ...

$Magn($ *pleurer* [*On a tous pleuré quand il est parti.*] $)$ = ...

$AntiMagn($ *appétit* [*Cette balade m'a ouvert l'appétit.*] $)$ = ...

$Bon($ *temps* [*Quel temps fait-il ?*] $)$ = ...

$AntiBon($ *temps* $)$ = ...

Exercice 7.12

Trouver les collocations présentes dans le texte ci-dessous et les décrire au moyen de fonctions lexicales.

Une chaleur étouffante régnait dans cette pièce qu'il connaissait comme le fond de sa poche. Il fit un large sourire et dit de sa petite voix nasillarde : « Je sais que tu es là ! »

Exercice 7.13

L'expression *satisfaire une envie* est une collocation. Pourquoi n'est-ce pas une illustration d'un cas de $Oper_1$?

Exercice 7.14

Relire la citation qui sert d'exergue à ce chapitre (p. 145).

- Paraphraser en termes très simples et très généraux *éclate* dans *La guerre éclate*.
- Pourrait-on décrire cette collocation au moyen des fonctions lexicales introduites dans le présent chapitre ?
- Le jeu de mot lugubre *Les bombes hachent* n'est pas, bien entendu, une collocation du français. Essayer d'expliquer pourquoi.
- Quelles sont, en revanche, les collocations disponibles en français pour exprimer ce que « font » les bombes ?

8

L'ANALYSE DU SENS

*— Mais qu'est-ce que signifie « éphémère » ? répéta le petit
prince qui, de sa vie, n'avait renoncé à une question,
une fois qu'il l'avait posée.
— Ça signifie « qui est menacé de disparition prochaine ».
— Ma fleur est menacée de disparition prochaine ?
— Bien sûr.
« Ma fleur est éphémère, se dit le petit prince, et elle n'a que
quatre épines pour se défendre contre le monde ! Et je l'ai
laissée toute seule chez moi ! »*

ANTOINE DE SAINT-EXUPÉRY, *Le Petit Prince.*

Cette citation de Saint-Exupéry illustre parfaitement les deux faits suivants, qui seront le point de départ du présent chapitre :

- pour rendre apparent le sens d'une lexie (comme ÉPHÉMÈRE), il faut l'analyser ;
- une analyse typique consiste à décomposer l'élément analysé en éléments « plus simples » qui le constituent.

Le but de ce chapitre est de donner une bonne vue d'ensemble de la méthode à utiliser pour analyser les sens lexicaux et des problèmes spécifiques que pose ce type d'analyse.

Nous procéderons en trois étapes :

1. étude de l'outil privilégié d'analyse sémantique des lexies : la définition lexicale ;
2. examen d'une méthode concurrente d'analyse du sens : l'analyse sémique ;
3. étude des relations sémantiques entre copolysèmes (lexies d'un même vocable), relations que les définitions lexicales doivent mettre en évidence.

Notions introduites *Définition lexicale, genre prochain (= sens générique) et différences spécifiques, définition analytique (= définition par genre prochain et différences spécifiques), (test de) substitution en contexte, cercle vicieux (dans une définition), champ sémantique, ambiguïté lexicale et syntaxique, zeugme, vague, analyse sémique, trait distinctif, sème, sémème, lexie de base (d'un vocable), sens propre et sens figuré, métonymie, synecdoque, causativité, métaphore, figure de style (= de rhétorique), figure libre vs lexicalisée.*

La définition lexicale : outil d'analyse du sens

Définition par genre prochain et différences spécifiques

Il existe plusieurs méthodes d'analyse des sens lexicaux. La méthode d'analyse sémantique la plus communément employée s'appuie sur l'écriture de *définitions lexicales* présentant les trois caractéristiques suivantes :

1. elles proposent une paraphrase du sens de la lexie définie ;
2. elles sont formulées à l'aide de lexies sémantiquement plus simples que la lexie définie ;
3. elles se subdivisent en deux parties :
   - une composante centrale appelée *genre prochain* ou *sens générique*, qui est en quelque sorte une paraphrase approximative minimale du sens de la lexie définie ;
   - un ensemble de composantes sémantiques périphériques appelées *différences spécifiques*, qui caractérisent le sens de la lexie définie par rapport 1) à son genre prochain et 2) au sens de toutes les autres lexies de la langue ayant le même genre prochain.

La dernière caractéristique mentionnée donne son nom au type de définition que nous étudierons : la *définition par genre prochain et différences spécifiques*.

La définition (1a) ci-dessous est une définition par genre prochain et différences spécifiques, telle qu'on pourrait la trouver dans un dictionnaire de langue usuel. Par contraste, (1b) est, plutôt qu'une définition, une simple énumération de synonymes approximatifs.

(1) a. LABEUR : *travail*[genre prochain] *long et pénible*[différences spécifiques]

   b. LABEUR : *travail, corvée, besogne*

La plupart des dictionnaires de langue proposent des définitions par genre prochain et différences spécifiques, mais ne le font pas toujours de façon systématique, comme nous le verrons au Chapitre 10.

Le terme *définition par genre prochain et différences spécifiques* est très ancien ; en fait, les notions de *genre* et de *différences spécifiques* ont été proposées par Aristote (384-322 avant J.-C.) pour fonder sa théorie de la définition, exposée dans *Les Topiques* (pour la référence exacte, voir la liste de lectures en fin de chapitre). Notons que le terme *différence spécifique* apparaît souvent, au singulier, dans la littérature linguistique. Il nous semble cependant que l'emploi du pluriel est préférable, dans la mesure où il rend compte du fait que l'on se trouve normalement ici devant un ensemble de composantes sémantiques caractérisant la lexie définie. De toute façon, ce détail terminologique n'aura pas d'incidence sur ce qui suit, puisque, pour alléger l'exposé, nous appellerons dorénavant les définitions en question **définitions analytiques**.

Avant de passer à la méthodologie d'élaboration des définitions analytiques, il convient de noter qu'il existe au moins deux familles de lexies qui sont relativement difficiles à définir de cette façon.

Premièrement, les lexies qui véhiculent un sens grammatical, comme les articles ou les verbes auxiliaires, ne sont pas paraphrasables par des formules qui pourraient leur être substituées pleinement dans la phrase — voir la discussion de cette question au Chapitre 6, p. 130. Il n'est donc pas dans la pratique courante de les définir dans les dictionnaires au moyen de définitions analytiques.

Deuxièmement, les interjections (OH !, ZUT !…) sont des lexies particulières dont le paraphrasage au moyen de définitions analytiques pose aussi des problèmes techniques. On pourra se reporter au petit texte cité dans l'exercice 6.2 du Chapitre 6, p. 141, où justement la difficulté de paraphraser le juron québécois VERRAT ! peut expliquer la relative maladresse avec laquelle un petit enfant s'essaie à le décrire.

Apprendre à définir

Aristote, qui a établi de façon explicite les fondements théoriques de la notion de définition par genre prochain et différences spécifiques, a très clairement indiqué toute la difficulté inhérente à l'activité de définir :

> Qu'il soit plus difficile d'établir une définition que de la ruiner, on le verra clairement d'après ce que nous allons dire.
>
> Aristote, *Les Topiques*, Livre VII, Chapitre 5.

Il faut bien comprendre que c'est toute l'activité scientifique qui se fonde sur la construction et l'utilisation de définitions. Aussi bien dans l'élaboration de notions scientifiques que dans leur application proprement dite, la réfutation est toujours un exercice plus facile que la « construction ». Cela vaut aussi, bien entendu, pour la définition lexicale. Un corollaire de la précédente citation d'Aristote est qu'il est plus aisé d'élaborer une méthode permettant de falsifier une définition que d'en élaborer une permettant de bien définir.

C'est seulement par l'acquisition d'un ensemble complexe de techniques bien précises, et surtout par la pratique, que l'on apprend à bien définir les lexies.

Dans le présent chapitre, nous procéderons donc surtout par analyses d'exemples en limitant au maximum la présentation de notions nouvelles ou d'approches théoriques.

Méthode pour ébaucher les définitions analytiques

Il est impossible d'étudier ici dans le détail tous les problèmes que pose la construction de définitions lexicales. Dans cette section, nous nous contenterons de proposer une méthode pour ébaucher de bonnes définitions analytiques. Cette méthode est assez grossière ; elle nous offre cependant une grille d'analyse sémantique solide, applicable à toutes les lexies de la langue.

Nous examinerons le cas de la lexie DÉVISAGER [*Il me dévisageait d'un air mauvais.*], dont nous construirons la définition en cinq étapes :

1. identification de la nature prédicative de la lexie ;
2. identification de son genre prochain ;
3. caractérisation sémantique de ses actants (qui est une première série de différences spécifiques) ;
4. identification des autres différences spécifiques ;
5. validation de la définition.

Identification de la nature prédicative de la lexie. La première opération à effectuer est de déterminer si la lexie que l'on définit est un prédicat ou quasi-prédicat sémantique et, si c'est le cas, d'identifier combien d'actants elle contrôle. DÉVISAGER, en tant que verbe, est bien évidemment un prédicat et on peut avancer l'hypothèse qu'il a deux actants : X qui dévisage et Y qui est dévisagé.

Ce que l'on cherchera à définir à partir de maintenant n'est donc pas tout simplement 'dévisager', mais 'X dévisage Y'. Notre définition analytique devra constituer une paraphrase de cette proposition simple.

Identification du genre prochain. Il faut maintenant trouver le genre prochain de la lexie, c'est-à-dire ce que nous avons caractérisé plus haut comme étant sa paraphrase approximative minimale. Dans le cas de DÉVISAGER, le problème est facile à résoudre : dévisager, c'est **regarder** d'une certaine façon. On peut donc proposer une première paraphrase approximative qui définit très grossièrement cette lexie :

(2) 'X dévisage Y' ≅ 'X regarde Y d'une certaine façon'

On peut tester la validité de cette définition en montrant 1) que, si l'on dévisage, cela veut nécessairement dire que l'on regarde et 2) que l'on peut tout à fait regarder sans dévisager. Le premier point est démontré par l'incohérence sémantique de la phrase (3a) ci-dessous et le second par le fait que (3b) est, quant à elle, tout à fait cohérente sémantiquement.

(3) a. $^{\#}$*Zoé dévisageait Félix et Luce sans les regarder.*

b. *Zoé regardait Félix et Luce, sans toutefois oser les dévisager.*

Le symbole dièse surélevé ($^{\#}$) placé devant un exemple linguistique indique que la phrase ou l'expression en cause est sémantiquement incohérente.

Il est utile d'utiliser ici un symbole différent de celui de l'agrammaticalité (l'astérisque *) pour indiquer que l'anomalie contenue dans la phrase (3a) est strictement sémantique.

Caractérisation sémantique des actants. Avant de passer à l'identification des différences spécifiques, qui distinguent DÉVISAGER de REGARDER, on peut essayer de caractériser les actants du prédicat en cause en répondant à ces deux questions :

1. Qu'est-ce qui peut dévisager ?

2. Qu'est-ce qui peut être dévisagé ?

Les exemples suivants montrent que X peut être soit un individu soit un animal — mais pas un objet, comme une caméra.

(4) a. *Le voisin me dévisageait d'un air mauvais.*

b. *Le chien du voisin me dévisageait d'un air mauvais.*

c. #*La caméra de sécurité dévisageait les visiteurs.*

Il est intéressant de comparer l'exemple sémantiquement mal formé (4c) avec la phrase ci-dessous[1] :

(5) *La caméra de sécurité scrutait les visiteurs.*

Il faudra que notre définition signale le fait que le premier actant de DÉVISAGER ne peut pas être un objet, car cela distingue cette lexie d'un verbe sémantiquement très proche comme SCRUTER.

Puisqu'elles participent à la distinction sémantique entre lexies, les caractéristiques sémantiques des actants correspondent en fait à une première série de différences spécifiques.

Pour ce qui est du second actant, les phrases (6a-c) ci-dessous montrent qu'il ne peut en aucun cas dénoter autre chose qu'un individu.

(6) a. *Luce dévisageait le voisin.*

b. #*Luce dévisageait le chien du voisin.*

c. #*Luce dévisageait un tableau de Renoir.*

Remarquons que REGARDER ne se comporte pas de la même façon que DÉVISAGER, puisque le deuxième actant de ce verbe peut être absolument n'importe quelle entité visible.

(7) *Luce regardait le voisin ~ un chien ~ un tableau ~ le ciel.*

Nous pouvons maintenant affiner notre première définition de DÉVISAGER de la façon suivante :

(8) 'X dévisage Y' ≅ 'L'individu ou l'animal X regarde l'individu Y d'une certaine façon'

Identification des autres différences spécifiques. Nous devons maintenant remplacer ce 'd'une certaine façon', bien trop vague, par une ou plusieurs composantes sémantiques qui caractérisent véritablement l'acte de dévisager

---

1. Bien entendu, on peut toujours produire une phrase comme (4c). On pourrait même la considérer comme étant très bien tournée. Mais on percevra nécessairement un effet de style dans le fait de dire qu'une caméra dévisage quelqu'un : celui d'attribuer un « comportement humain » à un objet. Le même genre de remarque s'applique aux deux autres phrases précédées de # qui apparaissent plus bas : (6b) et (6c).

par rapport à celui de regarder. En fait, nous devons parvenir à une définition qui distinguera aussi DÉVISAGER de SCRUTER, puisque ce sont deux synonymes approximatifs, cohyponymes de REGARDER.

D'abord, on voit que DÉVISAGER et SCRUTER signifient toutes deux ʿregarder avec une certaine intensitéʾ. On pourrait dire que dévisager est regarder avec beaucoup d'attention, alors que scruter est plus que cela : c'est regarder avec beaucoup d'attention, comme si on cherchait à trouver ou à voir quelque chose. La phrase (9) montre que l'on peut dévisager simplement en signe de réprobation, sans qu'il soit question de chercher à voir quelque chose de précis.

(9) *Sylvain en était à son troisième verre de scotch et Zoé le dévisageait d'un air à la fois surpris et réprobateur.*

Il faut souligner un autre fait important à propos de DÉVISAGER, et c'est que, précisément, on dé**visage** quelqu'un en regardant son **visage**.

(10) a. $^{\#}$*Zoé dévisageait Sylvain de la tête aux pieds.*

b. $^{\#}$*Zoé dévisageait les mains de Sylvain.*

(11) a. *Zoé scrutait Sylvain de la tête aux pieds.*

b. *Zoé scrutait les mains de Sylvain.*

Dans le cadre d'une analyse sémantique véritablement fouillée, il serait nécessaire de pousser plus loin l'investigation pour voir si nous avons bien identifié toutes les composantes du sens de DÉVISAGER[2]. Nous considérerons cependant que le travail est complété et que nous pouvons maintenant proposer une définition finale de notre lexie :

(12) ʿX dévisage Yʾ   ≡ ʿL'individu ou l'animal X regarde très attentivement le visage de l'individu Yʾ

Validation de la définition. Une dernière étape dans la construction d'une définition est le recours à certains tests qui permettent d'en vérifier la validité. Nous proposons ici le plus connu de ces tests : il s'agit du ***test de substitution en contexte***, qui permet de voir si la définition est une paraphrase valide de la lexie définie en la substituant à celle-ci dans différents contextes.

(13) a. *Zoé dévisageait Sylvain avec envie.*

b. *Zoé regardait très attentivement le visage de Sylvain avec envie.*

---

2. Nous proposons en fait, à la fin de ce chapitre, un exercice dans lequel il est demandé d'améliorer cette définition (voir l'exercice 8.1, p. 204).

On peut considérer que (13b) est une bonne paraphrase de (13a), même si elle est stylistiquement assez lourde.

Bien entendu, en effectuant la substitution, on laisse de côté les composantes de la définition qui sont non pertinentes. Dans le cas présent, il s'agit de la caractérisation sémantique 'individu' des actants du prédicat, « absorbée » par les lexies ZOÉ et SYLVAIN (qui dénotent deux individus).

Il serait possible d'aller plus loin dans le processus de validation, en cherchant notamment des emplois de DÉVISAGER dans des corpus de textes. Il faudrait alors nous assurer que notre définition est compatible avec chacun des contextes sémantiques trouvés dans ces corpus.

Le problème des cercles vicieux

L'un des écueils qu'il faut éviter à tout prix lorsque nous construisons une définition analytique est de nous retrouver avec des cas de circularité dans nos descriptions. Nous faisons ici référence aux fameux **cercles vicieux**, sur lesquels nous reviendrons dans un des exercices proposés au Chapitre 10 (exercice 10.4, p. 245, sur les définitions de dictionnaires).

Il y a cercle vicieux lorsqu'on utilise, dans la définition d'une lexie L_1, la lexie L_2 qui sera elle-même définie directement ou indirectement (c'est-à-dire par le biais de la définition d'une de ses composantes sémantiques) au moyen de L_1.

Par exemple, il y a un cercle vicieux, indiqué en gras, dans les (mauvaises) définitions ci-dessous des lexies SCIER et SCIE :

(14) a. 'X scie Y'   ≡ 'X coupe Y avec une **scie**'

    b. '[une] scie'   ≡ 'instrument servant à **scier**'

Comme une définition analytique doit faire usage de composantes sémantiques plus simples que le sens défini, un cercle vicieux est nécessairement l'indication d'une erreur dans au moins une définition. En effet, pour reprendre l'exemple ci-dessus, il est impossible que 'scie' soit plus simple que 'scier' (définition (14a)) et que ce dernier sens soit en même temps plus simple que 'scie' (définition (14b)). L'exercice 8.3, en fin de chapitre, propose de travailler sur une reformulation de ces définitions.

Notons que nous éviterons les cercles vicieux qui tirent leur origine de la composante de genre prochain des définitions si nous appliquons consciencieusement la méthode exposée dans la sous-section précédente (voir ci-dessus l'étape « Identification du genre prochain. », p. 185). Un cas comme celui de (14a-b) est plus problématique en ce que la source du problème se trouve dans les différences spécifiques des définitions en question.

Analyse par champs sémantiques

On peut bien entendu définir une lexie de façon isolée. On parvient cependant à de bien meilleures définitions en procédant par regroupements de lexies apparentées, comme on le verra maintenant.

Un **champ sémantique** est un regroupement de lexies dont les sens ont en commun une composante particulière. Les lexies d'un champ sémantique donné se regroupent naturellement dans l'esprit du locuteur car leurs sens renvoient tous à un même domaine, forment une même « famille » sémantique.

Le plus souvent, toutes les lexies ayant un même genre prochain — pour peu que ce genre prochain ne soit pas un sens trop général et vague[3] — tendent à se regrouper en un même champ sémantique. Par exemple :

- CHIEN, CHAT, CHEVAL … → 'animal domestique' ;
- TABLE, LIT, CHAISE… → 'meuble'.

Mais ce n'est pas le seul cas possible. La composante sémantique qui identifie un champ sémantique pour une lexie donnée peut occuper une position périphérique dans la définition de cette lexie. Ainsi, la lexie STYLO peut être considérée comme appartenant—avec PAPIER, CRAYON, LETTRE, etc.—au champ sémantique de l'écriture. Pourtant, la composante sémantique 'écrire/écriture' n'occupe pas la place centrale dans la définition de STYLO (ce n'en est pas le genre prochain).

(15) 'stylo' $\cong$ 'instrument$_{[= \text{genre prochain}]}$ servant à écrire grâce à l'encre qu'il contient'

Les lexies regroupées dans un même champ sémantique n'appartiennent pas nécessairement à la même partie du discours. Par exemple, STYLO, CRAYON, PAPIER… mais aussi ÉCRIRE, RÉDIGER… appartiennent au champ sémantique de l'écriture.

De plus, un champ sémantique est un regroupement de **lexies**. Il n'y aurait aucun sens à regrouper des vocables au complet dans un champ

---

3. Sur la notion de vague, voir « Remarque sur les notions d'ambiguïté et de vague » ci-après.

sémantique. Par exemple, TABLE III.B.2 [*Il a affiché tous ses résultats dans une table à quatre colonnes.*] du *Nouveau Petit Robert* [2007] n'appartient pas au champ sémantique des meubles.

La notion de champ sémantique est très utile en sémantique et en lexicologie. Ainsi, une étude de la sémantique lexicale conduite par champs sémantiques mènera nécessairement à de bien meilleurs résultats qu'une étude qui choisirait une à une les lexies de façon arbitraire (selon l'ordre alphabétique, par exemple). Nous avons déjà eu un aperçu de ce phénomène lorsque nous avons mis en contraste SCRUTER et DÉVISAGER pour construire la définition de la seconde de ces lexies. Il faudrait, en fait, considérer simultanément **toutes** les lexies sémantiquement liées à DÉVISAGER—des synonymes approximatifs comme SCRUTER, aussi bien que des lexies comme REGARD, OBSERVATION, EXAMEN... — pour en faire une étude qui révélerait sa véritable valeur linguistique (sur la notion de valeur, voir Chapitre 6).

Pour conclure sur ce sujet, soulignons qu'une lexie peut tout à fait être considérée comme appartenant simultanément à plusieurs champs sémantiques. Ainsi, la lexie GARAGISTE appartient à la fois au champ sémantique des professions et à celui de l'automobile.

Remarque sur les notions d'ambiguïté et de vague

Lorsqu'on cherche à définir une lexie, la première chose à faire est de l'isoler en tant qu'élément distinct du lexique de la langue. C'est pourquoi nous faisons presque systématiquement suivre le nom des lexies sur lesquelles nous travaillons d'un exemple entre crochets, qui permet notamment de distinguer cette lexie des autres acceptions d'un même vocable (ou des lexies homonymes). Il s'agit, ce faisant, de résoudre une possible ambiguïté.

> Une forme linguistique est dite ***ambiguë*** lorsqu'elle peut être associée à plus d'un sens.

Ainsi, *dévisager* n'est pas ambigu alors que *scruter* l'est, comme le démontrent les deux exemples suivants :

(16) a.   *Elle scrutait le paysage.*

   b.   *Nous devons scruter attentivement ses intentions avant de la prendre comme partenaire dans ce projet.*

On fait généralement la distinction, dans les ouvrages de sémantique, entre l'*ambiguïté lexicale*— qui découle de la possibilité d'associer une forme donnée à plus d'une lexie —et l'*ambiguïté syntaxique*— qui se manifeste dans la possibilité de mener plusieurs analyses syntaxiques différentes d'une même expression (généralement, une phrase). Par exemple, la phrase *Il me parle de la chambre* est syntaxiquement ambiguë parce qu'elle peut être associée à deux structures syntaxiques :

1. soit *de la chambre* est le complément d'objet indirect de *parle* → la chose dont il me parle est la chambre ;
2. soit *de la chambre* est un complément circonstanciel de *parle* → il est dans une autre pièce, la chambre, lorsqu'il me parle.

Il faut noter que, pour certains auteurs, la notion d'ambiguïté syntaxique n'est pas nécessairement liée à la présence d'interprétations sémantiques distinctes. Pour qu'une phrase soit syntaxiquement ambiguë, il suffit, selon eux, que plusieurs structures syntaxiques puissent être identifiées, même si les analyses s'avèrent équivalentes sur le plan sémantique. Nous n'approfondirons pas cet aspect de la question ; l'exemple analysé ci-dessus met en jeu une différence d'analyse syntaxique qui s'accompagne d'une différence sémantique. Dans ce qui suit, il ne sera question que d'ambiguïté lexicale.

L'ambiguïté est un problème que le lexicologue doit résoudre dans son analyse, puisqu'il est impossible de produire une bonne définition lexicale si l'on n'a pas auparavant isolé, de la façon la plus précise possible, la lexie particulière sur laquelle on veut travailler.

L'ambiguïté lexicale est un phénomène « parasite » qui relève de la parole, au sens saussurien. Elle découle de la possible polysémie des vocables (ou de l'homonymie) ; ce n'est en aucune façon une propriété d'une lexie. Il serait par exemple tout à fait illogique de dire d'une lexie qu'elle est ambiguë : une lexie est associée à un et un seul sens et seules les **formes** peuvent être ambiguës.

Il n'est pas toujours aisé de déterminer si une forme est ambiguë, et nous allons devoir nous attarder un peu sur la question. Commençons par examiner les exemples suivants :

(17) a. *J'ai vu ton cousin Marcel.*

b. *Il y avait un énorme cousin sur le mur du salon.*

On n'aura vraisemblablement aucun problème à identifier que le cousin dont il est question en (17a) est un individu, alors qu'il s'agit d'un moustique dans la phrase suivante. Bien entendu, il se peut que l'on ne sache pas qu'un cousin est un type de moustique ; dans ce cas, on trouvera la seconde phrase bizarre et on sera peut-être amené à conjecturer qu'il existe un sens de *cousin* que l'on ne connaît pas. Ce qui importe pour nous, ici, c'est que personne ne songera à considérer que la même lexie COUSIN a été employée dans les deux phrases ci-dessus, une fois établi qu'il est bien question d'un insecte en (17b). Il en est ainsi parce que l'écart sémantique entre les deux sens que peut exprimer la forme *cousin* est considérable. En fait, on peut même dire qu'il n'existe aucune intersection de sens significative entre les deux lexies COUSIN¹ ('individu') et COUSIN² ('moustique').

Le diagnostic peut être plus difficile à établir lorsque l'on travaille avec des lexies sémantiquement proches, comme dans les exemples suivants :

(18) a. *Pour **mesurer** la distance Terre-Lune, une impulsion lumineuse laser est envoyée vers la Lune au moyen d'un télescope optique.*

   b. *Il faut absolument **mesurer** les risques liés à un si long voyage.*

Un lexicographe aguerri pourra rapidement faire une hypothèse sur le rapport existant entre les deux occurrences de *mesurer* dans ces exemples. Une des techniques à sa disposition, pour déterminer s'il est en présence de deux acceptions distinctes du vocable MESURER, consiste à construire un zeugme, où deux syntagmes sont rattachés à une seule occurrence de *mesurer*, chaque syntagme correspondant à une des lectures (18a) ou (18b) :

(19) #*Nous devons **mesurer** précisément la distance Terre-Lune et les risques de ce voyage interplanétaire.*

On appelle ***zeugme*** une construction syntaxique où un élément linguistique apparaissant une première fois dans un syntagme de l'énoncé est sous-entendu au lieu d'être répété dans un autre syntagme parallèle au premier.

Le zeugme est impossible **sans jeu de mots ou effet de style** quand, précisément, ce n'est pas le **même** élément linguistique que l'on sous-entend. Le caractère bizarre de (19) nous démontre que la forme *mesurer* est bien ambiguë et correspond à au moins deux lexies : l'une signifiant à peu près 'calculer une longueur' et l'autre 'évaluer l'ampleur d'une situation'.

Revenons maintenant au cas de COUSIN^1 et examinons la définition qu'en propose *Le Nouveau Petit Robert* [2007] :

Descendant d'un frère ou d'une sœur par rapport aux descendants d'un frère, d'une sœur de l'un de ses parents.

Clairement, COUSIN^1 a un sens très complexe et nous pouvons utiliser cette lexie pour dénoter des individus de notre famille auxquels nous sommes liés de multiples façons. Notre cousin peut ainsi être le fils du frère de notre mère, le fils de la sœur de notre père, etc. Alors, pourquoi ne pas considérer qu'il existe plusieurs lexies COUSIN^{1}a, COUSIN^{1}b..., dont chacune dénote un type de lien familial spécifique ? Tout simplement parce que *cousin* peut être utilisé pour dénoter simultanément toutes ces relations familiales. On peut ainsi dire sans jeu de mots la phrase ci-dessous, où *cousin* est employé dans un contexte assimilable à un zeugme :

(20) *Je te présente mes deux cousins : le fils de mon oncle Alfred et le fils de ma tante Léontine.*

On dira que la lexie COUSIN^1 est vague.

> Le sens d'une lexie (ou d'une expression lexicale) est considéré comme **vague** s'il peut désigner des faits ou des entités qui semblent relativement distincts, par comparaison à d'autres sens considérés comme plus spécifiques. On dira indifféremment qu'une lexie ou que le sens d'une lexie est vague.

Cette définition rend explicite le fait que le caractère vague du sens d'une lexie est une propriété relative. Nous considérerons COUSIN^1 comme vague parce qu'il nous semble que cette lexie peut renvoyer à des relations familiales somme toute assez différentes. Pour un locuteur d'une langue dans laquelle il n'y aurait pas, par exemple, de terme distinct pour désigner cousins, cousines, frères et sœurs, la lexie française COUSIN^1 pourrait sembler au contraire relativement spécifique.

Il est très naturel de s'interroger sur le caractère vague de COUSIN^1 parce que la définition de cette lexie comporte des disjonctions (cf. *frère ou sœur* dans la définition donnée plus haut). Cependant, pratiquement toute lexie pourrait, dans un contexte donné, sembler vague (ou, au contraire, spécifique). Une conséquence de cela est qu'il est généralement difficile de dire qu'une lexie est vague dans l'absolu. Par exemple, PARLER [*Il lui parle gentiment.*] est vague si on la compare à CHUCHOTER, MURMURER, SUSURRER,

HURLER… ; mais elle est à l'inverse relativement spécifique si on la compare à COMMUNIQUER (un hyperonyme).

Pour conclure, notons que si presque tout le monde s'accorde à dire que la distinction entre ambiguïté et vague est fondamentale en sémantique, la modélisation de ces phénomènes peut varier considérablement. Il est notamment assez rare de voir explicitement présenté, comme nous l'avons fait ici, le caractère relatif de la notion de vague. De plus, on omet fréquemment d'indiquer de façon claire que l'ambiguïté est une propriété de **formes** linguistiques, alors que le vague est une propriété relative du **sens** des lexies.

Analyse sémique

Nous examinerons maintenant brièvement une approche de la description des sens lexicaux, souvent considérée comme une solution de remplacement pour la définition lexicographique : l'analyse sémique. Ce type d'analyse présente pour certains l'avantage d'être plus formelle et « calculable » (ou informatisable) que la définition lexicographique.

L'*analyse sémique* (aussi appelée *analyse componentielle*) est une « métaphore scientifique » de la caractérisation des phonèmes d'une langue par *traits distinctifs*. Nous référons ici au type d'analyse qui permet, par exemple, de contraster les deux phonèmes /b/ et /p/ de la façon suivante :

$$/b/ : \begin{bmatrix} - \text{ vocalique} \\ + \text{ occlusif} \\ + \text{ bilabial} \\ + \textbf{ sonore} \end{bmatrix} \quad /p/ : \begin{bmatrix} - \text{ vocalique} \\ + \text{ occlusif} \\ + \text{ bilabial} \\ - \textbf{ sonore} \end{bmatrix}.$$

Dans le cadre de l'analyse sémique, les traits distinctifs sont appelés **sèmes** ; ils sont de nature sémantique (au lieu d'être de nature phonique ou articulatoire, comme c'est le cas pour les traits distinctifs des phonèmes). Le sens d'une lexie, appelé *sémème*, est modélisé comme une matrice de sèmes, matrice qui caractérise cette lexie par rapport aux autres lexies appartenant à un même champ sémantique.

Voici un exemple d'analyses sémiques de cinq lexies du champ sémantique des moyens de transport :

Exemple d'analyses sémiques

	sur terre	sur rail	deux roues	indi-viduel	payant	4 à 6 pers.	intra-urbain	tr. de pers.
voiture	+	−	−	+	−	+	~	+
taxi	+	−	−	~	+	+	~	+
autobus	+	−	−	−	+	−	+	+
autocar	+	−	−	−	+	−	−	+
métro	+	+	−	−	+	−	+	+

Quelques explications à propos du tableau précédent :

- ce tableau reproduit partiellement une analyse présentée (p. 63) dans Pottier, Bernard (1974). *Linguistique générale. Théorie et description*, Paris, Klincksieck et nous avons repris les conventions d'écriture utilisées dans le tableau originel ;
- le symbole « + » indique que le sème correspondant ('sur terre', 'sur rail', 'deux roues'...) fait partie du sémème décrit ('voiture', 'taxi'...) ;
- le symbole « − » indique que le sème ne s'applique pas ;
- le symbole « ~ » indique que le sème n'est pas pertinent pour le sémème en question ;
- le titre de colonne *tr. de pers.* est une abréviation pour 'transport de personnes' ;
- la description correspond au lexique du français de France — en français québécois, notamment, AUTOBUS et AUTOCAR ne se distinguent pas de la même façon (un autobus peut être intra- ou interurbain).

On pourrait être séduit par l'aspect apparemment formel et bien organisé des analyses présentées ci-dessus. Elles semblent offrir un moyen simple et clair de mettre en relation ou de distinguer des sens apparentés. Pourquoi alors ne pas utiliser, dans le présent ouvrage, l'analyse sémique comme méthode d'analyse sémantique de référence ?

Si nous avons choisi d'articuler autour de la définition analytique plutôt qu'autour de l'analyse sémique ce chapitre consacré à l'analyse du sens, c'est parce que nous partageons l'opinion de nombreux lexicologues pour qui les méthodes d'analyse sémantique fondées sur le recours à des traits distinctifs n'ont qu'une apparence de rigueur. De telles méthodes sont le plus souvent utilisées de façon *ad hoc* et ne permettent pas de construire des descriptions rigoureuses, cohérentes et véritablement explicatives à l'échelle de l'ensemble du lexique. Cela tient notamment à l'absence de fondement théorique solide de la notion de trait distinctif (de sème). La manifestation la plus évidente de l'inadéquation des traits distinctifs à l'analyse du sens est leur caractère binaire. Par exemple, si l'on peut aisément interpréter [+ deux-roues] comme signifiant 'qui possède deux roues', on voit mal quelle pourrait être une bonne interprétation de [− deux-roues] (utilisé dans le tableau ci-dessus) : 'qui ne possède pas deux roues' semble absurde. Ce trait s'applique vraisemblablement au sens de VOITURE, TAXI, AUTOBUS, AUTOCAR et MÉTRO, parce que les véhicules dénotés ont plus de deux roues. Mais s'applique-t-il, par exemple, au sens de la lexie TANK, puisque cette dernière ne désigne pas un véhicule muni de deux roues, ou doit-on considérer ce trait non pertinent dans un tel cas ?

La lexicologue Jacqueline Picoche a très clairement résumé les reproches que l'on peut adresser à l'analyse sémique.

L'application à la lexicologie des concepts élaborés par la phonologie révèle entre les deux disciplines plutôt une analogie qu'une correspondance rigoureuse. D'abord le nombre des phonèmes est limité, celui des mots illimité et s'il est possible d'établir rigoureusement le système phonologique d'un locuteur, ce n'est pas possible pour son système lexical. Ensuite, s'il est exact de dire que les traits pertinents [= traits distinctifs (note de l'auteur)] phoniques sont incapables de réalisation indépendante, on ne peut, à proprement parler, en dire autant des traits sémantiques puisqu'un mot peut, en principe, toujours commuter avec sa définition. D'autre part, puisqu'il est convenu d'appeler *métalangue* le vocabulaire technique utilisé pour parler de la langue, on peut dire que les traits pertinents phoniques sont définis par des termes de métalangue clairs, peu nombreux, bien connus ; au contraire, les traits pertinents sémantiques sont désignés le plus souvent de façon empirique par des mots qui sont rarement les plus simples possible, qui ont une valeur classificatrice à l'intérieur du paradigme choisi, mais ne constituent pas une véritable métalangue clairement construite, analysée et univoque ; la mise au point de cette métalangue est même une des tâches majeures qui s'offrent aujourd'hui au lexicologue.

Picoche, Jacqueline (1977). *Précis de lexicologie française*, collection « Nathan-Université », Paris, Nathan, p. 107.

On voit que l'analyse sémique, loin de proposer une véritable analyse du sens lexical qui en dégagerait les **composantes**, se contente souvent de lui associer une matrice de traits qui appartiennent à un langage descriptif non clairement identifié. En théorie, chaque sème pourrait être associé à une composante sémantique définitionnelle. Cependant, on ne peut pas éprouver la pertinence d'une analyse sémique comme on le fait pour une définition analytique : comment procéder à un test de substitution en contexte avec une matrice de traits binaires ?

Nous n'irons pas plus loin dans l'exposé des faiblesses de l'analyse sémique puisque nous proposons comme lecture complémentaire un texte d'Anna Wierzbicka qui fait une critique très bien articulée des modélisations du sens lexical fondées sur le recours aux traits sémantiques. Il est clair que la brève présentation que nous venons de faire est subjective ; nous encourageons donc fortement le lecteur à ne pas se fier aveuglément à nous et à décider par lui-même si la méthode d'analyse en question satisfait ou non ses besoins. Pour cela, il pourra se reporter au texte de référence Pottier (1974) mentionné plus haut, notamment aux pages 61 à 96 de cet ouvrage.

Structure sémantique des vocables

Lexie de base des vocables

Lorsqu'on définit une lexie, il faut bien entendu définir en même temps ses synonymes approximatifs, comme on vient de le voir au début de ce chapitre ; mais il faut aussi et surtout définir l'ensemble des lexies qui appartiennent avec elle au même vocable, ses copolysèmes (cf. Chapitre 7, p. 156).

En effet, toutes les lexies d'un vocable partagent des composantes sémantiques et leurs définitions devront clairement signaler les « glissements de sens » qui se produisent lorsqu'on passe d'une acception du vocable à l'autre.

Les copolysèmes peuvent entretenir des relations de sens très variées. Il est généralement possible d'identifier dans chaque vocable une *lexie de base*, dont le sens est considéré comme « premier » : c'est la source dont sont « dérivées » sémantiquement les autres acceptions.

Il n'est pas toujours aisé de déterminer quelle est, parmi toutes les acceptions d'un vocable, la lexie de base ; c'est un problème très délicat que nous n'examinerons pas ici. Notons simplement que le sens de la lexie de base est souvent désigné sous le nom de *sens propre*, par opposition aux sens qui en seraient dérivés, généralement appelés **sens figurés** lorsqu'ils correspondent, par exemple, à des métonymies ou à des métaphores (voir ci-dessous).

Acceptions métonymiques

Nous allons définir la métonymie et, plus bas, la métaphore strictement en tant que relations sémantiques entre lexies et non, comme c'est habituellement le cas, en tant que « figures de style ». Nous aurons l'occasion d'examiner un peu plus loin cette importante distinction.

> Une lexie L_2 est liée par un lien sémantique de **métonymie** à un copolysème L_1 si elle dénote un concept qui est perçu comme contigu au concept dénoté par L_1. On parle alors de contiguïté des concepts. (Pour la notion de contiguïté, voir le Chapitre 2, p. 32 et suivantes.)

Par exemple, la lexie VERRE 3 [*Elle a bu un dernier p'tit verre.*] est liée métonymiquement à son copolysème VERRE 2 [*Elle a brisé son verre.*], car ⌜verre 3⌝ ≅ ⌜contenu d'un verre 2⌝.

Rappelons (cf. Chapitre 3, p. 59) qu'il existe une lexie VERRE 1 désignant le matériau (*une table, une assiette… en verre*). Le lien qui unit VERRE 2 à VERRE 1 (la lexie de base du vocable VERRE) est aussi de type métonymique : un verre au sens 2 est fréquemment fabriqué en verre au sens 1.

On associe souvent le lien de **synecdoque** à celui de métonymie, dont il est un cas particulier. Ainsi, une acception L_2 d'un vocable donné correspond à une synecdoque d'une acception L_1 du même vocable si la relation entre les concepts dénotés par L_1 et L_2 est du type partie~tout, élément~ensemble, etc. On considère même généralement qu'une relation de type matériau~objet, comme celle mentionnée dans le précédent paragraphe à propos de VERRE 1 et VERRE 2, relève de la synecdoque.

Le lien de **causativité**, que nous avons déjà présenté au chapitre précédent lorsqu'il a été question de la polysémie (voir p. 157), est un autre cas particulier de métonymie. Ce lien mérite qu'on l'examine un peu plus en détail du fait de l'importance (en langue et dans le raisonnement humain) du concept très général de « cause » autour duquel il s'articule.

Il est aisé de trouver en français des exemples de copolysèmes qu'unit un lien de causativité. Ainsi, CASSER 1 [*La branche a cassé.*] cohabite en français avec son causatif CASSER 2 [*Jules a cassé la branche.*] :

⌜Jules a cassé 2 la branche⌝ ≅ ⌜Jules a causé que la branche casse 1⌝.

Signalons que cette relation se manifeste très fréquemment à l'intérieur du lexique des langues, et pas simplement en français. De plus, les lexies liées par la causativité peuvent appartenir ou non au même vocable. On a donc associé à cette relation sémantique une fonction lexicale particulière : Caus. Cette dernière peut encoder un lien de causativité « pure » entre lexies, mais elle est aussi souvent utilisée en combinaison avec d'autres fonctions lexicales pour former des liens lexicaux plus riches :

$$\text{Caus}(dormir) \qquad = endormir$$

$$\text{CausOper}_1(meurtre) \qquad = pousser\ [qqn\ au\ meurtre]$$

Dans le dernier cas, l'encodage du lien entre MEURTRE et POUSSER par la formule CausOper_1 se justifie de la façon suivante :

pousser quelqu'un au meurtre

≡

causer[= Caus] *que quelqu'un commette*[= $\text{Oper}_1(meurtre)$] *un meurtre.*

Acceptions métaphoriques

Une lexie L_2 est liée par un lien sémantique de ***métaphore*** à un copolysème L_1 si elle dénote un concept qui entretient un lien d'analogie avec le concept dénoté par L_1. (La notion d'analogie a été discutée au Chapitre 2, p. 31 et suivantes.)

Par exemple, VIRUS1 [*Elle a attrapé le virus de la grippe.*] cohabite en français avec les deux lexies métaphoriquement liées VIRUS2 [*Elle a attrapé le virus de la linguistique.*] et VIRUS3 [*Le disque de son ordinateur est infecté par un virus (informatique).*]. (Il s'agit de notre propre numérotation.) Du fait du lien d'analogie existant entre les concepts dénotés par une lexie source et son dérivé métaphorique, il est courant d'expliciter la dérivation en question directement dans la définition de la lexie métaphorique, notamment au moyen de formules du type *comme si…*, *par analogie avec…*, etc. Par exemple :

(21) ⸢virus2 de Y qu'a X⸣ = ⸢intérêt très fort de l'individu X pour l'activité Y, qui fait qu'il s'y consacre beaucoup, comme s'il s'agissait d'un virus1 dont X ne pourrait se défaire⸣

Remarquons que le lien de métaphore est omniprésent dans le lexique des langues car la métaphore est un des supports privilégiés de la création néologique. Les disciplines scientifiques et techniques, notamment, ont très souvent recourt à la métaphore lorsqu'il s'agit de proposer de nouveaux termes (**astronomie** *trou noir,* **médecine** *greffe [d'organe],* **géologie** *carotte [de terrain],* **informatique** *souris [d'ordinateur],* etc.).

Ici s'achève notre présentation de la structure sémantique des vocables. Les termes de *métonymie, synecdoque* et *métaphore,* que nous avons utilisés pour désigner certains liens sémantiques qui unissent des copolysèmes, connaissent un autre emploi dans la littérature linguistique. Ils servent aussi (et, peut-être, surtout) à désigner les ***figures de style*** (ou figures de rhétorique) « fabriquées » en situation de parole ; de telles figures sont des créations individuelles et non des éléments du code linguistique. Nous examinerons maintenant le problème de la distinction entre figures dites libres et figures lexicalisées.

Figures de style libres et lexicalisées

La distinction entre figures de style ***libres*** et figures de style ***lexicalisées*** ne peut être ignorée. En effet, le premier type de phénomène relève de la stylistique ou rhétorique (l'étude des procédés stylistiques), alors que le second relève de l'étude lexicologique (l'étude de la structure lexicale de la langue). Ainsi, si nous disons, de façon très métaphorique :

(22) *Ce type est une vieille poire blette.*

parce que nous estimons que l'individu en question est mou, insipide et un peu dégoûtant, nous faisons preuve de créativité et le processus mis en jeu intéresse très peu l'étude de la sémantique lexicale. Bien entendu, il est clair qu'on ne peut décrire ce processus sans référer aux sens des lexies sur lesquelles il s'appuie. Notamment, il faut savoir que l'adjectif BLET exprime un type d'AntiBon de POIRE.

La phrase suivante relève d'un cas tout différent de (22) ; elle nous permettra de contraster métaphore libre et métaphore lexicalisée.

(23) *Il a reçu un coup sur la poire.*

POIRE3 (numérotation du *Nouveau Petit Robert* [2007]) est une lexie du langage familier, une métaphore lexicalisée fondée sur une vague ressemblance de forme entre la poire au sens i (le fruit) et la tête d'un individu.

Même si l'on juge qu'une tête a davantage la forme d'un melon que la forme d'une poire, on ne dira certainement jamais (24), à moins de vouloir produire un effet de style particulier.

(24) *Il a reçu un coup sur le melon.*

Il existe, bien entendu, une lexie métaphorique MELON3 (toujours la numérotation du *Nouveau Petit Robert* [2007]) qu'on pourrait avoir utilisée dans (24) ; mais cette lexie signifie ʿchapeauʾ et non ʿtêteʾ !

La distinction qui vient d'être illustrée à propos de la métaphore s'applique aussi à la métonymie et, bien entendu, à la synecdoque.

On pourrait se demander pourquoi il est nécessaire d'insister autant sur l'opposition entre figures libres et lexicalisées. Deux raisons justifient cette insistance.

Tout d'abord, la distinction en cause est cruciale du point de vue de la lexicologie et de sa composante appliquée qu'est la lexicographie — la rédaction de dictionnaires (voir Chapitre 10). On se doit de décrire, dans le cadre de ces disciplines, les métonymies et métaphores lexicalisées pour ce qu'elles sont : des éléments du code linguistique, qui relèvent de la connaissance de la langue et non de la créativité individuelle.

Ensuite, à moins de se situer dans une perspective clairement lexicologique, les auteurs ont de tout temps eu tendance à passer sous silence la différence profonde de nature entre une figure que l'on forge et une figure que l'on utilise.

Voici, pour illustrer ce dernier fait, un extrait du fameux ouvrage de référence de Du Marsais sur les figures de rhétorique.

Quand au lieu de dire d'un homme qu'il aime *le vin*, je dis qu'il aime la bouteille, c'est une simple métonymie, c'est un nom pour un autre : mais quand je dis *cent voiles* pour cent vaisseaux, non seulement je prends un nom pour un autre, mais je donne au mot *voiles* une signification plus étendue que celle qu'il a dans le sens propre ; je prends la partie pour le tout. La synecdoque est donc une espèce de métonymie, par laquelle on donne une signification particulière à un mot, qui dans le sens propre a une signification plus générale ; ou au contraire, on donne une signification générale à un mot qui dans le sens propre n'a qu'une signification particulière.

En un mot, dans la métonymie je prends un nom pour un autre, au lieu que dans la synecdoque, je prends *le plus* pour *le moins*, ou *le moins* pour *le plus*.

Du Marsais, César Chesneau (1730). *Des tropes ou Des différents sens dans lesquels on peut prendre un même mot dans une même langue*, Paris, Veuve de J.-B. Brocas[4].

---

4. Cette citation est extraite de la base de données textuelles Frantext du laboratoire d'Analyse et Traitement Informatique de la Langue Française (ATILF–CNRS). Nous nous sommes permis une mise à jour de l'orthographe pour en faciliter la lecture.

Dans sa façon même de présenter la synecdoque, Du Marsais semble faire référence à de la création individuelle : *je prends un nom pour un autre, je donne au mot « voiles » une signification*, etc. Cependant, l'exemple qu'il cite renvoie à une acception donnée du vocable VOILE, acception déjà bien établie à l'époque où il écrivait son texte (cf. le *Trésor de la Langue Française informatisé TLFi*[5], qui la mentionne comme attestée depuis 1369). Il s'agit clairement d'une figure lexicalisée, d'un élément du code linguistique. Cela est en apparente contradiction avec la façon même dont les figures de rhétorique sont conceptualisées par Du Marsais, en tant que produit de la création individuelle.

Pour revenir à la synecdoque, il est possible d'illustrer cette figure en utilisant des expressions qui sont de véritables créations, comme dans l'exemple suivant.

(25) *Embouteillage monstre en banlieue de Lyon : plus de 2000 **capots** surchauffés s'agglutinent aux portes de la ville sous un soleil de plomb.*

Tout dictionnaire à peu près complet du français doit contenir la description de l'acception du vocable VOILE mentionnée plus haut. Il est en revanche inconcevable d'inclure dans le dictionnaire la description de *capots* tel qu'il est employé en (25), à moins justement que cet usage devienne courant dans les textes, qu'il se lexicalise, c'est-à-dire qu'il acquière une spécificité quant à son sens et à sa combinatoire restreinte.

On n'insistera donc jamais trop sur cette distinction fondamentale entre métonymies, synecdoques, métaphores, etc., libres ou lexicalisées. C'est finalement cette distinction qui trace la frontière entre la lexicologie et l'étude des figures de style qui sont des produits de la créativité linguistique.

Nous en avons maintenant terminé avec ce chapitre crucial consacré à l'analyse du sens linguistique. À ce stade, toutes les notions centrales de l'ouvrage ont été introduites. Il nous reste maintenant à nous aventurer dans deux domaines qui sont à la périphérie de la sémantique lexicale et de la lexicologie « pures » :

1. l'étude de l'interférence des phénomènes pragmatiques dans la sémantique lexicale (Chapitre 9) ;
2. la lexicographie, qui est en quelque sorte de la lexicologie appliquée (Chapitre 10).

---

5. *Trésor de la Langue Française informatisé TLFi* (2004). Paris, CNRS Éditions.

Lectures complémentaires

Mel'čuk, Igor, André Clas et Alain Polguère (1995). « Champ sémantique », dans *Introduction à la lexicologie explicative et combinatoire*, Louvain-la-Neuve, Duculot, p. 173-175.

Un texte qui apportera un complément d'information sur la notion de champ sémantique et son importance en lexicologie.

Wierzbicka, Anna (1988). « L'amour, la colère, la joie, l'ennui. La sémantique des émotions dans une perspective transculturelle », *Langages*, n° 89, p. 97-107.

Ce court texte permet de comprendre comment l'analyse sémantique lexicale peut se faire dans une perspective plus « ethnologique » pour mettre en évidence certaines différences culturelles qui sont reflétées dans le lexique des langues.

Wierzbicka, Anna (1977). « Mental Language and Semantic Primitives », *Communication and Cognition*, vol. 10, n° 3-4, p. 155-179.

Il faut lire ce texte notamment pour sa critique de l'analyse du sens lexical fondée sur l'utilisation de traits sémantiques.

Aristote (1997). *Organon V. Les Topiques*, Paris, Librairie J. Vrin.

Il est impossible de recommander seulement un extrait de cet ouvrage, qui forme un tout cohérent. Aristote expose dans *Les Topiques* sa théorie de la « dialectique » et ce sont bien entendu les chapitres portant spécifiquement sur la notion de définition des concepts qui sont particulièrement intéressants pour nous. C'est à notre avis une lecture incontournable pour toute personne intéressée à comprendre les fondements épistémologiques du recours à la définition en linguistique et, plus généralement, en sciences.

Cruse, D. Alan (1995). « Polysemy and related phenomena from a cognitive linguistic viewpoint », dans Patrick Saint-Dizier et Evelyne Viegas (dir.), *Computational Lexical Semantics*, Cambridge *et al.*, Cambridge University Press, p. 33-49.

Il s'agit d'un texte très dense qui, en peu de pages, couvre une grande partie des problèmes théoriques posés par la polysémie. Nous le mentionnons ici notamment parce qu'il présente de nombreuses illustrations de l'utilisation de constructions spéciales, comme les zeugmes, pour mettre en évidence les contenus sémantiques des lexies. Il est aussi particulièrement intéressant pour la vision nuancée qu'il propose de la polysémie, en tant que phénomène graduel : distinction entre acceptions véritables, micro-sens (*sub-senses*), facettes (*facets*), etc. d'un vocable. On fera attention au fait que le terme *polysemy* est utilisé par l'auteur en tant que propriété d'une partie d'un énoncé, qu'il faut interpréter, et non en tant que propriété d'un vocable. En effet, son point de vue est clairement celui de l'analyse, de la compréhension des textes (voir l'emploi du terme *reading* [*of an utterance*] tout au long de l'article), plutôt que celui de la modélisation de type lexicographique des connaissances lexicales.

Exercices

Exercice 8.1

Soit la phrase suivante qui, sans être véritablement incohérente d'un point de vue sémantique, peut tout de même sembler un peu bizarre :

(26) #*Elle le dévisageait du coin de l'œil.*

Utiliser cet exemple pour affiner la définition de DÉVISAGER proposée en (12), p. 187.

Exercice 8.2

Élaborer une définition pour chacune des lexies SCRUTER et FIXER [*Léo fixait Sylvain de son regard fou.*], en s'inspirant de la définition de DÉVISAGER dégagée dans l'exercice précédent.

Exercice 8.3

Corriger les définitions (14a-b), p. 188, pour éliminer le cercle vicieux.

Exercice 8.4

Écrire des définitions analytiques pour ÉPLUCHER1 [*Il a épluché trois kilos de patates.*] et ÉPLUCHER2 [*Je vais bien éplucher ton texte avant d'en faire la critique.*]. Il faudrait que ces définitions mettent en évidence le lien sémantique qui existe entre ces lexies au sein du vocable ÉPLUCHER.

Exercice 8.5

Soit la définition suivante de la lexie AVALER [*Jean a avalé une arête.*] : 'fait de manger quelque chose'. Pourquoi cette définition n'est-elle pas une définition analytique valide ?

Exercice 8.6

Donner dix lexies du champ sémantique des phénomènes atmosphériques. Justifier la réponse donnée.

Exercice 8.7

Identifier les différentes lexies du vocable BRÛLER. Quels liens sémantiques les unissent ?

Exercice 8.8

Dans la phrase (27), sommes-nous en présence d'une métaphore libre ou lexicalisée ?

(27) *Le beau Frédo dévorait Léontine du regard.*

Exercice 8.9

Soit la phrase suivante, entendue à la radio dans le cadre d'une émission hebdomadaire sur les affaires et l'économie :

Je suis allé voir un expert pour savoir si cette pointe de l'iceberg est bien ce qu'elle est, c'est-à-dire la pointe d'un iceberg qui se trouve en dessous d'elle.

La personne qui a énoncé cette phrase s'est sérieusement enlisée en tentant de décortiquer une locution du français. Identifier avec le plus d'exactitude possible cette locution et élaborer sa définition.

9

INTERFÉRENCES PRAGMATIQUES DANS LE LEXIQUE

> Sa vie à elle était loin d'être belle
> Mademoiselle madame veuve et mademoiselle
> Voyez c'que j'veux dire voyez peut-être pas
> Ce que je veux dire je n'le dirai pas
>
> DICK ANNEGARN, L'institutrice.

Dans les chapitres précédents, nous avons toujours veillé à situer l'étude des phénomènes lexicaux dans le cadre du seul code linguistique, c'est-à-dire que nous nous sommes contraint à ne considérer que les phénomènes de communication relevant de la langue (au sens saussurien). Cependant, certaines lexies possèdent des propriétés bien particulières qui font qu'elles ne peuvent être entièrement caractérisées, dans leur sémantisme ou dans leur combinatoire, sans référence à un ensemble de situations de parole dans lesquelles elles doivent être utilisées. Nous nommerons *lexies à valeur pragmatique* ces unités lexicales « rebelles », que nous allons maintenant étudier.

Pour bien présenter les lexies à valeur pragmatique, il faut tout d'abord définir la pragmatique elle-même. Une partie importante de ce chapitre est dédiée à la présentation de la pragmatique et à l'introduction de la notion d'acte de parole. Une fois cela fait, nous pourrons examiner trois types de lexies à valeur pragmatique : les verbes performatifs, les lexies à contenu présuppositionnel et les lexies pragmatiquement définies.

Notions introduites *Pragmatique, contexte pragmatique, message linguistique, acte de parole, litote, lexie à valeur pragmatique, énoncé et verbe performatifs, sens explicite vs implicite, présupposé, lexie à contenu présuppositionnel, lexie pragmatiquement définie.*

La pragmatique

Définition de la notion de pragmatique

La notion de pragmatique que nous allons considérer dans ce chapitre peut être définie de la façon suivante.

> La *pragmatique* est l'ensemble des phénomènes, dits *phénomènes pragmatiques*, qui mettent en relation la langue avec le contexte d'énonciation et d'interprétation des énoncés, appelé *contexte pragmatique*.

La prise en compte de la pragmatique permet notamment de comprendre les contraintes contextuelles qui s'appliquent à l'utilisation de la langue et qui font que cette dernière fonctionne ou non efficacement comme système sémiotique. Par exemple, il faut se détacher de l'analyse strictement lexicale et grammaticale de la langue pour être à même d'expliquer pourquoi la réponse donnée dans le dialogue suivant ne sera pas jugée adéquate dans de nombreux contextes d'énonciation :

(1)   — *Qu'est-ce que tu avais comme animal domestique quand tu étais petite ?*
      — *Un mammifère.*

L'analyse lexicologique et sémantique sera fort importante pour expliquer le disfonctionnement du dialogue (1), mais elle ne suffira pas[1]. Il faut pour cela disposer d'outils de modélisation des phénomènes pragmatiques.

On oppose souvent la pragmatique à la sémantique (c'est-à-dire à l'étude sémantique des langues[2]). Mais, dans ce cas, on emploie le terme *pragmatique* pour désigner une **discipline**, qui s'attacherait à étudier les phénomènes

---

1. On ne peut rien dire de solide sur la parole sans avoir préalablement procédé à une bonne analyse structurale des langues ; cela était d'ailleurs la principale raison avancée par Saussure pour exclure la parole du champ d'étude de la linguistique. Cette position était justifiée au début du XXe siècle, à une époque où la linguistique restait à construire comme science ; on peut fort légitimement la remettre en question de nos jours.

2. Cf. la distinction établie au Chapitre 1 (p. 22) entre la sémantique d'une langue (qui est une composante structurale de la langue en question) et la sémantique en tant que discipline (qui est une branche de la science linguistique).

pragmatiques. Nous ne sommes pas convaincu qu'une telle science existe ni qu'elle puisse exister. En effet, dès que l'on sort de la description de la structure du code linguistique proprement dit, on entre nécessairement dans des champs d'étude mettant en jeu des phénomènes pragmatiques. Ainsi, la linguistique appliquée à l'enseignement ou à l'apprentissage, la sociolinguistique, etc., sont toutes des branches « légitimes » de la linguistique qui impliquent la prise en compte de phénomènes pragmatiques. Si on cherche à isoler la pragmatique comme une discipline à part, on se retrouvera alors avec un domaine d'étude vague et hybride, manquant de l'homogénéité requise pour définir une branche spécifique de la linguistique. C'est la raison pour laquelle nous n'employons le terme *pragmatique* que pour désigner un ensemble de phénomènes, et non un domaine d'étude spécifique. Il faudra cependant se souvenir que l'autre usage du terme (pour désigner un domaine d'étude) est fort courant.

Nature des échanges linguistiques

Le terme *échange linguistique* et des expressions comme *échanger des propos* illustrent le fait que l'on conceptualise souvent la communication langagière comme une sorte de transaction : un échange de **messages** entre le locuteur et le destinataire.

La communication langagière pourrait être décrite, de façon caricaturale, comme un processus subdivisé en un minimum de quatre opérations séquentielles majeures :

1. construction et encodage linguistique du message par le locuteur ;
2. émission physique de ce message par le locuteur ;
3. réception du message physique par le destinataire ;
4. décodage du message par le destinataire.

Les opérations 1 et 2 constituent le processus d'énonciation et les opérations 3 et 4 le processus d'interprétation.

Cette façon de modéliser la communication langagière est clairement insuffisante : elle postule que la communication est réussie si le message décodé par le destinataire est le même que celui qui a été encodé par le locuteur. Or, la communication ne fonctionne pas de façon aussi directe.

Les principaux phénomènes dont rend difficilement compte une telle approche sont au moins au nombre de six.

1. Les phrases sont en général ambiguës. Pour que le message soit transmis, il faut que l'interlocuteur désambiguïse la phrase ou soit à tout le moins à même d'identifier en priorité le sens approprié. Il y a donc des principes qui gouvernent la désambiguïsation et la compréhension. Ces principes ne sont cependant pas pris en compte dans les étapes mentionnées ci-dessus puisque l'on y a envisagé la compréhension comme un simple décodage, alors qu'il s'agit plutôt d'une **interprétation**.

2. Une partie du message qu'on veut transmettre peut ne pas être encodée explicitement dans le message communiqué ; par exemple, l'identification du référent exact (cf. Chapitre 6). Si nous disons :

   (2)   — *C'est le premier homme à avoir marché sur la lune.*

   notre interlocuteur comprendra peut-être la même chose que si nous avions dit :

   (3)   — *C'est Neil Armstrong.*

   mais ce n'est pas ce que nous énonçons de façon explicite. Après tout, (2) pourrait tout aussi bien faire référence à Tintin (cf. *On a marché sur la Lune* de Hergé).

3. Les intentions du locuteur ne sont pas nécessairement encodées directement dans le message. Seule la mise en contexte permettra de les expliciter. Par exemple, si un professeur dit à ses étudiants :

   (4)   — *N'oubliez pas de faire vos lectures !*

   cela peut être pour leur rappeler un fait, pour les menacer (— *Si vous ne faites pas vos lectures, ne vous plaignez pas d'échouer à l'examen.*), etc.

   Ou encore, le même professeur pourra dire à ses étudiants :

   (5)   — *J'ai lu tout Proust.*

   non pour communiquer le message exprimé mais, par exemple, pour chercher à les impressionner.

   Il est essentiel, pour que l'échange d'information ait lieu, que le destinataire identifie précisément si l'énoncé doit s'interpréter comme une simple transmission de données, une promesse, une menace… Il y a donc des éléments informationnels mis en jeu dans la communication qui n'appartiennent pas véritablement au message **linguistique** transmis. Il faut au moins considérer une extension de ce message à ce qui n'est pas encodé au moyen de la langue pour modéliser comment fonctionne l'échange linguistique.

4. Il y a des cas où le message que l'on veut transmettre ne correspond pas du tout au sens littéral de l'énoncé produit. Il peut même être en totale opposition avec ce sens littéral, par exemple lorsqu'on dit :

   (6)   — *Ah ! Bravo !*

   quand quelqu'un vient de renverser son verre sur la table. En fait, on veut manifester du mécontentement, mais on énonce une phrase qui, **littéralement**, exprime de l'admiration pour ce qui a été fait.

5. On peut aussi exprimer plus que ce que l'on dit. L'exemple classique, souvent cité dans les cours d'introduction à la pragmatique, est celui de quelqu'un qui entre dans une pièce et dit :

(7) — *Il fait froid ici !*

pour demander en fait à son interlocuteur de fermer les fenêtres. L'extrait de chanson qui sert d'exergue à ce chapitre (p. 207) est un exemple plus subtil de ce type de phénomène.

6. Une énonciation peut ne pas avoir pour but **premier** la communication. Elle peut être l'accomplissement d'un certain acte social, selon les normes d'un rituel ; par exemple :

(8) a. — *Je vous déclare mari et femme.*

b. — *La séance est ouverte.*

La communication langagière est donc bien plus qu'un simple échange de messages, qu'une simple transaction fondée sur les propriétés du code linguistique. Pour rendre compte entièrement de cette forme de communication, il faudra tenir compte d'au moins deux types de facteurs contextuels :

1. les systèmes de conventions sociales et de croyances partagées par le locuteur et le destinataire ;

2. les inférences faites par le destinataire pour interpréter un énoncé et, de façon liée, les hypothèses que fait consciemment ou inconsciemment le locuteur sur les processus d'inférence que son énoncé va déclencher chez le destinataire.

La théorie des actes de parole

Nous n'entrerons pas dans une étude approfondie des différentes notions théoriques proposées pour modéliser les phénomènes pragmatiques qui interviennent dans la communication langagière. Nous nous contenterons d'examiner brièvement la plus connue de ces notions, celle d'acte de parole. Cette notion nous sera utile plus loin dans ce chapitre, lorsque nous établirons la connexion entre pragmatique et lexies à valeur pragmatique.

La *théorie des actes de parole* (angl. *Speech Act Theory*), proposée dans les années 1960 par le philosophe du langage John Austin[3], postule un modèle de la communication qui permet de rendre compte de certains des phénomènes pragmatiques mentionnés plus haut.

---

3. Austin, John L. (1970). *Quand dire, c'est faire*, Paris, Seuil.

Selon Austin, le fait linguistique se décrit comme l'accomplissement simultané de trois **actes de parole** (aussi appelés *actes de langage*) :

1. un acte dit *locutoire* — la production d'un énoncé linguistique, le fait d'énoncer ;
2. un acte dit *illocutoire* — la communication langagière elle-même, le fait de transmettre une information donnée au moyen de la langue ;
3. un acte dit *perlocutoire* — l'atteinte de buts plus lointains de l'énonciation, qui peuvent échapper au destinataire même si celui-ci maîtrise et comprend parfaitement la langue ; cet acte comprend l'acte illocutoire plus ses éventuels effets.

Ainsi, lorsque Chimène lance à Don Rodrigue sa fameuse **litote** (Corneille, *Le Cid*, Acte III, Scène IV) :

(9) — *Va, je ne te hais point.*

elle accomplit l'acte d'énoncer, d'émettre cette phrase (acte locutoire). Elle transmet aussi un message à Don Rodrigue (acte illocutoire), message qu'on pourrait aussi exprimer, avec davantage de mots et moins d'élégance, à peu près comme suit :

(10) — *Ça va maintenant. Tu peux aller faire ton devoir. Et puis, rappelle-toi, je ne t'en veux pas.*

Cet acte illocutoire doit déclencher une inférence de la part de Don Rodrigue pour que l'échange linguistique fonctionne véritablement. Chimène s'attend à ce que son interlocuteur infère du contenu de la phrase (9), en prenant en compte la situation dramatique dans laquelle elle est énoncée, un contenu additionnel que l'on pourrait exprimer ainsi :

(11) — *En fait, je suis même toujours follement amoureuse de toi, quoi qu'il advienne.*

En déclenchant ce processus d'inférence, Chimène accomplit un acte perlocutoire. Elle et Don Rodrigue se sont bien compris, quand ce dernier répond à (9) par un fataliste :

(12) — *Tu le dois.*

qui sous-entend en fait :

(13) — *Tu ne dois plus m'aimer.*

Toutes ces subtilités de la communication langagière, mises en jeu à chaque fois que l'on emploie une figure du type litote, doivent pouvoir être modélisées. La théorie des actes de parole est un premier pas dans cette direction. Nous n'aborderons pas les différentes approches et théories de la modélisation des phénomènes pragmatiques. Le lecteur intéressé par les processus d'inférence mis en jeu dans la communication langagière pourrait commencer par étudier la modélisation de la *logique de la conversation* de Paul Grice. Pour une introduction aux travaux de Grice, nous conseillons de se reporter au Chapitre 2 de Reboul et Moeschler (1998), qui apparaît plus loin dans la liste des lectures complémentaires.

Passons sans plus tarder à l'examen de ce que nous avons appelé les *interférences pragmatiques dans le lexique*, c'est-à-dire aux cas de prise en compte de facteurs pragmatiques dans la composante lexicale du code linguistique.

Lexies à valeur pragmatique

Nous étudierons trois types de *lexies à valeur pragmatique* :

1. les verbes performatifs ;
2. les lexies à contenu présuppositionnel ;
3. les lexies pragmatiquement définies.

Verbes performatifs

Les actes perlocutoires sont « moins linguistiques » que les actes illocutoires. Ces derniers sont en effet directement liés aux ressources lexicales ou grammaticales utilisées dans les énoncés. On peut ainsi connecter les différents types d'actes illocutoires (affirmations, requêtes, questionnements…) à des lexies spécifiques de la langue (AFFIRMER, DEMANDER [*demander à quelqu'un de faire quelque chose*], INTERROGER…) et à des types spécifiques de phrases (phrases déclaratives, impératives, interrogatives…). La modélisation de l'accomplissement d'actes perlocutoires, quant à elle, relève surtout d'une modélisation de la réalité extralinguistique et de certains processus d'inférence qui ne sont pas nécessairement liés au langage.

C'est donc à partir de la notion d'acte illocutoire que nous allons pouvoir établir une connexion directe entre le lexique et les phénomènes pragmatiques. Commençons, pour cela, par présenter la notion d'énoncé performatif, proposée par Austin.

Un énoncé est dit *performatif* s'il possède les deux propriétés suivantes :

1. il dénote une action accomplie par le locuteur au moment de l'énonciation ; par exemple :

   (14) *J'accepte.*

   dénote une action particulière (l'acceptation d'un fait par le locuteur) ;

2. son énonciation sert à l'accomplissement de cette action ; en énonçant (14), le locuteur accomplit par le fait même l'action d'accepter quelque chose.

On peut ainsi comparer l'énoncé performatif (14) avec un énoncé structurellement très proche mais non performatif comme :

(15) *Je réfléchis.*

Cet énoncé dénote une action du locuteur, et ce dernier peut bien entendu être en train de réfléchir au moment où il énonce (15). Cependant, ce n'est pas l'énonciation de cette phrase qui **fait** que le locuteur réfléchit. Il en va tout autrement du premier exemple : l'énonciation de (14) permet véritablement au locuteur d'accomplir l'action d'accepter quelque chose.

Il existe au moins deux types d'énoncés performatifs :

1. les performatifs explicites, qui contiennent un ou plusieurs éléments lexicaux directement associés à l'acte accompli :

   (16) a. — *Je vous **déclare** mari et femme.*

   b. — *Je **déclare** la séance ouverte.*

   c. — *Je vous **ordonne** de partir.*

2. les performatifs implicites :

   (17) a. — *Échec et mat !*

   b. — *Bonjour !*

   c. — *Merci !*

Les performatifs explicites sont particulièrement intéressants pour l'étude de la sémantique lexicale, puisqu'il existe dans chaque langue des verbes, dits *verbes performatifs*, qui peuvent contrôler la construction de tels énoncés. L'emploi performatif d'un verbe se fait nécessairement à la première personne du singulier du présent de l'indicatif. Bien entendu, cette contrainte vaut pour le français et pour toute langue possédant un système semblable de temps grammaticaux ; pour les langues qui n'en possèdent pas, il faut considérer l'emploi de verbes dans des constructions équivalentes à la première personne du singulier du présent de l'indicatif.

Pour bien comprendre le fonctionnement très particulier des verbes performatifs, comparons les deux exemples suivants :

(18) a. — *Je te demande/te supplie/t'ordonne de partir.*

b. — *Je t'interroge sur ton âge.*

La phrase (18b) ne peut être utilisée que pour constater un fait, non pour interroger. Elle peut par exemple apparaître dans le contexte suivant :

(19) — *Je t'interroge sur ton âge, et toi tu te fâches !*

La phrase (18a), cependant, s'utilise très naturellement pour exprimer une requête : le locuteur demande à son interlocuteur (le supplie, lui ordonne) de partir.

En conséquence, on peut dire que DEMANDER, SUPPLIER et ORDONNER sont des verbes performatifs, **dans les acceptions considérées ci-dessus.** Le verbe INTERROGER, par contre, n'est pas un verbe performatif. On notera, à ce propos, que l'acception de DEMANDER qui est un synonyme approximatif d'INTERROGER n'est pas non plus performative. Un francophone ne demandera pas à quelqu'un son âge en disant (20a), mais plutôt en posant une question comme (20b) :

(20) a. — *Je te demande ton âge.*

b. — *Quel âge as-tu ?*

Il n'y a absolument aucune raison logique pour qu'il en soit ainsi. Même un locuteur dont le français est la langue maternelle doit tester l'emploi performatif d'un verbe donné — comme nous l'avons fait en (18a-b) — avant de pouvoir dire avec certitude si ce verbe est performatif ou non. Cela fait du caractère performatif que possèdent certains verbes un phénomène éminemment linguistique, qui relève sans conteste de l'étude lexicologique.

Lexies à contenu présuppositionnel

Nous examinerons maintenant un deuxième cas d'interférence pragmatique dans le lexique : celui des lexies dont le sens contient un ou plusieurs présupposés. Pour bien appréhender la notion de présupposé, il faut d'abord caractériser celle de sens implicite, déjà évoquée à propos des performatifs (p. 214).

Sens explicite et sens implicite des énoncés. On peut identifier deux types de contenus sémantiques véhiculés par les énoncés :

1. le **sens explicite**, qui est ce que le locuteur communique « ostensiblement » au moyen de l'énoncé en question ;
2. le **sens implicite**, qui est ce que le locuteur communique « de façon cachée » au moyen de l'énoncé.

Le sens implicite d'un énoncé donné fait tout de même partie de son sens littéral. C'est-à-dire que son expression est la résultante directe de l'emploi d'éléments spécifiques du code linguistique. Ce n'est pas un élément d'information qui, pour être perçu par le destinataire, requiert que celui-ci effectue des inférences de nature non linguistique.

La distinction entre sens explicite et sens implicite fait référence à la façon dont le locuteur présente au destinataire l'information communiquée. Cette distinction relève donc de la structuration communicative des énoncés, notion que nous avons déjà rencontrée à plusieurs reprises, notamment au Chapitre 6.

Définition de la notion de présupposé. Une fois caractérisée la notion de sens implicite, nous pouvons examiner le fonctionnement du **présupposé**, qui est un cas particulier de sens implicite.

Imaginons qu'un vol a été commis et que le voleur a des raisons de croire qu'il est suspecté par la police. Un de ses amis, qui ignore sa culpabilité, lui demande pourquoi il est nerveux et, sans réfléchir, le voleur se trahit en répondant :

(21)   *La police sait que je suis le coupable.*

Si l'on peut dire que l'individu en question « s'est trahi » dans sa réponse, c'est parce que celle-ci contient une information qui, bien qu'étant implicite, est tout à fait identifiable : il s'agit du présupposé ⸢Je suis le coupable⸣.

Nous percevons ce présupposé de façon immédiate, sans qu'il nous faille déduire quoi que ce soit des propos entendus. Ce présupposé est, par nature, entièrement linguistique et il fait partie du sens littéral de (21). En effet, en énonçant :

X sait que Y

le locuteur communique **nécessairement** de façon implicite ⸢Je dis que Y [est vrai]⸣.

Il faut distinguer deux types de présupposés : les présupposés lexicaux et les présupposés de phrase.

1. Un présupposé lexical trouve son origine dans l'emploi d'une lexie donnée, qui le véhicule intrinsèquement. C'est le cas illustré par l'exemple (21) ci-dessus, où la présence du présupposé est une résultante directe de l'emploi de la lexie SAVOIR. On peut ainsi comparer la phrase initiale avec celle que le voleur aurait dû employer pour ne pas se trahir :

(22) *La police **pense** que je suis le coupable.*

2. Un présupposé de phrase est la résultante de la structure interne du message exprimé par la phrase ; il est impossible de l'associer à l'emploi d'une lexie particulière. La phrase suivante illustre ce type de présupposé :

(23) *Elle parle à un admirateur.*

→ présupposé = ʿElle a un admirateurʾ

Bien entendu, c'est avant tout le phénomène des présupposés lexicaux qui nous intéressera, puisque nous nous concentrons dans le présent ouvrage sur l'étude de la sémantique **lexicale**.

En tant que sens implicites, les présupposés sont souvent difficiles à identifier. Il faut pour cela avoir recours à des tests linguistiques. On utilise généralement la « résistance » à la négation comme critère de mise en évidence des présupposés. En effet, les présupposés se caractérisent notamment par le fait qu'ils restent affirmés lorsque l'énoncé qui les contient est nié. On peut ainsi comparer la phrase (21) à sa négation, qui véhicule le même présupposé :

(24) *La police ne sait pas que je suis le coupable.*

→ présupposé = ʿJe suis le coupableʾ

Cette propriété des présupposés est remarquable et on la considère souvent comme définitoire. On dira donc qu'un présupposé d'un énoncé E est un sens véhiculé par E qui reste affirmé quand E est nié. Une telle définition ne nous paraît cependant pas entièrement satisfaisante, cela pour deux raisons.

Premièrement, ce qui vient d'être dit à propos de la négation vaut aussi pour l'interrogation. La phrase

(25) *Est-ce que la police sait que je suis le coupable ?*

possède le même présupposé que (21) et (24). Il faudrait donc compléter la définition du présupposé en mentionnant qu'il « survit » aussi à l'interrogation.

Deuxièmement, la définition fondée sur la résistance à la négation, telle qu'elle est formulée ci-dessus, met l'accent sur le test d'identification du présupposé **et non sur sa valeur pragmatique**. Pourtant, il faudrait que la définition souligne avant tout que le fait de communiquer quelque chose en tant que présupposé d'un énoncé impose des contraintes très fortes sur ce que le destinataire, ou le locuteur lui-même, peut faire une fois l'énoncé produit. Il est notamment beaucoup plus difficile, en situation de dialogue, de contester une information présupposée qu'une information communiquée explicitement. Il suffit, pour s'en convaincre, de comparer les deux questions suivantes, en imaginant qu'elles sont posées à un chef de gouvernement en campagne électorale.

(26) a. *Pensez-vous que votre gouvernement saura éviter de refaire les graves erreurs du passé ?*

b. *Votre gouvernement a fait de graves erreurs dans le passé ; pensez-vous pouvoir éviter de refaire les mêmes erreurs ?*

La première question est assurément plus insidieuse. Elle tend un piège au destinataire, qui doit absolument éviter de répondre par *oui* ou par *non*, même si la question l'y pousse. En effet, chacune de ces réponses équivaudrait à un acquiescement vis-à-vis du présupposé : ʿvotre gouvernement a fait de graves erreursʾ. La question (26b), par contre, véhicule cette même affirmation de façon explicite, ce qui laisse plus de latitude au destinataire qui voudrait la contester.

Cet exemple montre à quel point la transmission d'une information sous forme de présupposé équivaut à une prise de contrôle partielle de la suite de l'échange linguistique de la part du locuteur. C'est pourquoi il est tout à fait légitime de parler d'*acte illocutoire de présupposition*, comme le fait Oswald Ducrot—voir Ducrot (1972) dans les lectures complémentaires pour le présent chapitre.

Les insuffisances relevées dans la définition « classique » du présupposé, notamment le trop peu d'importance qu'elle donne à l'aspect pragmatique de cette notion, sont suffisamment sérieuses pour qu'on l'écarte. Nous proposons d'adopter la définition ci-dessous, qui nous semble en tous points excellente.

P présuppose Q [= P a comme présupposé Q (note de l'auteur)] si et seulement si à chaque fois que P est affirmée, niée ou mise sous forme de question le locuteur ne peut pas nier que Q sans se contredire.

Mørdrup, Ole (1975). « Présuppositions, implications et verbes français », *Revue romane*, vol. X, n° 1, p. 128.

Description des présupposés lexicaux. Comme nous l'avons vu, les présupposés lexicaux sont liés de façon intrinsèque à des lexies spécifiques de la langue : les **lexies à contenu présuppositionnel**. Ils fonctionnent comme des contraintes sur le type d'interaction qui pourra découler de l'utilisation de ces lexies en situation de parole. Il serait donc toujours souhaitable de signaler explicitement la nature présuppositionnelle de telle ou telle composante de sens dans les définitions lexicales.

Prenons comme exemple le cas de la lexie REGRETTER. *X regrette Y* présuppose la vérité de l'information correspondant au second actant Y. C'est ce que démontrent les phrases suivantes, qui ont toutes le même présupposé : ʿJules est arrivé en retardʾ.

(27) a.　*Jules regrette d'être arrivé en retard.*

　　 b.　*Jules ne regrette pas d'être arrivé en retard.*

　　 c.　*Est-ce que Jules regrette d'être arrivé en retard ?*

Une bonne façon de mettre en relief la nature présuppositionnelle d'une composante de sens donnée est de lui attribuer une position particulière dans la définition lexicale, par exemple[4] :

(28) ʿX regrette Yʾ 　　 ≅ ʿX ayant fait Y, X pense qu'il n'aurait pas dû faire Yʾ

Cette définition n'est sans doute pas parfaite ; elle a cependant le mérite d'isoler clairement le présupposé du verbe REGRETTER. Par la façon dont elle est structurée, (28) nous avertit du fait que ʿX a fait Yʾ est communiqué par REGRETTER de façon « sournoise », en imposant en quelque sorte au destinataire d'accepter Y comme un fait établi.

Quittons maintenant ce sujet inépuisable qu'est la présupposition pour examiner un dernier cas d'interférence pragmatique dans le lexique.

Lexies pragmatiquement définies

Certaines lexies de la langue, que nous proposons d'appeler **lexies pragmatiquement définies**, entretiennent une relation privilégiée avec la pragmatique

---

4. Cette méthode est inspirée du format de présentation des présupposés adopté dans le *Dictionnaire explicatif et combinatoire* (voir Chapitre 10, p. 227). À notre connaissance, il s'agit du premier dictionnaire à avoir systématiquement identifié la composante présuppositionnelle des sens lexicaux dans ses définitions.

car elles sont faites pour être utilisées dans un contexte d'énonciation donné. La caractérisation d'un tel contexte d'énonciation fait partie intégrante du signifié de ces lexies.

Nous allons maintenant examiner quelques exemples de lexies pragmatiquement définies.

Supposons qu'un individu veuille apposer un panneau informant les automobilistes qu'ils ne peuvent se garer sur un terrain lui appartenant. Il pourrait écrire sur son panneau n'importe lequel des énoncés suivants :

(29) a. *Ne stationnez pas.*

    b. *Vous n'avez pas le droit de vous garer.*

    c. *Impossible de stationner.*

Tout le monde comprendra ce que ces panneaux signifient ; pourtant, ils ne correspondent pas à la façon standard de faire passer le message en question. Deux « bons » panneaux se liraient comme suit :

(30) a. *Défense de stationner.*

    b. *Stationnement interdit.*

La meilleure façon de procéder pour décrire un tel phénomène, vu son caractère arbitraire, est de postuler au moins deux lexies pragmatiquement définies, utilisables dans cette situation : DÉFENSE DE STATIONNER et STATIONNEMENT INTERDIT.

Le caractère arbitraire des lexies pragmatiquement définies apparaît encore mieux quand on cherche à les traduire. Seul (31a) est approprié si l'on veut un panneau anglais vraiment standard.

(31) a. *No parking.*

    b. *Parking forbidden.*

Prenons un autre exemple de panneau. Comment signaler qu'un mur vient d'être repeint et qu'il faut veiller à ne pas le toucher ? Bien entendu, c'est (32a) qui est le panneau véritablement « idiomatique ». Le panneau (32b) est certainement moins courant et (32c) est carrément bizarre.

(32) a. *Peinture fraîche.*

    b. *Attention à la peinture.*

    c. *Vient d'être peint.*

Pour changer de domaine, prenons un exemple de lexie que nous employons continuellement dans la vie de tous les jours. Soit le contexte d'énonciation suivant :

La personne X adresse la parole à la personne Y pour la première fois de la journée. (Elle peut d'ailleurs très bien ne pas lui avoir parlé depuis plusieurs jours.) X cherche à établir le contact de façon amicale, mais tout de même conventionnelle — c'est-à-dire que X ne cherche pas à faire quelque chose de spécial ou d'original.

En fonction de toutes ces contraintes pragmatiques, X dira peut-être :

(33) — *Comment ça va ?*

La lexie COMMENT ÇA VA ? est une lexie pragmatiquement définie. On ne peut pas se contenter d'en donner une définition analytique pour expliciter sa valeur linguistique ; il faut aussi lui associer un contexte d'énonciation particulier et indiquer, puisqu'il s'agit d'une question, quelles réponses standard elle conditionne. Cette information fait en effet partie du code linguistique lui-même ; question et réponses possibles vont de pair comme l'illustrent les deux petits dialogues français et anglais qui suivent.

(34) a. — *Comment ça va ?*
    — *Ça va.*
   b. — *How are you keeping ?*
    — *Fine.*

Les exemples de lexies pragmatiquement définies que nous venons d'examiner montrent qu'il s'agit, formellement, de syntagmes phraséolo-gisés (cf. Chapitre 7, p. 163 et suivantes). Attention, cependant ! Il ne s'agit pas de locutions, puisque ces syntagmes sont pour la plupart sémanti-quement compositionnels. L'expression *Comment ça va ?* est tout à fait transparente ; son sens résulte directement de la combinaison du sens des lexèmes et des éléments grammaticaux qui la constituent. Puisque leur nature phraséologique résulte de contraintes liées à leur contexte pragma-tique d'utilisation, les lexies pragmatiquement définies, conceptualisées dans la théorie Sens-Texte sous le nom de *pragmatèmes*, peuvent être consi-dérées comme **pragmatiquement** non compositionnelles[5].

---

5. Mel'čuk, Igor (1995). « Phrasemes in Language and Phraseology in Linguistics », dans Martin Everaert, Erik-Jan van der Linden, André Schenk et Rob Schreuder (dir.), *Idioms. Structural and Psychological Perspectives*, Hillsdale NJ, Erlbaum, p. 167-232.

On notera finalement que bien peu de dictionnaires donnent les informations de nature pragmatique associées à de telles lexies. En fait, ce sont surtout les dictionnaires bilingues qui montrent le bon exemple, comme on le voit dans cet extrait du *Robert & Collins* [1995] :

(35) **aller** [...] (*état de santé*) [...] (**comment**) ça va ? *ou* **comment va la santé ?** — **ça va** how's things? *ou* how are you keeping? — fine *ou* not so bad [...]

L'exercice 9.5, proposé en fin de chapitre, concerne la modélisation sémantique des lexies pragmatiquement définies, telle qu'elle pourrait apparaître dans les dictionnaires.

Cette observation sur les dictionnaires nous permet d'amorcer la transition vers notre dernier chapitre, où nous établirons la connexion entre les notions de base en lexicologie et la lexicographie (la rédaction de dictionnaires).

Lectures complémentaires

Reboul, Anne et Jacques Moeschler (1998). *La pragmatique aujourd'hui*, collection « Points Essais », n° 371, Paris, Éditions du Seuil.

Nous recommandons fortement la lecture de cet ouvrage à toute personne que notre introduction à la pragmatique aura laissée sur sa faim. Il a le mérite de proposer une perspective cohérente sur la pragmatique, plutôt que de se réduire à un simple répertoire des travaux effectués dans le domaine (comme c'est malheureusement trop souvent le cas des textes d'introduction).

Ducrot, Oswald et Jean-Marie Schaeffer (1995). « Langage et action », dans *Nouveau dictionnaire encyclopédique des sciences du langage*, Paris, Éditions du Seuil, p. 776-783.

À lire notamment pour sa présentation de la théorie des actes de parole d'Austin.

Ducrot, Oswald (1972). « La notion de présupposition : présentation historique », dans *Dire et ne pas dire. Principes de sémantique linguistique*, deuxième édition corrigée et augmentée (1980), collection « Savoir », Paris, Hermann, p. 25-67.

Ce texte offre une perspective d'ensemble sur la présupposition. L'ouvrage au complet étudie cette notion de façon très approfondie.

Exercices

Exercice 9.1

Parmi les verbes suivants, lesquels sont performatifs ?
- PRIER [*Jules prie Jim de se taire.*]
- SUPPLIER [*Jules supplie Jim de partir.*]
- VOULOIR [*Jules veut que Jim sorte.*]

Exercice 9.2

Lequel des deux verbes RECONNAÎTRE 1 ou RECONNAÎTRE 2 (nous utilisons ici une numérotation *ad hoc*) employés en (36a-b) est performatif ? Justifier la réponse donnée.

(36) a. *T'as tellement changé que je ne te reconnais 1 plus.*

b. *Je reconnais 2 l'autorité de la Cour.*

Exercice 9.3

Faire une ébauche de définition des deux lexies SAVOIR et PENSER utilisées dans les phrases (21) et (22) (p. 216 et p. 217). Veiller à ce que le présupposé de SAVOIR apparaisse clairement dans sa définition ; s'inspirer pour cela de la définition proposée (p. 219) pour REGRETTER.

Exercice 9.4

Les phrases suivantes semblent être des paraphrases.

(37) a. *Ouvert 24 heures sur 24.*

b. *Jamais fermé.*

On ne voit pourtant normalement que (37a) dans la vitrine des magasins. Expliquer.

Exercice 9.5

Décrire le sémantisme de la lexie française NE QUITTEZ PAS !, qui s'emploie dans le contexte d'un échange téléphonique. La description proposée doit inclure, outre une définition analytique, la spécification du contexte pragmatique associé à l'emploi de NE QUITTEZ PAS !

Faire ensuite une petite enquête pour trouver la traduction de cette lexie dans le plus grand nombre possible de langues.

10

DE LA LEXICOLOGIE À LA LEXICOGRAPHIE

I promise nothing complete; because any human thing supposed to be complete, must for that very reason infallibly be faulty.

HERMAN MELVILLE, *Moby Dick*.

Nous allons maintenant porter notre attention sur la rédaction des dictionnaires, qui sont en quelque sorte des « produits dérivés » de la lexicologie, comme les grammaires sont des produits dérivés de l'étude de la syntaxe et de la morphologie des langues. La présentation des dictionnaires peut faire à elle seule l'objet de tout un ouvrage et notre but n'est pas ici de tenter de condenser pareille entreprise en quelques pages. Le présent chapitre vise plutôt à établir une connexion explicite entre les notions de lexicologie « pure » qui ont été introduites jusqu'à présent et la problématique de la rédaction des dictionnaires.

Les dictionnaires sont, pour la plupart, des ouvrages écrits par des spécialistes de la langue pour un public de non-spécialistes. De plus, le grand public perçoit les dictionnaires comme des symboles de la langue elle-même. S'acheter un dictionnaire revient en quelque sorte à s'approprier la connaissance véritable de ce qu'est la langue. La foi dans l'infaillibilité des dictionnaires est parfois totale ; on perd de vue le fait que ces ouvrages sont élaborés par des êtres humains, qui mangent, boivent, dorment, sont fatigués, font des erreurs, font des omissions, ignorent certaines données... Le mythe de l'exhaustivité des dictionnaires a la vie dure. Bien des personnes admettront que « tous les mots de la langue » ne sont peut-être pas décrits dans leur dictionnaire favori, mais elles croiront dur comme fer que la description d'un « mot » donné — ce que nous appelons un vocable — est, elle, complète et juste.

C'est pourquoi nous avons ouvert ce chapitre par cette belle citation de Melville : en tant que produits de l'activité humaine, les dictionnaires sont tous, d'une façon ou d'une autre, incomplets et erronés. Cela n'enlève d'ailleurs rien au fait qu'ils sont d'irremplaçables outils. Ce chapitre vise ainsi autant à connecter la lexicologie à la lexicographie qu'à démystifier les dictionnaires. Il ne s'agit nullement d'en faire une critique stérile, du haut d'une « science » lexicologique qui donnerait tous les droits de critiquer sans participer soi-même à la tâche, jamais complétée, de modélisation du lexique. La démystification des dictionnaires doit au contraire les rendre plus proches du lecteur et les lui rendre plus compréhensibles. Elle doit susciter en lui l'envie d'approfondir sa connaissance de la lexicographie et, peut-être, de s'engager lui-même dans cette discipline.

Ce chapitre se divise en trois parties. Tout d'abord, nous proposerons une introduction générale aux dictionnaires, en distinguant notamment les dictionnaires grand public et les dictionnaires théoriques. Puis, nous introduirons la terminologie de base qui sert à décrire la structure des dictionnaires. Finalement, nous montrerons comment l'information lexicale, que nous nous sommes efforcé de caractériser tout au long des chapitres précédents, est encodée dans les dictionnaires grand public.

Notions introduites Dictionnaire, lexicographie, dictionnaire grand public et dictionnaire théorique, dictionnairique, dictionnaire de langue (monolingue), dictionnaire bilingue, dictionnaire pédagogique ou d'apprentissage, dictionnaire d'encodage vs de décodage, macrostructure, article (de dictionnaire), sous-article, mot-vedette, entrée, nomenclature, dictionnaire papier vs électronique, microstructure, définition lexicographique.

Qu'est-ce qu'un dictionnaire ?

Dictionnaires et lexicographie

Un **dictionnaire** d'une langue donnée est un répertoire du lexique de cette langue qui offre une description de chaque lexie selon un patron relativement rigide. Les données fournies sur chaque lexie varient d'un dictionnaire à l'autre : prononciation, étymologie, définition, exemples illustrant les emplois possibles de la lexie, etc.

La *lexicographie* est l'activité ou le domaine d'étude qui vise la construction de dictionnaires.

Le terme *dictionnaire* est habituellement utilisé pour désigner les **dictionnaires grand public** comme *Le Petit Robert* ou *Le Petit Larousse*, qui sont avant tout des produits destinés à la vente[1]. Rédiger de tels dictionnaires revient en quelque sorte à faire de la « lexicologie appliquée ».

Il existe cependant aussi des **dictionnaires théoriques**, c'est-à-dire des dictionnaires conçus comme des outils de recherche en linguistique, que l'on développe en vue d'étudier le lexique des langues. Les dictionnaires théoriques peuvent servir de modèles expérimentaux pour améliorer la qualité (complétude, cohérence, etc.) des dictionnaires grand public. Voici deux exemples de dictionnaires théoriques :

Mel'čuk, Igor *et al.* (1984; 1988; 1992; 1999). *Dictionnaire explicatif et combinatoire du français contemporain. Recherches lexico-sémantiques*, vol. I à IV, Montréal, Les Presses de l'Université de Montréal.

Wierzbicka, Anna (1987). *English Speech Act Verbs. A Semantic Dictionary*, Sydney, Academic Press.

La rédaction des dictionnaires théoriques, comme celle des dictionnaires grand public, exige un travail considérable d'analyse, de traitement et de stockage des données lexicales. Ces différentes tâches liées à l'analyse des données proprement dite ont pris de plus en plus d'importance au fur et à mesure que le recours aux outils informatiques pénétrait les techniques de travail lexicographique. Cela a amené certains à considérer que le travail de traitement des données lexicales et celui de production de dictionnaires relevaient d'activités distinctes.

Pour ces raisons, le lexicographe Bernard Quemada a proposé de distinguer deux disciplines :

---

1. Les références bibliographiques de tous les dictionnaires mentionnés dans ce chapitre figurent dans la bibliographie en fin d'ouvrage (« Dictionnaires cités », p. 254 et suivantes).

1. la lexicographie, caractérisée comme une activité de compilation et d'étude des données lexicales ne débouchant pas nécessairement sur la seule production de dictionnaires ;
2. la *dictionnairique*, discipline qui vise spécifiquement la production de dictionnaires.

Voici comment B. Quemada justifie cette distinction :

Pour moi, dont les recherches en lexicologie et lexicographie coïncident précisément avec cette évolution radicale des formes de pensée et de pratiques [= le recours à l'analyse informatique des données linguistiques (note de l'auteur)], la définition de *lexicographie* ne peut être, pour la période actuelle, que « le recensement et l'analyse des formes et des significations des unités lexicales, observées dans leurs emplois et considérées dans leurs plus larges implications ».

Quemada, Bernard (1987). « Notes sur *lexicographie* et *dictionnairique* », *Cahiers de lexicologie*, vol. 51, n° 2, p. 235.

Résumons la situation. Ce qui est proposé ici, c'est d'utiliser un nouveau terme, *dictionnairique*, pour désigner une activité déjà très ancienne et d'utiliser le terme servant traditionnellement à désigner cette activité ancienne, *lexicographie*, pour désigner une activité ayant connu un essor récent : l'analyse des données lexicales, faite notamment au moyen d'outils informatiques et selon les méthodes de la lexicométrie (cf. Chapitre 5, p. 112). Cette façon de procéder a sûrement sa propre logique. Il nous semble cependant préférable de continuer à utiliser *lexicographie* pour désigner l'activité de rédaction des dictionnaires (c'est-à-dire l'activité du lexicographe), quitte à proposer un nouveau terme pour le recensement et l'analyse des données lexicales. Pourquoi pas *lexicanalyse*, par exemple ?

Les débats terminologiques ne présentent de l'intérêt que dans la mesure où il permettent de mettre en évidence, préciser, rendre plus claires des notions fondamentales. Même si nous n'adoptons pas ici l'usage du terme *dictionnairique*, pour les motifs qui viennent d'être exposés, il nous semble important de débattre de l'usage de ce terme dans la mesure où son introduction répond à un véritable besoin de « redistribuer les cartes » dans un domaine d'activité qui s'est considérablement transformé au cours des cinquante dernières années. Nous avons beaucoup insisté au Chapitre 5 (voir notamment « L'accès aux données linguistiques », p. 107 et suivantes) sur l'importance croissante du recours aux outils informatiques dans le traitement des données lexicales et, plus généralement, des données linguistiques. Il est clair que B. Quemada a mille fois raison en voulant donner à cette activité de collecte et d'analyse des données un statut distinct. Seul le choix de *lexicographie* pour désigner cette activité nous semble problématique. Nous recommandons cependant fortement au lecteur de lire en entier le texte dont nous avons extrait ici un passage, pour avoir une juste idée de tous les arguments qu'il présente.

Spécificité des dictionnaires grand public

Les dictionnaires grand public ne sont pas des ouvrages comme les autres, cela pour au moins deux raisons.

Tout d'abord, ils ont une importance sociale considérable. En effet, en décrivant le lexique d'une langue, le dictionnaire se présente comme un reflet de la société dans laquelle cette langue est parlée. On peut donc affirmer l'existence même d'une société, d'une culture, en entreprenant la rédaction d'un dictionnaire de sa langue. Les États sont souvent impliqués dans la rédaction de dictionnaires (*Dictionnaire de l'Académie française*, etc.), qu'ils peuvent encourager, financer ou même, pourquoi pas, décourager pour des raisons politiques. Cela est particulièrement évident dans le cas de dictionnaires décrivant une variante géographique d'une langue. Par exemple, un dictionnaire comme *The Macquarie Dictionary* (rédigé et publié à l'Université Macquarie de Sydney) ne fait pas que décrire une variante de l'anglais : il est aussi l'affirmation de l'existence d'une culture proprement australienne.

La deuxième spécificité des dictionnaires grand public est leur très large diffusion. Tout le monde ou presque, surtout dans les pays francophones, possède au moins un dictionnaire à la maison ou au bureau, même s'il s'agit souvent d'un ouvrage plutôt aride, destiné à la consultation. Un dictionnaire est un peu comme un annuaire téléphonique : un « gros livre » que l'on se doit de posséder au cas où. Les gens « ordinaires » entretiennent donc une relation un peu particulière avec leur dictionnaire. Parce qu'ils en possèdent tous un, parce que le dictionnaire se présente explicitement comme un outil destiné au grand public, ils pensent bien connaître et comprendre l'information qu'il renferme. Or, rares sont ceux qui ont véritablement pris le temps d'examiner quelles données spécifiques sur la langue contient leur dictionnaire et la manière dont elles y sont présentées. On ouvre bien souvent un dictionnaire uniquement pour vérifier l'orthographe d'un mot ou, au mieux, pour trouver le sens d'un mot rare ou technique que l'on a rencontré. Paradoxalement, une façon courante de se servir du dictionnaire est justement de ne pas l'ouvrir, mais plutôt de l' « invoquer » pour éviter d'avoir à répondre à une question embarrassante ou pour laquelle on n'a pas la réponse :

> — *Va voir dans le dictionnaire !*

Types de dictionnaires grand public

Il existe une grande variété de dictionnaires, selon le public et l'utilisation visés. Examinons-en brièvement trois types : les dictionnaires de langue (monolingues), les dictionnaires bilingues et les dictionnaires pédagogiques (ou dictionnaires d'apprentissage).

Dictionnaires de langue (monolingues). Ces dictionnaires présentent les lexies de la langue dans leur réalité linguistique : prononciation, partie du discours, sens, etc. Ils ne contiennent généralement pas de noms propres. On les distingue des dictionnaires encyclopédiques, qui sont en quelque sorte des ouvrages intermédiaires entre les dictionnaires de langue et les encyclopédies. Les dictionnaires encyclopédiques contiennent généralement de nombreux noms propres (noms de pays, de personnalités, etc.) et, surtout, ils fournissent pour chaque unité décrite des informations non linguistiques sur les entités correspondantes. Ainsi, un dictionnaire encyclopédique ne va pas seulement décrire la lexie VACHE, mais aussi **l'animal lui-même** : ce que mange une vache, son poids moyen, la façon dont fonctionne son système digestif, etc.

Certains dictionnaires de langue peuvent se focaliser sur un aspect particulier de la description lexicale : dictionnaires de synonymes, dictionnaires de collocations, etc. C'est un sujet que nous aurons l'occasion d'aborder plus loin (voir « Encodage des propriétés des lexies dans les dictionnaires », p. 238 et suivantes).

Dictionnaires bilingues. Les dictionnaires bilingues décrivent les lexies d'une langue (langue source) en donnant leur traduction dans une autre langue (langue cible). La description d'une lexie donnée peut relever d'un des deux cas de figure suivants :

1. soit la lexie de la langue source possède un correspondant lexical direct dans la langue cible, comme en (1a) ;

2. soit cet équivalent lexical n'existe pas et la traduction est équivalente à une véritable définition formulée dans la langue cible, comme en (1b).

(1) a. PAIN *bread*

      b. TARTINE *slice of bread spread with something like butter or jam*

Bien entendu, cette façon de présenter les choses est très partielle puisqu'elle se borne à considérer le problème de la description **sémantique** des lexies. La lexicographie bilingue, comme toute lexicographie, doit aussi prendre en compte la caractérisation des autres propriétés lexicales, et notamment la caractérisation de la combinatoire lexicale ; voir ce qui est dit à ce propos dans la section « Description de la combinatoire des lexies » (p. 241 et suivantes).

Dictionnaires pédagogiques. Ces dictionnaires, aussi appelés *dictionnaires d'apprentissage*, sont conçus à l'usage des personnes qui apprennent activement la langue. Ils sont plus ou moins riches (de quelques dizaines de vocables à plusieurs milliers) selon le niveau d'enseignement auquel ils s'adressent. On notera que les dictionnaires destinés à un très jeune public contiennent souvent beaucoup plus d'illustrations que les dictionnaires de langue courants[2], l'illustration pouvant jouer un rôle très variable (agrémenter les pages du volume ou contribuer véritablement à la description).

Certains dictionnaires pédagogiques possèdent des structures très originales, où les vocables ne sont pas présentés strictement dans l'ordre alphabétique. Ainsi, le *Dictionnaire du français usuel* [2002] a opté pour une organisation « en réseau », qui fonctionne de la façon suivante.

- On accède aux informations lexicales par l'intermédiaire d'un petit nombre de vocables (442 exactement) très fortement polysémiques et d'un usage fréquent.
- Ces vocables, par l'intermédiaire de chacune de leurs acceptions, servent de clés d'accès à tout un réseau de lexies de la langue sémantiquement reliées. Par exemple, le vocable FORT, avec toutes ses acceptions, donne accès à la description de certaines lexies des vocables VIGOUREUX, ROBUSTE, COSTAUD, VIGUEUR, VIGOUREUSEMENT, COLOSSE, COLOSSAL, GROS, FORTIFIANT... — en tout, une quarantaine de lexies.

---

2. Certains dictionnaires de langue, comme *Le Petit Robert*, ne contiennent **aucune** illustration.

Le but d'une telle structuration est de stimuler l'acquisition des connaissances lexicales en s'appuyant sur le « phénomène naturel » de la polysémie et en recourant à une navigation sémantique dans le réseau lexical de la langue.

> Le travail par réseaux aboutit à rendre compte de la polysémie du mot pris pour point de départ, qui n'est pas un fâcheux accident, mais un caractère fondamental du langage humain et de la cohérence sémantique interne du réseau qu'il commande. C'est le propre d'une conception **linguistique** de l'étude du lexique.
>
> Picoche, Jacqueline et Jean-Claude Rolland (2002). *Dictionnaire du français usuel*, Bruxelles, De Boeck-Duculot, p. 12.

Il existe d'autres façons originales de structurer l'information dans les dictionnaires pédagogiques. Par exemple, le dictionnaire anglais *Longman Language Activator* propose des regroupements par concepts, c'est-à-dire qu'il utilise des sens très généraux comme clés d'accès aux unités lexicales et à leur description. Une telle organisation est censée encourager un usage « actif » du dictionnaire, qui fonctionne alors véritablement comme un outil permettant d'encoder linguistiquement sa pensée (d'où le nom de *language **activator***).

Cette dernière remarque nous permet de mettre en évidence deux approches de la structuration de l'information dans les dictionnaires. Les dictionnaires pédagogiques sont, dans leur grande majorité, des **dictionnaires d'encodage** : ils présentent l'information lexicale comme une ressource permettant d'encoder linguistiquement sa pensée. Au contraire, la plupart des dictionnaires plus traditionnels sont avant tout des **dictionnaires de décodage** : ils sont conçus comme des aides permettant d'interpréter le contenu lexical d'énoncés linguistiques. Le cas le plus typique d'utilisation des dictionnaires standard est la recherche d'un « mot inconnu ou difficile » trouvé dans un texte ; et lorsque de tels dictionnaires sont utilisés dans un contexte d'encodage, c'est essentiellement pour y trouver l'orthographe d'un terme que l'on veut employer à l'écrit.

On le voit, il existe une variété considérable de dictionnaires. Comme notre but n'est pas d'entamer un parcours complet de la discipline lexicographique, mais plutôt de la présenter sous l'angle de ses connexions avec les notions de base de lexicologie, nous nous concentrerons dans ce qui suit sur le cas le plus standard : les dictionnaires de langue monolingues. Nous

nous permettrons toutefois de mentionner de façon ponctuelle les dictionnaires bilingues et pédagogiques lorsque cela sera utile pour notre exposé.

Macrostructure et microstructure des dictionnaires

Les dictionnaires de langue courants possèdent une organisation interne
particulière, qui se décrit en termes de macrostructure et microstructure.

La *macrostructure* d'un dictionnaire est son ossature générale. Elle
s'organise autour d'une succession de descriptions de vocables, ordonnées
alphabétiquement. Comme chacun sait, on utilise normalement la forme
canonique pour nommer un vocable dans un dictionnaire — c'est-à-dire la
variante flexionnelle de base lorsque le vocable appartient à une partie du
discours admettant la flexion. Dans les dictionnaires du français, il s'agit de
l'infinitif pour les verbes, du singulier pour les noms et du masculin
singulier pour les adjectifs. Cependant, chaque tradition lexicographique
peut avoir développé sa propre façon de faire, en fonction des particularités
formelles de la langue traitée, comme l'illustrent les trois cas suivants :

- Les verbes sont positionnés dans la macrostructure des dictionnaires du latin
  en fonction de leur forme de la première personne du singulier du présent de
  l'indicatif ; par exemple, il faut chercher dans un dictionnaire du latin *amo*
  'j'aime' et non *amare* 'aimer'.
- Dans les dictionnaires de l'arabe, on accède aux vocables par leur « racine
  consonantique », c'est-à-dire par les trois consonnes fondamentales qui
  constituent l'ossature des mots-formes.
- Dans les dictionnaires du chinois mandarin — dont l'écriture n'est pas alphabétique —, on utilise diverses méthodes d'accès, parfois combinées : par la
  partie graphique « générique » des caractères (appelée *clé*), par des codes
  numériques identifiant les configurations de traits des caractères (méthode
  dite des *quatre coins*), etc.

Traditionnellement, on appelle *article de dictionnaire* le bloc de texte
décrivant un vocable donné. Chaque article se divise en *sous-articles*, dont
chacun décrit une acception (une lexie) particulière du vocable en question.
Cette terminologie pose un problème théorique. Elle semble impliquer que
l'unité de base de la description lexicographique est le vocable et que la
description de la lexie n'est qu'une sous-partie de la description du vocable
(cf. *sous-article*). Or, on sait que chaque lexie forme un tout, avec
notamment un sens et une combinatoire caractéristiques. Cela a amené les

lexicographes travaillant sur les dictionnaires théoriques du type *Diction-naire explicatif et combinatoire* (cf. p. 227) à nommer *article* la description de la lexie et *superarticle* le regroupement de toutes les descriptions des lexies d'un vocable. Cette terminologie est cependant elle aussi probléma-tique, pour au moins deux raisons : d'une part, on l'utilise de façon très marginale dans la littérature lexicographique ; d'autre part, le terme *superarticle* semble un peu étrange en raison du sens qu'on associe habituel-lement au préfixe *super-* ('degré extrême' ou 'supériorité'). Pour simplifier, il nous semble qu'il serait préférable de n'utiliser que le terme *article*, en spécifiant, lorsque c'est nécessaire, s'il s'agit d'un article **de vocable** (l'article au sens traditionnel) ou d'un article **de lexie** (le sous-article dans la termi-nologie traditionnelle). Le tableau ci-dessous résume comment on peut résoudre cet imbroglio terminologique.

Trois terminologies possibles pour décrire la macrostructure des dictionnaires

Entité décrite	Terminologie traditionnelle	Terminologie *Dict. expl. et comb.*	Terminologie proposée
vocable	*article*	*superarticle*	*article de vocable*
lexie	*sous-article*	*article*	*article de lexie*

Nous utiliserons la terminologie proposée dans la colonne de droite du tableau qui précède. Elle est compatible avec la terminologie traditionnelle et évite en même temps de rétrograder la lexie au rang de « sous-vocable ».

La lexie est l'unité constitutive du lexique ; sa description est donc l'unité de description du lexique.

Il nous reste à exposer encore quelques termes relevant de la macro-structure des dictionnaires. Le vocable d'un article est appelé **mot-vedette** ou **entrée**, et la liste de tous les mots-vedettes d'un dictionnaire est appelée **nomenclature** du dictionnaire. Comme nous l'avons vu plus haut, certains dictionnaires, notamment les dictionnaires pédagogiques, ne structurent pas leur nomenclature strictement en fonction de l'ordonnancement alpha-bétique des mots-vedettes. De plus, la lexicographie évolue énormément du fait du passage progressif des **dictionnaires papier** aux **dictionnaires électro-niques**, disponibles sur CD/DVD-ROM ou sur Internet. Le stockage informatique rend beaucoup plus facile la navigation non linéaire dans la nomenclature et, plus généralement, dans l'ensemble des informations contenues dans le dictionnaire. On peut s'attendre à ce que les dictionnaires électroniques proposent de plus en plus fréquemment des outils permettant d'accéder aux données lexicales à l'aide de clés sémantiques, grammaticales, etc. Une caractéristique importante de ces dictionnaires est qu'ils peuvent s'intégrer à des logiciels, en tant que composantes de ces derniers. Ainsi, le logiciel commercial Antidote[3] est la réunion d'un correcteur orthographique du français, d'une série de dictionnaires électroniques intégrés (dictionnaire « standard », de synonymes, d'antonymes, des cooccurrences, de locutions, etc.) et de guides linguistiques (grammatical, stylistique, etc.). La conception traditionnelle de ce qu'est un dictionnaire est complètement remise en question dans ce type d'environnement informatique. En réalité, lorsque l'on observe l'évolution des dictionnaires électroniques depuis que ceux-ci ont commencé à apparaître, on s'aperçoit que, très graduellement, le dictionnaire subit une métamorphose : d'un livre à la structure linéaire, il devient progressivement un véritable modèle multidimensionnel du lexique, fait pour se connecter aux autres composantes de la description linguistique.

Il convient de souligner que cette transition n'est pas **due** à l'outil informatique lui-même. Elle a été préparée de longue date par l'évolution de la lexicographie qui, notamment durant la seconde moitié du xxe siècle, a massivement intégré les acquis de la linguistique moderne. En un sens, la nouvelle lexicographie se trouvait à l'étroit, bridée dans son format papier : la transition vers le support informatique va lui permettre de se révéler entièrement au public et de se développer.

Mentionnons, pour conclure sur la notion de macrostructure, que certains dictionnaires ont une nomenclature spécialisée, dédiée à certains types de lexies. Citons par exemple le *Dictionnaire des onomatopées*, paru en 2003, dont la finalité est de pallier le manque de description systématique des lexies onomatopéiques dans la plupart des dictionnaires de langue.

Nous allons maintenant examiner, pour illustrer les notions d'article de vocable et de lexie (et introduire celle de microstructure), la reproduction de l'entrée CATASTROPHE dans *Le Nouveau Petit Robert* [2007].

---

3. Antidote est conçu par Druide informatique inc., Montréal.

Entrée CATASTROPHE dans *Le Nouveau Petit Robert* [2007] (version électronique)

catastrophe [katastʀɔf] nom·féminin

Mot-vedette

ÉTYM. 1552; <u>latin</u> *catastropha*, <u>grec</u> *katastrophê* « bouleversement »

1 Didact. Dernier et principal événement (d'un poème, d'une tragédie). → dénouement. « *La catastrophe de ma pièce est peut-être un peu trop sanglante* » (Racine).

2 Cour. Malheur effroyable et brusque. → bouleversement, calamité, cataclysme, coup, désastre, drame, fléau, infortune. *Terrible catastrophe. Courir à la catastrophe. Éviter la catastrophe.*

  □ Accident, sinistre causant la mort de nombreuses personnes. *Catastrophe aérienne. Catastrophe naturelle, sanitaire. Le bilan d'une catastrophe.* Appos. *Film catastrophe*, dont le scénario décrit un événement catastrophique, un accident grave. *Des films catastrophe.*

Identification du début de chacun des articles de lexies

  ♦ Loc. EN CATASTROPHE : en risquant le tout pour le tout. *Atterrir en catastrophe.* Par ext. D'urgence pour éviter le pire.

3 Fam. Événement fâcheux. → désastre, drame. *Tout est brûlé, c'est la catastrophe !*

  □ Abrév. fam. CATA. *C'est la cata.*

  □ En interj. *Catastrophe ! J'ai oublié ma clé !*

  ♦ Par ext. *Son dernier film est une catastrophe.*

  ♦ Personne très maladroite; enfant très turbulent.

4 (1972, R. Thom) Math., phys. *Théorie des catastrophes* : théorie qui, à partir d'observations empiriques de la forme d'un système ou de processus discontinus, tente de construire un modèle dynamique continu.

✧

■ CONTR. Bonheur, chance, succès.

Comme on le voit, chaque lexie (acception) d'un vocable est généralement numérotée à l'intérieur de l'article du vocable. Le patron d'organisation interne des articles de vocables est appelé *microstructure* du dictionnaire. Ce patron se caractérise par la façon de présenter la structure polysémique et, pour chaque acception, par l'ordonnancement des informations sur la lexie : étymologie, marque d'usage, définition, exemples, etc.

Il faut bien comprendre qu'il n'existe pas une façon unique de décrire les vocables de la langue dans un dictionnaire. Les dictionnaires diffèrent énormément, non seulement par le mode de présentation qu'ils adoptent, mais aussi par l'information même qu'ils procurent sur les vocables. Comparons, par exemple, l'article cité ci-dessus avec celui donné, pour le même vocable, dans *Le Lexis. Larousse de la langue française* [2002][4].

CATASTROPHE [katastrɔf] n. f. (lat. *catastropha*, gr. *katastrophê*, bouleversement ; 1546). Événement subit qui cause un bouleversement, des destructions, des victimes : *Un avion s'est écrasé au sol ; c'est la troisième catastrophe de ce genre en un mois* (syn. ↓ ACCIDENT). *Le « captain » Lyttelton ne désirait manifestement pas commencer sa mission par une catastrophe* (de Gaulle). *L'incendie prend les proportions d'une catastrophe* (syn. CALAMITÉ, DÉSASTRE). *Son échec à cet examen est pour lui une vraie catastrophe* (syn. MALHEUR). ‖ *En catastrophe*, se dit d'un avion qui atterrit dans des conditions particulièrement difficiles pour éviter un accident : *Le pilote a atterri en catastrophe* ; se dit d'une action qui est faite d'urgence et au dernier moment : *Un mariage en catastrophe*. ◆ **catastrophique** [...] ◆ **catastropher** [...] ◆ **catastrophisme** [...]

● CLASS. et LITT. **catastrophe** n. f. **1.** Dénouement d'une tragédie, d'un récit : *Qu'on se figure une salle de spectacle vide, après la catastrophe d'une tragédie* (Chateaubriand). — **2.** Issue malheureuse d'un événement : *La catastrophe de ce fracas fut la perte de deux chevaux* (La Fontaine).

On trouvera en fin de chapitre plusieurs exercices portant sur l'analyse du contenu de ces articles.

---

4. Pour gagner de la place, nous avons supprimé de cet article la description des vocables enchâssés : CATASTROPHIQUE, CATASTROPHER et CATASTROPHISME. *Le Lexis* incorpore en effet les articles de vocables morphologiquement liés dans l'article de chaque mot-vedette. Par exemple, la description de ÉLOIGNEMENT se trouve dans l'article de LOIN.

La grande variation qui existe quant au contenu et à la structuration des dictionnaires de langue fait que l'on peut être amené à réévaluer la distinction même entre macro- et microstructure. Ainsi, nous avons vu (p. 234) que ce sont uniquement les articles de **lexies** que l'on appelle *article* dans le *Dictionnaire explicatif et combinatoire*. En conséquence, on considère que la microstructure d'un tel dictionnaire est la structure interne des articles de lexies, et non celle des articles de vocables.

Encodage des propriétés des lexies dans les dictionnaires

Si l'on omet les informations sur la diachronie — les données sur l'étymologie de chaque lexie —, trois types principaux d'informations sont susceptibles d'être encodés dans les articles de lexies des dictionnaires :

1. le sens lexical ;
2. les liens paradigmatiques ;
3. les propriétés de combinatoire restreinte, notamment les liens syntagmatiques entre lexies.

Examinons comment les dictionnaires modélisent ces informations.

Description du sens dans les définitions lexicographiques

Nous avons étudié en détail, au Chapitre 8, la manière de décrire les sens lexicaux au moyen de définitions analytiques. Le plat de résistance, dans un article de dictionnaire, est bien évidemment la définition, dite *définition lexicographique*. En théorie, une « bonne » définition lexicographique ne peut qu'être, en même temps, une définition analytique. Pourtant, il peut arriver que les dictionnaires utilisent, de façon ponctuelle ou quasi systématique, une description sémantique des lexies basée sur une liste de synonymes approximatifs. Contrastons (2a) et (2b) qui, par leur structure, sont des équivalents monolingues des exemples (1a) et (1b) donnés plus haut à propos des dictionnaires bilingues (p. 231)[5] :

(2)   a.   RÉPULSION *aversion, dégoût, haine, répugnance*

     b.   RÉPULSION *répugnance physique ou morale à l'égard d'une chose ou d'un être qu'on repousse*

---

5. La définition (2b) est empruntée au *Nouveau Petit Robert* [2007], sens 2.

Une liste d'un ou plusieurs synonymes comme (2a) peut suffire, dans certains contextes d'utilisation, comme moyen de cerner approximativement le sémantisme d'une lexie. Mais une telle liste ne devrait pas être appelée *définition*, dans la mesure où, justement, elle ne définit pas. L'usage de ce type de liste est tout à fait justifié dans le cas de dictionnaires bilingues — dans lesquels on cherche généralement une **traduction** plutôt qu'une définition — mais reflète nécessairement une faiblesse dans le cas des dictionnaires de langue monolingues, à moins qu'il s'agisse justement de dictionnaires de synonymes. Pour que le dictionnaire de langue soit vraiment utilisé comme un outil d'acquisition de nouvelles connaissances sémantiques, il faut qu'il ait recours aux définitions analytiques. On considérera donc que, parmi les deux « descriptions » sémantiques données ci-dessus, seule (2b) est une définition lexicographique véritable.

La seule contrainte applicable aux définitions analytiques que l'on peut assouplir, dans le cas des dictionnaires grand public, est celle voulant que la définition soit une paraphrase de la lexie définie. Pour des motifs pédagogiques, certains dictionnaires préféreront utiliser des définitions aux allures plus « digestes ». Examinons, par exemple, la définition donnée pour le verbe anglais INCITE1 [*The media incited them to strike.* ꞌLes médias les ont incités à faire la grève.ꞌ] dans le *Collins Cobuild English Language Dictionary* [1987] :

(3) **incite** [...] 1   If you **incite** someone to do something, you encourage them to do it by making them excited or angry [...]

Ce dictionnaire, qui se veut avant tout un outil pédagogique, a pris le parti de s'adresser directement à son usager, plutôt que d'utiliser une définition paraphrastique créant plus de distanciation. Ce mode de définition présente aussi l'avantage de montrer à l'utilisateur du dictionnaire comment la lexie définie fonctionne dans la phrase et, notamment, quelles structures syntaxiques elle contrôle. En fait, si l'on analyse bien le contenu de (3), on voit que c'est véritablement la valence du prédicat sémantique qui y est présentée :

If you$_{[=X]}$ incite someone$_{[=Y]}$ to do something$_{[=Z]}$...

Certains dictionnaires peuvent être très explicites quand il s'agit de décrire la nature prédicative d'une lexie. Ainsi, le *Dictionnaire du français usuel* [2002], déjà mentionné plus haut (p. 231), introduit explicitement cette information. Par exemple, voici comment débute, dans ce dictionnaire, la description du sémantisme de FIER [*Elle est fière de son succès.*] ; les variables numérotées A1 et A2 désignent les deux actants de cette lexie.

(4)   A1 humain est *fier* de A2, action, qualité ou possession de A1 […]

Passons maintenant à l'examen de l'encodage des liens paradigmatiques contrôlés par les lexies.

Description des liens paradigmatiques

Il est possible de trouver la description de certains liens paradigmatiques dans les dictionnaires de langue. La plupart d'entre eux encodent explicitement les liens de synonymie, notamment à l'aide de renvois fléchés. Les articles du *Petit Robert* et du *Lexis* cités ci-dessus fournissent de nombreux exemples de renvois de ce type. On trouve moins fréquemment l'indication de liens d'antonymie, sans doute parce que cette relation sémantique est à la fois moins facile à identifier et moins riche que la synonymie.

Pour ce qui est des autres liens paradigmatiques, qui correspondent notamment aux fonctions lexicales paradigmatiques présentées au Chapitre 7, les renvois sont beaucoup moins systématiques et explicites. Les lexicographes utilisent fréquemment les exemples d'emploi donnés dans un article de lexie pour faire mention des dérivés sémantiques jugés les plus pertinents. Un dictionnaire pourrait ainsi donner la série d'exemples suivante dans l'article du verbe ENSEIGNER, dont la valence est ⟨X enseigne Y à Z⟩ :

(5)   *Le professeur*[= S_1] *enseigne à une grosse classe*[= S_3], *à 40 élèves*[= S_3].
      Quelles sont les matières[= S_2] *qu'il enseigne ?*

Nous introduisons explicitement en (5) la mention des fonctions lexicales paradigmatiques impliquées, pour bien montrer au lecteur la nature de l'information transmise de façon implicite dans cette série d'exemples.

Il serait possible d'aller bien au-delà de l'examen de ces quelques dérivations sémantiques pour voir toute la gamme des liens paradigmatiques que les dictionnaires de langue présentent de façon plus ou moins explicite. Prenons, par exemple, le cas de la fonction lexicale `Mult`, qui ne fait pas partie des fonctions lexicales paradigmatiques introduites au Chapitre 7.

Appliquée à une lexie L, `Mult` donne l'ensemble des lexies ou expressions signifiant ʿensemble de Lʾ. En voici deux illustrations :

`Mult`(*injure*)	= *bordée, chapelet, flot, torrent* [*d'injures*]
`Mult`(*loup*)	= *bande, horde, meute* [*de loups*]

Il est clair que la plupart des dictionnaires de langue chercheront à introduire dans les articles de INJURE et LOUP au moins une partie des valeurs de `Mult` énumérées ci-dessus. Nous suggérons au lecteur d'aller voir comment les liens paradigmatiques contrôlés par INJURE et LOUP sont présentés dans les articles correspondants de son dictionnaire.

Description de la combinatoire des lexies

Toutes les remarques qui ont été faites à propos des liens paradigmatiques s'appliquent à l'encodage de la combinatoire lexicale. Très conscients de la difficulté que représente la bonne maîtrise des phénomènes collocatifs, les rédacteurs d'articles de dictionnaires grand public veillent généralement à introduire dans ces articles les collocations les plus significatives parmi celles contrôlées par les lexies décrites. Prenons, à titre d'exemple, l'article de la lexie CATASTROPHE 2 du *Nouveau Petit Robert* [2007], cité plus haut (p. 236). On remarque immédiatement au moins trois collocations dans la série suivante :

(6) *Terrible catastrophe. Courir à la catastrophe. Éviter la catastrophe.*

L'exposé partiel qui a été fait des fonctions lexicales syntagmatiques ne permettra pas au lecteur d'associer une formule à chacune de ces collocations ; seule la première relève d'un cas simple déjà examiné. Voici donc l'encodage au complet.

terrible [*catastrophe*]	→ `Magn`
courir [*à la catastrophe*]	→ `ProxOper`$_1$ [= ʿêtre sur le point de `Oper`$_1$ʾ]
éviter [*la catastrophe*]	→ `NonPermFunc`$_0$ [= ʿne pas laisser se produireʾ]

Les dictionnaires standard n'encodent pas explicitement les liens base-collocatifs et n'élucident pas leur valeur sémantique. Il est cependant intéressant de noter que certains dictionnaires se dédient entièrement à l'énumération des collocations ou, plus généralement, des cooccurrents fréquents des lexies. Tel est le cas, par exemple, du *Dictionnaires des cooccurrences* [2001], dont voici une entrée :

(7) NETTOYAGE à fond, complet, général, grand, minutieux, soigneux.
Faire un ~ (+ adj.); procéder à un ~ (+ adj.)

Un petit exercice d'encodage de cet article en termes de fonctions lexicales est proposé en fin de chapitre (exercice 10.6).

Il existe en fait un assez grand nombre de dictionnaires qui énumèrent les collocations du français. Certains, comme *Trouver le mot juste* [1997] ou le *Dictionnaire des mots et des idées* [1947], présentent même simultanément les liens paradigmatiques et syntagmatiques. Mais c'est peut-être en lexico-graphie anglaise que les collocations ont été le plus décrites, avec notamment le fameux *BBI Dictionary of English Word Combinations* [1997], dont la première édition remonte à 1986.

Quelle qu'en soit la raison, la description lexicographique des colloca-tions connaît depuis quelque temps un développement véritablement remarquable. Citons, pour illustrer ce fait, quelques-uns des titres les plus récemment parus :

- pour le français : *Dictionnaire des combinaisons de mots. Les synonymes en contexte* [2007] et *Lexique actif du français* [2007] ;
- pour l'anglais : *Oxford Collocations Dictionary for Students of English* [2002] ;
- pour l'espagnol : *REDES. Diccionario combinatorio del español contemporáneo* [2004].

On doit ici mentionner la lexicographie bilingue comme un domaine où la modélisation de la combinatoire, et notamment des phénomènes colloca-tionnels, a toujours joué un rôle important. Parce que les dictionnaires bilingues sont presque nécessairement conçus comme des ouvrages d'appren-tissage, leurs rédacteurs sont plus souvent sensibles à la nécessité d'encoder explicitement les propriétés de combinatoire propres à chaque lexie. Prenons le cas de l'article suivant, extrait de l'entrée SOUPIR du *Robert & Collins* [1995] :

(8) **soupir** [...] sigh. **~ de soulagement** sigh of relief; **pousser un ~ de soulagement** to heave a sigh of relief; **pousser un gros ~** to let out *ou* give a heavy sigh, sigh heavily [...]

Comme on le voit, ce n'est pas seulement la lexie elle-même qui reçoit ici sa traduction, mais aussi certaines collocations dont elle est la base. Le niveau de détail dans la modélisation de la combinatoire restreinte constaté ici rappelle ce que nous avons vu à la fin du chapitre précédent (p. 222), au sujet du traitement que les dictionnaires bilingues peuvent faire des interférences pragmatiques dans le lexique.

Ceci termine notre présentation de la lexicographie et des liens qu'elle entretient avec la lexicologie. C'est aussi la fin de notre exploration de la lexicologie et de la sémantique lexicale. Nous proposons, après les lectures et les exercices pour ce chapitre, une brève conclusion indiquant notamment comment on peut poursuivre l'étude du lexique et de la sémantique à partir des notions de base qui ont été introduites dans le présent ouvrage.

Lectures complémentaires

Winchester, Simon (1998). *The Professor and the Madman: A Tale of Murder, Insanity, and the Making of the Oxford English Dictionary*, Londres/New York, HarperCollins.

Nous recommandons la lecture de ce livre (aussi disponible en français) pour l'aperçu qu'il donne de la « part d'humain » qu'il y a dans la rédaction d'un dictionnaire. Il ne s'agit pas d'un ouvrage à caractère scientifique, mais, en racontant la petite histoire derrière la rédaction du monumental *Oxford English Dictionary*, il parvient parfaitement à démontrer à quel point l'entreprise lexicographique est une aventure humaine remplie d'incertitudes, d'erreurs, de surprises et, parfois, de folies.

Pruvost, Jean (2002). *Les dictionnaires de langue française*, collection « Que sais-je ? », n° 3622, Paris, Presses universitaires de France.

Petit ouvrage fort utile à consulter pour une présentation de la lexicographie française. Il comporte notamment de nombreux pointeurs bibliographiques sur la lexicographie traditionnelle — les dictionnaires papier — ainsi que sur les dictionnaires électroniques.

Béjoint, Henri (2000). *Modern Lexicography: an Introduction*, Oxford, Oxford University Press.

Ce livre complète très bien le précédent, puisqu'il fait une présentation de la lexicographie de langue anglaise, en se concentrant sur la période moderne (à partir des années 1960).

Picoche, Jacqueline (1977). « La définition », dans *Précis de lexicologie française*, Paris, Nathan, p. 133-148.

Ce texte complète ce que nous avons dit sur la notion de définition aux Chapitres 8 et 10. Noter que les définitions analytiques sont appelées ici *définitions substantielles*.

Rey-Debove, Josette et Alain Rey (2007). Introduction pour *Le Nouveau Petit Robert 1*, Paris, Le Robert.

On ne lit jamais les introductions des dictionnaires et c'est un tort...

Wierzbicka, Anna (1996). « Semantics and Lexicography », dans *Semantics. Primes and Universals*, Oxford/New York, Oxford University Press, p. 258-286.

Un texte de réflexion qui explicite les rapports entre la sémantique/lexicologie et la lexicographie, notamment la lexicographie visant la construction de dictionnaires théoriques.

Exercices

Exercice 10.1

Comparer méthodiquement les deux exemples d'articles donnés plus haut pour le vocable CATASTROPHE (contenu et organisation de ce contenu).

Exercice 10.2

Le Petit Robert, édition de 1981, définit l'adjectif ROUGE I.1 [*une rose rouge*] de la façon suivante :

(9)   Qui est de la couleur du sang, du coquelicot, du rubis, etc. (extrémité du spectre solaire).

Que peut-on dire de la structure et du contenu de cette définition ?

Exercice 10.3

Le Nouveau Petit Robert, édition de 1993, procède d'une autre façon :

(10) I ◆ **Adj. 1** ◆ Qui est de la couleur du sang, du coquelicot, du rubis, etc. (cf. ci-dessous II, *le rouge*) [...]

II ◆ **N. m.** (XIIe) LE ROUGE. **1** ◆ La couleur rouge. *Le vert est la couleur complémentaire du rouge. Le rouge, extrémité du spectre visible* [...]

Comment expliquer ce changement ?

Exercice 10.4

Toujours dans *Le Nouveau Petit Robert* [1993], SANG 1 est défini de la façon suivante :

(11) Liquide visqueux, de couleur rouge, qui circule dans les vaisseaux, à travers tout l'organisme, où il joue des rôles essentiels et multiples (nutritif, respiratoire, régulateur, de défense, etc.).

Faire un examen détaillé du contenu de cette définition. Trouver le cercle vicieux. Peut-il être évité ? Rappel : la notion de cercle vicieux a été introduite au Chapitre 8.

Exercice 10.5

En se fondant sur l'article du *Nouveau Petit Robert* [2007] (donné p. 236), indiquer quelle lexie est sémantiquement plus simple : CATASTROPHE 2 ou MALHEUR ?

Combien de lexies de CATASTROPHE cet article de vocable décrit-il ?

Exercice 10.6

Encoder au moyen de fonctions lexicales les collocations données pour NETTOYAGE dans l'article du *Dictionnaire des cooccurrences* cité en (7), p. 242.

ET MAINTENANT ?

La lecture du présent ouvrage aura, nous l'espérons, permis au lecteur d'acquérir un ensemble assez important de notions de base en lexicologie et sémantique lexicale, de même qu'un bon éventail de notions reliant ces deux disciplines au reste de l'étude linguistique.

Nous avons cherché à assurer au mieux la cohérence de l'ensemble des notions examinées tout en évitant de nous situer à l'intérieur du cadre étroit d'une théorie linguistique donnée. L'apprentissage de ces notions n'est cependant qu'une première étape, un préalable à un véritable travail de modélisation de la langue. Or, un tel travail doit toujours s'appuyer sur une ou plusieurs approches théoriques bien définies.

Le cadre théorique le plus directement compatible avec les bases notionnelles introduites ici est la *théorie Sens-Texte* et, plus précisément, sa composante lexicale, appelée *lexicologie explicative et combinatoire*. Le lecteur qui voudrait pousser plus avant l'étude de la lexicologie et de la sémantique lexicale selon cette approche pourra consulter le texte suivant :

Mel'čuk, Igor, André Clas et Alain Polguère (1995). *Introduction à la lexicologie explicative et combinatoire*, Louvain-la-Neuve, Duculot.

Il importe de rappeler que de nombreux aspects importants de l'étude du lexique des langues ont été volontairement laissés de côté, pour permettre un meilleur approfondissement des notions retenues. Notre espoir est que ces dernières forment en quelque sorte le noyau notionnel de la discipline, noyau à partir duquel le lecteur pourra élargir et consolider ses connaissances.

Signalons finalement que l'accent a été mis ici sur la sémantique **lexicale**. La sémantique de la phrase a été simplement mentionnée, de façon très ponctuelle — par exemple, dans l'exposition du formalisme des réseaux sémantiques. Une étude poussée de la sémantique de la phrase pourrait donc constituer une suite logique au présent ouvrage. Cette étude devrait notamment aborder le problème de la modélisation de la structure communicative des énoncés et celui de l'interface entre structures sémantiques et structures syntaxiques.

BIBLIOGRAPHIE

Textes de lexicologie, linguistique, etc. cités dans l'ouvrage

Aristote (1997). *Organon V : Les Topiques*, Paris, Librairie J. Vrin.

Arnaud, Antoine et Claude Lancelot (1993 [1756]). *Grammaire générale et raisonnée de Port-Royal*, réimpression de l'édition de Paris de 1846, Genève, Slatkine Reprints.

Austin, John L. (1970). *Quand dire, c'est faire*, Paris, Seuil.

Béjoint, Henri (2000). *Modern Lexicography: an Introduction*, Oxford, Oxford University Press.

Benveniste, Émile (1966). *Problèmes de linguistique générale*, Paris, Gallimard.

Bolinger, Dwight (1968). *Aspects of Language*, New York *et al.*, Harcourt, Brace & World.

Cerquiglini, Bernard, Jean-Claude Corbeil, Jean-Marie Klinkenberg et Benoît Peeters (dir.) (2000). *Le français dans tous ses états*, collection « Champs », n° 502, Paris, Flammarion.

Cruse, D. Alan (1995). « Polysemy and related phenomena from a cognitive linguistic viewpoint », dans Patrick Saint-Dizier et Evelyne Viegas (dir.), *Computational Lexical Semantics*, Cambridge *et al.*, Cambridge University Press, p. 33-49.

Du Marsais, César Chesneau (1730). *Des tropes ou Des différents sens dans lesquels on peut prendre un même mot dans une même langue*, Paris, Veuve de J.-B. Brocas.

Ducrot, Oswald (1972). *Dire et ne pas dire. Principes de sémantique linguistique*, deuxième édition corrigée et augmentée (1980), collection « Savoir », Paris, Hermann.

Ducrot, Oswald et Jean-Marie Schaeffer (1995). *Nouveau dictionnaire encyclopédique des sciences du langage*, Paris, Éditions du Seuil.

Galisson, Robert (1971). *Inventaire thématique et syntagmatique du français fondamental*, collection « Le français dans le monde — B.E.L.C », Paris, Hachette et Larousse.

Gougenheim, Georges, René Michéa, Paul Rivenc et Aurélien Sauvageot (1967). *L'élaboration du français fondamental*, Paris, Didier.

Grevisse, Maurice (1993). *Le bon usage*, grammaire française refondue par André Goosse, 13ᵉ éd. revue, Paris/Louvain-la-Neuve, Duculot.

Grize, Jean-Baptiste (1967). « Logique : Historique. Logique des classes et des propositions. Logique des prédicats. Logiques modales », dans Jean Piaget (dir.), *Logique et connaissance scientifique*, collection « Encyclopédie de La Pléiade », Paris, Gallimard, p. 135-289.

Hagège, Claude (1985). « Écriture et oralité », dans *L'Homme de paroles. Contribution linguistique aux sciences humaines*, collection « Folio/essais », nᵒ 49, Paris, Gallimard, p. 89-125.

Halliday, Michael A. K. (1985). *An Introduction to Functional Grammar*, Londres *et al.*, Edward Arnold.

Hockett, Charles (1958). *A Course in Modern Linguistics*, New York, MacMillan.

Huot, Hélène (2005). *La morphologie. Forme et sens des mots du français*, 2ᵉ éd., collection « Cursus », Paris, Armand Colin.

Jakobson, Roman (1963). *Essais de linguistique générale*, collection « Arguments », Paris, Éditions de Minuit.

Kleiber, Georges (1999). *Problèmes de sémantique. La polysémie en questions*, collection « Sens et structure », Villeneuve d'Ascq, Presses universitaires du Septentrion.

Klinkenberg, Jean-Marie (1996). *Précis de sémiotique générale*, collection « Points Essais », n° 411, Bruxelles, De Boeck Université.

L'Homme, Marie-Claude (2004). *La terminologie : principes et techniques*, Montréal, Les Presses de l'Université de Montréal.

McEnery, Tony et Michael Oakes (2000). « Authorship Identification and Computational Stylometry », dans Robert Dale, Hermann Moisl et Harold Somers (dir.), *Handbook of Natural Language Processing*, New York/Bâle, Marcel Dekker, p. 545-562.

Mel'čuk, Igor (1993). *Cours de morphologie générale*, vol. 1, Montréal/Paris, Les Presses de l'Université de Montréal/CNRS Éditions.

Mel'čuk, Igor (1995). « Phrasemes in Language and Phraseology in Linguistics », dans Martin Everaert, Erik-Jan van der Linden, André Schenk et Rob Schreuder (dir.), *Idioms. Structural and Psychological Perspectives*, Hillsdale NJ, Erlbaum, p. 167-232.

Mel'čuk, Igor (1997a). *Cours de morphologie générale*, vol. 4, Montréal/Paris, Les Presses de l'Université de Montréal/CNRS Éditions.

Mel'čuk, Igor (1997b). *Vers une linguistique Sens-Texte*, leçon inaugurale, Paris, Collège de France.

Mel'čuk, Igor (2003). « Collocations dans le dictionnaire », dans Thomas Szende (dir.), *Les écarts culturels dans les dictionnaires bilingues*, Paris, Champion, p. 19-64.

Mel'čuk, Igor, André Clas et Alain Polguère (1995). *Introduction à la lexicologie explicative et combinatoire*, Louvain-la-Neuve, Duculot.

Mel'čuk, Igor et Alain Polguère (2008). « Prédicats et quasi-prédicats sémantiques dans une perspective lexicographique », *Revue de linguistique et de didactique des langues (Lidil)*, vol. 37, numéro « Syntaxe et sémantique des prédicats », Zlatka Guentchéva et Iva Novakova (dir.), p. 99-114.

Moeschler, Jacques et Anne Reboul (1994). *Dictionnaire encyclopédique de pragmatique*, Paris, Éditions du Seuil.

Mørdrup, Ole (1975). « Présuppositions, implications et verbes français », *Revue romane*, vol. X, n° 1, p. 125-155.

Muller, Charles (1979). « La statistique lexicale », dans *Langue française et linguistique quantitative (Recueil d'articles)*, Genève, Slatkine, p. 229-242.

Nida, Eugene A. (1976). *Morphology: The Descriptive Analysis of Words*, 2ᵉ éd., Ann Arbor, The University of Michigan Press.

Perrot, Jean (1968). « Le lexique : Grammaire et lexique », dans André Martinet (dir.), *Le langage*, collection « Encyclopédie de La Pléiade », Paris, Gallimard, p. 283-299.

Polguère, Alain (2002). « Le sens linguistique peut-il être visualisé ? », dans Dominique Lagorgette et Pierre Larrivée (dir.), *Représentations du sens linguistique*, collection « Lincom Studies in Theoretical Linguistics », 25, Munich, Lincom Europa, p. 89-103.

Pottier, Bernard (1974). *Linguistique générale. Théorie et description*, Paris, Klincksieck.

Pruvost, Jean (2002). *Les dictionnaires de langue française*, collection « Que sais-je ? », n° 3622, Paris, Presses universitaires de France.

Quemada, Bernard (1987). « Notes sur *lexicographie* et *dictionnairique* », *Cahiers de lexicologie*, vol. 51, n° 2, p. 229-242.

Reboul, Anne et Jacques Moeschler (1998). *La pragmatique aujourd'hui*, collection « Points Essais », n° 371, Paris, Éditions du Seuil.

Rey-Debove, Josette (1997). *Le métalangage : Étude linguistique du discours sur le langage*, collection « U », série « Linguistique », Paris, Armand Colin/Masson.

Rey-Debove, Josette (1998). *La linguistique du signe : Une approche sémiotique du langage*, collection « U », série « Linguistique », Paris, S.E.S.J.M./Armand Colin.

Saussure, Ferdinand de (1972 [1916]). *Cours de linguistique générale*, Paris, Payot.

Tesnière, Lucien (1959). *Éléments de syntaxe structurale*, Paris, Klincksieck.

Wierzbicka, Anna (1977). « Mental Language and Semantic Primitives », *Communication and Cognition*, vol. 10, n° 3-4, p. 155-179.

Wierzbicka, Anna (1988). « L'amour, la colère, la joie, l'ennui. La sémantique des émotions dans une perspective transculturelle », *Langages*, n° 89, p. 97-107.

Wierzbicka, Anna (1996). *Semantics. Primes and Universals*, Oxford/New York, Oxford University Press.

Winchester, Simon (1998). *The Professor and the Madman: A Tale of Murder, Insanity, and the Making of the Oxford English Dictionary*, Londres/New York, HarperCollins.

Introductions à la lexicologie ou à la sémantique

Baylon, Christian et Xavier Mignot (2002). *Initiation à la sémantique du langage*, collection « Nathan-Université, fac. linguistique », Paris, Nathan.

Cruse, D. Alan (1986). *Lexical Semantics*, Cambridge *et al.*, Cambridge University Press.

Éluerd, Roland (2000). *La lexicologie*, collection « Que sais-je ? », n° 3548, Paris, Presses universitaires de France.

Lehmann, Alise et Françoise Martin-Berthet (1998). *Introduction à la lexicologie. Sémantique et morphologie*, collection « Lettres Sup », Paris, Dunod.

Lipka, Leonhard (1992). *An Outline of English Lexicology*, Tübingen, Max Niemeyer.

Lyons, John (1978). *Éléments de sémantique*, Paris, Larousse.

Niklas-Salminen, Aïno (1997). *La lexicologie*, collection « Cursus », Paris, Armand Colin.

Palmer, Frank R. (1981). *Semantics*, Cambridge *et al.*, Cambridge University Press.

Picoche, Jacqueline (1977). *Précis de lexicologie française*, collection « Nathan-Université », Paris, Nathan.

Picoche, Jacqueline (2007). *Enseigner le vocabulaire, la théorie et la pratique*, publication électronique sur CD-ROM, Champigny-sur-Marne, Éditions Allouche [version révisée d'un ouvrage paru en 1993 sous le titre *Didactique du vocabulaire français*, collection « fac. linguistique », Paris, Nathan].

Touratier, Christian (2000). *La sémantique*, collection « Cursus », Paris, Armand Colin.

Dictionnaires cités

Collins Cobuild English Language Dictionary (1987). Sous la direction de John Sinclair, Londres, Collins.

Dictionnaire Antidote (2007). Dictionnaire électronique du logiciel *Antidote RX*, Montréal, Druide informatique inc.

Dictionnaire de l'Académie française (1992). Collectif de l'Académie française, 9ᵉ éd., Paris, Imprimerie nationale.

Dictionnaire des combinaisons de mots. Les synonymes en contexte (2007). Collectif, collection « Les usuels », Paris, Dictionnaires Le Robert.

Dictionnaires des cooccurrences (2001). Jacques Beauchesne, Montréal, Guérin.

Dictionnaire des mots et des idées : les idées par les mots (1947). Ulysse Lacroix, Paris, Nathan.

Dictionnaire des onomatopées (2003). Pierre Enckell et Pierre Rézeau, Paris, Presses universitaires de France.

Dictionnaire du français usuel (2002). Jacqueline Picoche et Jean-Claude Rolland, Bruxelles, De Boeck-Duculot.

Dictionnaire explicatif et combinatoire du français contemporain. Recherches lexico-sémantiques I-IV (1984; 1988; 1992; 1999). Igor Mel'čuk *et al.*, Montréal, Les Presses de l'Université de Montréal.

English Speech Act Verbs. A Semantic Dictionary (1987). Anna Wierzbicka, Sydney, Academic Press.

Le Nouveau Petit Robert (2007). Sous la direction de Josette Rey-Debove et Alain Rey, Paris, Dictionnaires Le Robert.

Le Petit Larousse 2003 (2002). Collectif, Paris, Larousse.

Le Robert & Collins : dictionnaire français-anglais, anglais-français senior (1995). Sous la direction de Beryl T. Atkins *et al.*, 4ᵉ éd., Paris/Glasgow *et al.*, Dictionnaires Le Robert/HarperCollins.

Lexique actif du français. L'apprentissage du vocabulaire fondé sur 20 000 dérivations sémantiques et collocations du français (2007). Igor Mel'čuk et Alain Polguère, collection « Champs linguistiques », Bruxelles, De Boeck et Larcier.

Lexis. Larousse de la langue française (2002). Sous la direction de Jean Dubois, Paris, Larousse/VUEF.

Longman Language Activator (1993). Della Summers (dir.), Harlow, Longman.

Oxford Collocations Dictionary for Students of English (2002). Diana Leo (dir.), Oxford, Oxford University Press.

Oxford English Dictionary (1989). John A. Simpson et Edmund S. C. Weiner (dir.), 2e éd., Oxford, Oxford University Press.

REDES. Diccionario combinatorio del español contemporáneo (2004). Ignacio Bosque Muñoz, Madrid, Ediciones SM.

The BBI Dictionary of English Word Combinations (1997). Morton Benson, Evelyn Benson et Robert Ilson, éd. révisée, Amsterdam/Philadelphie, Benjamins.

The Macquarie Dictionary (1997). Arthur Delbridge (dir.), 3e éd., Sydney, Macquarie University, Macquarie Library.

Trésor de la Langue Française informatisé TLFi (2004). Paris, CNRS Éditions.

Trouver le mot juste. Dictionnaire des idées suggérées par les mots (1997). Paul Rouaix, collection « Le Livre de Poche », n° 7939, Paris, Armand Colin.

CORRIGÉS DES EXERCICES

Dans cette dernière partie de l'ouvrage, nous proposons pour la plupart des exercices donnés en fin de chapitres une énumération des principaux éléments de réponse. Il est utile d'essayer de rédiger des réponses détaillées à partir des indications données ici. Pour cela, il convient de respecter les trois contraintes suivantes :

1. organisation logique de la réponse ;
2. expression claire ;
3. usage de la terminologie et des conventions d'écriture appropriées.

Exercices du Chapitre 1

Les exercices de ce chapitre sont volontairement faciles. Nous avons très peu de notions précisément définies à notre disposition pour parler de la langue et nous devons donc nous en tenir à un niveau très général. Les exercices deviendront plus « techniques » au fur et à mesure que nous progresserons dans notre étude.

Exercice 1.1

- Le geste de retirer immédiatement sa main quand on touche quelque chose de brûlant n'est pas, dans sa réalité purement physique (c'est-à-dire en tant que mouvement du corps), très différent d'un signe de la main que l'on adresse à quelqu'un pour le saluer, pour lui signaler notre présence, etc.
- Cependant, il s'agit d'un geste fait par réflexe, en réaction à une sensation douloureuse, et qui ne répond à aucun objectif de communication. C'est un geste qui n'a pas pour **finalité** de fonctionner comme un signe. Il n'avait donc pas sa place dans notre énumération.

- Bien entendu, si l'on voit X retirer soudainement sa main après avoir touché Y et que l'on en déduit que Y est brûlant, le geste de X fonctionne pour nous comme un signe nous informant de quelque chose à propos de Y. Mais c'est alors un signe dit *non intentionnel*. X n'a pas fait ce geste pour exprimer quoi que ce soit. C'est notre interprétation du geste qui nous le rend porteur de sens en ce que nous inférons le fait qui en a été la cause (la chaleur de Y).
- Dans le cas d'une **communication** gestuelle, on parle de signes dits *intentionnels*, qui ont pour fonction propre de servir à transmettre de l'information.
- La distinction entre les différents types de signes sera examinée au Chapitre 2.

Exercice 1.2

Les éléments qui identifient **explicitement** le locuteur et le destinataire dans

(1) *Est-ce que tu peux me passer le sel ?*

sont :

- le pronom singulier de « première personne » *me*, qui désigne le locuteur ;
- le pronom singulier de « deuxième personne » *tu*, qui désigne le destinataire ;
- la forme du verbe POUVOIR (*peux*), qui, bien qu'ambiguë ([*je*] *peux* ~ [*tu*] *peux*), correspond ici à la deuxième personne du singulier.

Ces éléments, dont le sens ne se conçoit que par rapport aux participants de la situation de communication, sont appelés des *déictiques*. Nous examinerons cette notion au Chapitre 6.

Lorsqu'on se parle à soi-même, on est dans un cas un peu atypique où locuteur et destinataire coïncident. Il serait intéressant d'examiner comment s'emploient les pronoms de première et deuxième personne lorsqu'on se parle à soi-même. Emploie-t-on *je* ou *tu* ? Peut-on employer les deux ?

Exercice 1.3

Nous insérons directement dans le courrier électronique des commentaires sur les éléments qui nous semblent relever de la langue parlée.

```
To: machin@umontreal.ca
From: truc@pacific.net.sg
Subject: Re: Je ne suis pas avare de vocables

>Tout est reçu. On s'y met.
```

- Les chevrons nous indiquent que Truc, l'auteur du message, cite le message qu'il a reçu de Machin. C'est un peu comme s'il nous faisait entendre quelque chose qui aurait été enregistré. Cette façon de procéder est caractéristique du courrier électronique. Même si ce n'est pas une marque de l'oral, cela nous éloigne du texte écrit standard.

- Il arrive fréquemment, à l'oral, que l'on sous-entende les liens logiques entre phrases, comme c'est le cas ici. À l'écrit, on préfère en général utiliser des conjonctions ou des adverbes de phrase qui expliciteront ces liens : *Tout est reçu. On peut* **donc** *commencer.*

- Noter de plus que *On s'y met* relève du langage familier, plus neutre à l'oral.

```
>J'arrive à Paris le 1er mai, et c'est un mercredi :
```

- Machin fait une transition brusque. Il change de sujet sans l'exprimer linguistiquement. Cela ne se fait pas dans un texte écrit standard : *Pour ce qui est de mes dates, j'arrive à Paris le 1er mai.*

```
>Janine a dû se tromper.
>M.

Oui. Ça doit être l'impatience de te voir :-)
```

- Le *smiley* (aussi appelé *souriard* ou *binette*) est associé à la messagerie électronique. Il est vite devenu évident, lorsque l'usage du courrier électronique s'est généralisé, qu'il fallait avoir recours à certaines conventions pour pallier l'absence de marquage gestuel ou intonatif de l'ironie, ou d'autres nuances expressives. Comme le sait certainement le lecteur, il existe toute une batterie de conventions de ce type, dont l'objectif est de recréer les différentes expressions faciales (ou les intonations correspondantes) susceptibles d'accompagner une phrase à l'oral : `:-/`, `:-(`, `:o)`, etc.

Exercices du Chapitre 2

Les solutions d'exercices présentées ici sont encore relativement détaillées. À partir de la série suivante (exercices du Chapitre 3), nous nous contenterons souvent d'énumérer des éléments de réponse.

Exercice 2.1

Pour répondre clairement à la question, nous recommandons d'appliquer une grille d'analyse générale du signe en trois étapes :

1. identifier s'il s'agit d'un signe intentionnel ou non intentionnel ;

2. déterminer son contenu (la description de la forme même du signe étant déjà faite dans la question) ;

3. identifier le type de rapport entre contenu et forme afin de déterminer la nature iconique, symbolique ou indicielle du signe, en gardant à l'esprit qu'il s'agit ici de tendances que l'on peut tout à fait retrouver simultanément dans un même signe.

Premier signe : visage d'une personne qui rougit sous le coup d'une émotion

- On note tout de suite que c'est un signe non intentionnel. C'est un « phénomène naturel », qui pourra éventuellement être interprété par un témoin de la scène.

- Le contenu perçu par le témoin éventuel est une indication du fait que la personne observée éprouve une émotion assez forte (honte, gêne, etc.).

- Pour ce qui est du rapport contenu-forme, on identifie clairement un lien de cause à effet entre le fait d'éprouver l'émotion en question et celui de rougir (qui est une manifestation physique involontaire de cette émotion). Comme nous l'avons mentionné p. 32, le lien de cause à effet est un cas particulier de rapport de **contiguïté** (que l'on pourrait appeler *contiguïté logique*) entre contenu et forme. On est donc ici en présence d'un signe indiciel.

Deuxième signe : bandes blanches (ou jaunes) à un passage pour piétons

- C'est un signe intentionnel, qui appartient en fait à un système de signes (le code de la route).

- Son contenu est une double indication destinée 1) aux piétons — ils ont priorité pour traverser à l'endroit en question, 2) aux automobilistes — ils doivent laisser la priorité aux piétons.

- La forme même du signe est une sorte de matérialisation d'un passage, transversal à la route. Il est iconique dans la mesure où il se base formellement sur une sorte de représentation graphique du passage destiné à être emprunté par les piétons. On peut ajouter que l'espacement étroit et régulier des bandes est une évocation des pas du piéton. Il est en partie symbolique dans la mesure où on pourrait choisir d'indiquer le passage pour piétons autrement : deux bandes blanches latérales ou des « clous », comme on en voyait auparavant dans les villes françaises (cf. *traverser dans les clous* ou *en dehors des clous*). Ce signe est aussi, bien entendu, indiciel puisqu'il doit être physiquement présent sur le lieu qu'il désigne (contiguïté physique) : en le voyant, on voit le passage que les piétons doivent emprunter.

Troisième signe : « V » de la victoire

- Rappelons que ce signe est un geste consistant à lever la main (gauche ou droite) et à la présenter paume tournée vers le destinataire du signe, avec l'index et le majeur en extension, écartés pour former une sorte de « V », et les trois autres doigts repliés (ouf !). C'est un signe intentionnel très clair : un geste utilisé pour communiquer.

- Son contenu est quelque chose comme : ʿEn référence à une certaine situation problématique ou à une compétition donnée, je déclare avoir remporté un succèsʾ.

- C'est un signe un peu spécial quant au rapport contenu-forme. Il est iconique puisque le geste représente en fait la première lettre du mot *victoire* (ou *victory* pour un anglophone). Mais il faut remarquer que ce signe pourrait plutôt sembler symbolique à un locuteur monolingue d'une langue où le mot exprimant ʿvictoireʾ n'a pas *V* pour lettre initiale — par exemple, on dit *Sieg* en allemand.

Exercice 2.2

Le contenu de ce signe est ʿsixʾ. Pour élaborer un pavillon fonctionnant de façon iconique, on peut imaginer d'y faire figurer un élément graphique répété six fois, par exemple :

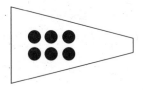

Il est clair, dans ce cas, que les autres pavillons exprimant des chiffres devront se baser sur le même principe, avec autant de points noirs qu'il y a d'unités à exprimer.

Exercice 2.3

On peut énumérer au moins trois propriétés des langues qui en font des systèmes sémiotiques avant tout sonores.

1. Il existe (de moins en moins, il est vrai) des langues parlées qui n'ont pas de pendant écrit. L'écriture n'est donc pas nécessaire pour qu'une langue existe.

2. L'inverse n'est pas vrai, sauf pour les langues « mortes » (latin, grec ancien, etc.). Dans ce dernier cas, cependant, on note qu'il n'y a plus de locuteurs véritables de ces langues et que celles-ci existaient dans le passé en tant que langues orales. On imagine donc très difficilement qu'une langue puisse exister, ou ait pu exister, uniquement sous une forme écrite.

3. L'écriture est généralement alphabétique et les alphabets sont des modélisations (approximatives) des sons linguistiques. On perçoit justement les systèmes d'écriture non alphabétiques (par exemple, celui du chinois) comme exceptionnels et difficiles à maîtriser parce qu'ils ne reproduisent pas la chaîne parlée au niveau des sons élémentaires. (Notons que les éléments de la phrase apparaissent tout de même, dans ces systèmes d'écriture, dans l'ordre où ils sont énoncés à l'oral.)

Exercice 2.4

Le mot *tapis* est un signe linguistique puisque c'est justement un mot de la langue. Il possède :

1. un signifié : ʿouvrage textile que l'on étend sur le solʾ ;

2. un signifiant linéaire phonique : /tapi/ ;

3. une combinatoire restreinte : c'est un nom commun, masculin, etc.

Cependant, la syllabe *ta-* n'est qu'un segment du signifiant *tapis*. Elle n'a pas de signifié associé et n'est donc pas un signe linguistique. Bien entendu, il existe (au moins) un signe linguistique *ta* : le pronom possessif de deuxième personne du singulier (*ta chanson*). Mais le signifié de ce signe n'a rien à voir avec celui qui nous intéresse ici et *ta* n'est pas un signe constitutif du signe *tapis*.

Exercice 2.5

Il existe bien un signe linguistique *Miaou !* en français. C'est un mot de la langue qui possède :

1. un signifié : ʿcri d'un chatʾ ;

2. un signifiant : /mjau/ ;

3. une combinatoire restreinte : c'est une interjection et il peut donc s'employer soit isolément soit comme un nom commun masculin (*un miaou*), on dit **faire** *miaou*, etc.

Sa seule particularité est d'être onomatopéique ; c'est donc un signe linguistique « marginal » du fait de son caractère partiellement iconique. Pour mettre en évidence le fait qu'il est aussi en partie symbolique, on pourra essayer de rechercher les traductions de ce mot dans plusieurs langues : anglais, arabe, espagnol, mandarin, etc.

Exercices du Chapitre 3

Exercice 3.1

Voici les deux analyses, suivies de quelques brefs commentaires. Il faudrait bien entendu justifier plus en détail ces analyses et discuter les points litigieux.

Mots-formes	Lexies
1. *la*	1. LE_{Art} (lexie employée deux fois ; cf. *la* et *des*)
2. *grève*	
3. *des* (correspond à deux lexies dans la colonne de droite : DE et LE_{Art})	2. GRÈVE
	3. DE
4. *pilotes*	4. PILOTE
5. *devrait*	5. DEVOIR
6. *faire*	6. FAIRE
7. *long*	7. LONG
8. *feu*	8. FEU
	9. FAIRE LONG FEU (locution)

Commentaires :

- On remarque que toutes les lexies sont nommées par leur forme canonique, qui diffère éventuellement des mots-formes correspondants de la phrase analysée.
- Le mot-forme *des* est particulier puisqu'il exprime, de façon synthétique, la combinaison des deux mots formes *de + les* ; d'où la présence de la préposition DE dans la liste des lexies et l'indication que l'article LE est employé deux fois dans la phrase.
- Dans le cas d'une locution comme FAIRE LONG FEU (qui veut dire ʿéchouerʾ), on doit considérer que non seulement la locution elle-même a été utilisée en tant que lexie, mais qu'il en va de même pour chacune des lexies (FAIRE, LONG et FEU) qui la constituent formellement et dont les mots-formes apparaissent dans la phrase analysée. Ces dernières lexies ne sont pas « actives » sémanti-

quement (non-compositionnalité sémantique de la locution), cependant elles figurent bien syntaxiquement, morphologiquement et phonologiquement dans la phrase. Une bonne métaphore consisterait à dire que les trois lexies FAIRE, LONG et FEU participent au fonctionnement de la phrase, sous le contrôle de la locution FAIRE LONG FEU, un peu comme des zombis : des corps sans âme qui agissent encore parmi les êtres vivants, sous le contrôle d'un sorcier. La métaphore a tout de même ses limites puisque, alors que les zombis sont vus comme malfaisants et dangereux, les locutions sont des lexies dont l'utilisation est tout à fait naturelle, et même souhaitable. Elles forment une partie très importante du stock lexical de la langue et leur emploi, bien dosé et maîtrisé, donne à nos énoncés une « couleur » caractéristique de la langue dans laquelle nous nous exprimons.

Exercice 3.2

Chacun des exemples ci-dessous illustre l'emploi d'une lexie CERCLE différente. La particularité de chaque lexie est mise en évidence par une description approximative de son sens.

(1) a. *Il a dessiné un cercle parfait au tableau.*
         → 'figure géométrique'

     b. *Il fait partie du cercle de mes amis.*
         → 'groupe de personnes'

     c. *Je vous rejoins ce soir au cercle.*
         → 'lieu de réunion'

Cette énumération n'est pas exhaustive.

Exercice 3.3

Démonstration sommaire, en trois points, de l'existence d'une lexie COUP DE MAIN.

1. Le syntagme *coup de main* signifie dans cet exemple 'aide que quelqu'un apporte de façon ponctuelle à quelqu'un d'autre'.

2. Ce syntagme n'est donc pas sémantiquement compositionnel. (Son sens n'est pas la résultante de la combinaison du sens de ses constituants.)

3. On est en présence d'un syntagme figé, qui refuse certaines modifications normales dans le cas d'un syntagme libre :

(2) a. *Il m'a donné un coup rapide de main.*

    b. *Il m'a donné un coup de sa main.*

    [Si l'on veut que le sens exprimé soit le même.]

Exercice 3.4

Les deux éléments de réponse suivants sont largement suffisants pour démontrer la présence de deux lexies distinctes :

1. le premier *pousse* signifie ʿdéplaceʾ et le second ʿgranditʾ ;

2. dans le premier cas, on a un verbe transitif (quelqu'un pousse quelque chose) et, dans le second cas, un verbe intransitif (quelque chose pousse).

Exercice 3.5

1. Le syntagme en gras dans la première phrase est sémantiquement compositionnel. C'est un syntagme libre signifiant ʿ[Il] s'est fracturé un des membres inférieursʾ.

2. Par contraste, le second syntagme est sémantiquement non compositionnel. C'est un syntagme figé qui correspond à la locution verbale SE CASSER LA TÊTE, signifiant ʿfaire beaucoup d'effortsʾ.

Exercice 3.6

La non-compositionnalité sémantique de *casser du sucre sur le dos* [*de quelqu'un*] est évidente puisque ce syntagme signifie ʿdire du mal [de quelqu'un]ʾ.

On remarque aussi que, le sens de SUCRE n'étant pas impliqué ici, les manipulations suivantes ne peuvent être effectuées sur le syntagme en question, qui se comporte clairement comme un syntagme figé :

(3) a. *J'ai cassé beaucoup de sucre sur son dos.*

    b. *Du sucre a été cassé sur son dos.*

Le syntagme *casser un jugement,* en revanche, est sémantiquement compositionnel, au moins, de façon évidente, pour ce qui est du sens de *jugement.* Seul *casser* pose ici problème, puisque le sens qu'il exprime (ʿannulerʾ) n'est pas habituellement associé à ce verbe.

On remarque que le syntagme en question est très flexible, contrairement à celui analysé précédemment :

(4) a. *La Cour a cassé beaucoup de jugements.*

  b. *Le jugement a été cassé par la Cour.*

Pour toutes ces raisons, il serait très gênant de considérer que *casser un jugement* correspond à une locution (une lexie) du français. Il s'agit d'un syntagme d'un type particulier, qui n'est que « partiellement » figé, et que l'on appelle *collocation*. Cette dernière notion sera étudiée en détail au Chapitre 7.

Exercice 3.7

Cet exercice pourrait donner lieu à un long débat portant non seulement sur la nature de PARCE QUE, mais aussi sur ce qui fait qu'un élément de la phrase est ou non un mot-forme. Nous nous contentons ici de baliser le débat en question en proposant quelques réflexions comme point de départ.

- Il est absolument clair que, d'un point de vue diachronique, la séquence *parce que* est un tout qui tire son origine de la combinaison des mots-formes *par + ce + que*, combinaison qui s'est figée dans le temps jusqu'à donner naissance à la lexie à valeur conjonctive PARCE QUE.

- Cette lexie, étymologiquement construite à partir de plusieurs lexèmes, peut être rapprochée de sa traduction anglaise BECAUSE : construite à partir du syntagme du moyen anglais (XIe-XVe siècles) *by cause*.

- D'un point de vue synchronique, rien ne justifie d'analyser PARCE QUE comme une locution, puisqu'il faudrait alors considérer un syntagme figé constitué d'une lexie inexistante *PARCE (que nous « impose » la forme écrite) et de la conjonction QUE, alors qu'il est clair que la séquence *parce que* fonctionne dans la phrase comme un tout inanalysable et non transformable.

- Il est bien plus simple de considérer PARCE QUE comme un **lexème**. De ce point de vue, l'orthographe PARCEQUE (sur le modèle de PUISQUE) serait la plus légitime et la plus en accord avec la nature véritable de la lexie en question.

Exercices du Chapitre 4

Exercice 4.1

Si l'on segmente *maison* en *mai- + -son* (plus exactement, /mɛ/ + /zɔ̃/), on procède à la segmentation du **signifiant** d'un signe en deux entités, les syllabes, n'ayant en ce cas-ci qu'une existence « phonique ». Ces syllabes n'ont pas de signifié associé et la segmentation en question ne correspond donc pas à une analyse d'un mot-forme en signes linguistiques plus simples.

Exercice 4.2

Le tableau ci-dessous énumère les différentes catégories flexionnelles que l'on trouve en anglais et en français, en les regroupant en fonction de la partie du discours des radicaux concernés. Nous donnons, pour chaque cas, un exemple illustrant **un** contraste à l'intérieur d'une même catégorie flexionnelle ; dans le cas des temps, modes, personnes des verbes, il est bien entendu que nous n'illustrons pas toutes les valeurs des catégories concernées.

Anglais	Français
Noms communs	**Noms communs**
- nombre :	- nombre :
$cat_{singulier} \sim cats_{pluriel}$	$chat_{singulier} \sim chats_{pluriel}$
Verbes	**Verbes**
- temps :	- temps :
$[I]\ do_{présent} \sim [I]\ did_{passé\ (prétérit)}$	$[je]\ fais_{présent} \sim [je]\ faisais_{passé\ (imparfait)}$
- mode :	- mode :
$[I]\ do_{indicatif} \sim to\ do_{infinitif}$	$[je]\ fais_{indicatif} \sim faire_{infinitif}$
- personne :	- personne :
$[I]\ do_{1^{re}\ pers.} \sim [he/she/it]\ does_{3^e\ pers.}$	$[je]\ fais_{1^{re}\ pers.} \sim [il/elle]\ fait_{3^e\ pers.}$
- nombre :	- nombre :
$[I]\ do_{singulier} \sim [we]\ do_{pluriel}$	$[je]\ fais_{singulier} \sim [nous]\ faisons_{pluriel}$
	Adjectifs
	- genre :
	$petit_{masculin} \sim petite_{féminin}$
	- nombre :
	$petit_{singulier} \sim petits_{pluriel}$

Bien entendu, il est artificiel de faire comme si l'on séparait dans les exemples temps, mode, personne et nombre, pour les verbes anglais et français, puisque leur expression est simultanée. Dans [je] fais, le suffixe -s, adjoint au radical fai-, porte à la fois l'expression du présent, de l'indicatif, de la première personne et du singulier du verbe.

Dans le cas de l'adjectif français, l'analyse des mots-formes doit se faire de la façon suivante : Radical + Suffixe du genre + Suffixe du nombre. Par exemple :

- $petit = petit\text{-} + \emptyset_{\text{masc. adj.}} + \emptyset_{\text{sing. adj.}}$
- $petite = petit\text{-} + \text{-}e_{\text{fém. adj.}} + \emptyset_{\text{sing. adj.}}$
- $petits = petit\text{-} + \emptyset_{\text{masc. adj.}} + \text{-}s_{\text{plur. adj.}}$
- $petites = petit\text{-} + \text{-}e_{\text{fém. adj.}} + \text{-}s_{\text{plur. adj.}}$

Exercice 4.3

Le verbe ÊTRE possède de très nombreuses formes fléchies et il est inutile de les examiner toutes ici. Prenons simplement l'infinitif *être* et comparons-le au participe passé masculin singulier, *été*, puis à la première personne du singulier du présent de l'indicatif, *suis*.

- La forme *être* peut être décomposée en 1) un radical — *ét-* et son allomorphe *êt-* — généralement associé au verbe ÊTRE (*étant, était...*), et 2) un suffixe *-re*, qui est la marque de l'infinitif.

- On retrouve le radical en question dans *été*, suivi d'un suffixe associé à l'expression du participe passé *-é*.

- Cependant, la forme fléchie *suis*, qui exprime 1) le signifié lexical (normalement associé au radical), 2) le temps et le mode grammaticaux ainsi que 3) la personne et le nombre du verbe, ne se prête pas à cette analyse. Il faut, pour mener une analyse radical + suffixe, identifier *s-* comme radical, radical que l'on retrouve dans les formes *sommes, sont, serai...*

- Pour que la définition de la flexion continue à s'appliquer, il faut donc considérer les **trois** formes *ét-, êt-* **et** *s-* comme allomorphes du morphème radical de ÊTRE. Une telle analyse est incontournable, même s'il n'existe aucun rapport formel entre *s-* et les deux autres morphes radicaux. Les allomorphes du type de *s-* radical de ÊTRE sont appelés *allomorphes supplétifs*. L'existence de la supplétion en langue ne remet pas en question notre définition de la flexion (p. 72), puisque celle-ci se fonde sur la mise en jeu d'un radical flexionnel, donc d'un morphème pouvant être réalisé par une variété d'allomorphes (dont certains peuvent être supplétifs).

On voit que l'analyse morphologique n'est pas un problème simple, dès que l'on considère les irrégularités de la langue. Pour rendre compte du système morphologique complet d'une langue comme le français, qui est considéré comme moyennement complexe, il faut utiliser un appareillage notionnel très développé. Voilà pourquoi nous ne prétendons aucunement faire de véritable introduction à l'étude morphologique dans le présent ouvrage, nous contentant de présenter les notions dont nous ne pouvons faire l'économie.

Exercice 4.4

En examinant attentivement la série de mots-formes à analyser pour cet exercice ainsi que leur traduction, on constate que la possession (de 1re, 2e et 3e personnes) est exprimée en ulwa comme une flexion nominale. Pour mettre ce fait en évidence, on peut réécrire la liste de mots-formes en indiquant en gras les composantes qui varient pour chaque variation de personne, et qui sont donc les morphes flexionnels. Les composantes demeurant en léger sont, elles, les radicaux nominaux :

(5) a. *suu**ki**lu* ʿ[mon] chienʾ   *mis**ki**tu* ʿ[mon] chatʾ

     b. *suu**ma**lu* ʿ[ton] chienʾ   *mis**ma**tu* ʿ[ton] chatʾ

     c. *suu**ka**lu* ʿ[son] chienʾ   *mis**ka**tu* ʿ[son] chatʾ

Notons que, pour simplifier, nous n'avons fourni ici que des données sur les trois personnes du singulier. On trouvera dans Mel'čuk (1997a : 336), d'où cet exemple est tiré, une présentation plus complète des données du ulwa.

Le formatage des données utilisé en (5) met en évidence les radicaux et les affixes suivants :

1. radicaux nominaux *suulu* ʿchienʾ et *mistu* ʿchatʾ, qui sont les morphes constants aux trois personnes ;

2. affixes flexionnels *-ki-* ʿpossessif 1re pers. sing.ʾ, *-ma-* ʿpossessif 2e pers. sing.ʾ et *-ka-* ʿpossessif 3e pers. du sing.ʾ, qui viennent **s'insérer** dans les radicaux au lieu de les précéder (cf. préfixe) ou de les suivre (cf. suffixe).

De tels affixes, dont la combinatoire restreinte est assez particulière puisqu'ils viennent interrompre la chaîne morphologique du radical, sont appelés *infixes*.

Le cas des infixes pourra peut-être sembler relativement « exotique » au lecteur. Il faut cependant remarquer que nous n'illustrons ici qu'une infime partie de la richesse des ressources morphologiques dont les langues font usage pour implanter la flexion, aussi bien que la dérivation ou que tout autre mécanisme morphologique.

Exercice 4.5

Un affixe est un signe linguistique et doit de ce fait se décrire en trois étapes (signifié, signifiant et combinatoire restreinte). L'affixe -*age* se décrit de la façon suivante.

1. Son signifié est quasiment vide par rapport au signifié du radical auquel il se greffe. Par exemple, *nettoyage* veut simplement dire 'fait de nettoyer', *cassage* veut dire 'fait de casser', etc. Donc, -*age* n'apporte comme « contenu » que 'fait de'. Mais *fait de* est une expression quasiment vide qui permet de paraphraser le changement de partie du discours opéré par le suffixe en question : dérivation V→N (voir combinatoire restreinte, ci-dessous).

2. Son signifiant est, bien entendu, -*age* (/aʒ/).

3. Sa combinatoire restreinte se décrit ainsi :
   - il se greffe après le radical — c'est donc un suffixe ;
   - il se combine à un radical **verbal** pour donner un **nouveau radical nominal** — c'est donc un suffixe dérivationnel ;
   - il se combine aux radicaux dénotant des actions ou activités ; il est ainsi incompatible avec les radicaux dénotant des états psychiques ou physiques (verbes de sentiments, etc.) ;
   - il se combine aux radicaux se terminant par une consonne.

On remarquera, à propos du dernier point ci-dessus, que le morphe -*age* possède un allomorphe, -*ssage*, qui est utilisé pour effectuer la même dérivation à partir de radicaux se terminant par une voyelle : *équarrissage* et non *équarriage, polissage et non *poliage, etc.

Il faut garder à l'esprit que l'analyse des mots-formes comme *nettoyage*, *cassage*, etc. en tant que dérivés vaut surtout en diachronie puisque le locuteur du français n'a pas la possibilité de dériver des noms en -*age* selon son bon vouloir, comme le montrent les formes incorrectes suivantes : *composage 'fait de composer', *parlage 'fait de parler', *sautage 'fait de sauter', etc. En d'autres termes, la dérivation en question est

- **régulière**, c'est-à-dire qu'elle obéit à une règle de dérivation du français ;
- mais **non systématique**, c'est-à-dire qu'on ne peut appliquer systématiquement la règle en question à tous les radicaux verbaux théoriquement compatibles.

L'intitulé de l'exercice demande d'ailleurs que l'on formule la règle de dérivation en -*age*. Pour cela, nous allons suivre la même stratégie que celle adoptée pour écrire des règles de flexion (p. 82 et suivantes), en extrayant une règle générale à partir d'analyses spécifiques. Formalisons tout d'abord les analyses faites ci-dessus :

(6) a. *nettoy- + -age → nettoyage*

  b. *cass- + -age → cassage*

Nous allons ensuite généraliser en remplaçant les radicaux par des variables et en caractérisant ces variables grammaticalement et sémantiquement :

(7) R_V 'action/activité V' + {-AGE} → R_N 'fait de faire l'action/activité V'

Une telle règle peut se lire de la façon suivante : un radical verbal R_V signifiant 'action ou activité V' peut être combiné avec le morphème dérivationnel suffixal {-AGE} afin de former un radical nominal R_N signifiant 'fait de faire l'action ou activité V'. Notons qu'en ayant recours dans la règle au morphème {-AGE} plutôt qu'aux morphes spécifiques *-age* et *-ssage*, nous laissons le soin à la description de la combinatoire restreinte de chacun de ces allomorphes de prendre en charge les contraintes s'appliquant sur la terminaison du radical.

Exercice 4.6

PORTEFEUILLE et PORTE-MONNAIE sont morphologiquement construits selon le même patron : verbe à la 3ᵉ personne du singulier du présent de l'indicatif (*porte*) suivi d'un nom commun au singulier (*feuille ~ monnaie*).

Dans les deux cas, on voit que la concaténation des deux éléments lexicaux repose sur une pseudo-relation syntaxique verbe-complément d'objet. Bien entendu, cette structure n'est apparente que sous l'angle d'une analyse diachronique de ces lexies. Le fait que la structure soit celle d'un groupe verbal, alors que ces lexies sont nominales, nous permet d'affirmer avec certitude que nous sommes ici en présence de lexèmes et non de locutions.

La structure de nom composé apparaît plus clairement dans le cas de PORTE-MONNAIE puisque ce lexème désigne justement un étui dans lequel on met des pièces de monnaie. C'est sans doute la raison pour laquelle on sépare encore les deux composantes morphologiques *porte* et *monnaie* par un trait d'union. À noter que cette lexie est invariable : *un porte-monnaie ~ des porte-monnaie.*

Le cas de PORTEFEUILLE est différent. Tout d'abord, il s'agit d'un **vocable** renfermant plusieurs lexies :

(8) a. *Dupond et Dupont se sont fait voler leur portefeuille au marché aux puces.*

   b. *Il faut faire varier votre portefeuille d'actions pour vous mettre à l'abri des fluctuations du marché.*

   c. *Le ministre a mis son portefeuille en jeu dans cette affaire.*

PORTEFEUILLE est présent dans la langue depuis plus longtemps que PORTE-MONNAIE ; cela explique en partie le fait qu'une polysémie se soit développée dans son cas. On comprend alors pourquoi les personnes chargées d'établir la norme orthographique ont considéré que la forme *portefeuille* s'est beaucoup plus nettement « calcifiée » morphologiquement que *porte-monnaie*, justifiant ainsi une écriture ne mettant pas en évidence l'origine morphologique de la lexie. Bien entendu, cela autorise aussi un comportement flexionnel normal (contrastant avec l'invariabilité de PORTE-MONNAIE, mentionnée ci-dessus) : *un portefeuille ~ des portefeuilles.*

Exercice 4.7

Nous nous contentons d'énumérer les éléments de réponse.

- La première occurrence de *manger* est un nom commun signifiant approximativement 'quelque chose que l'on mange en tant que repas'.

- La deuxième occurrence est un verbe, sémantiquement inclus dans le nom qui vient d'être examiné : [*un*] *manger* veut dire très grossièrement 'quelque chose que l'on **mange**'. Nous étudierons en détail la notion d'inclusion de sens au Chapitre 7.

- On a clairement un cas de dérivation MANGER$_V$ → MANGER$_N$. Il correspond au deuxième cas de figure présenté dans le tableau illustrant les quatre types principaux de liens dérivationnels (p. 77).

- Notre définition de la dérivation est fondée sur le recours à un affixe dérivationnel. Pour pouvoir tenir compte de cas comme celui-ci (où aucun affixe ne semble présent), il faudrait donc nuancer cette définition et signaler la possibilité de dérivation par simple changement de partie du discours (sans marquage morphologique). Ce type de dérivation est souvent appelé *conversion* dans les ouvrages de morphologie.

Exercice 4.8

ONU est un sigle dont la version développée est la locution (nom propre) ORGANISATION DES NATIONS UNIES.

Il se prononce soit /ɔny/ soit /ɔɛny/. Dans le premier cas, on peut le considérer comme un acronyme puisqu'il ne se prononce pas en épelant les lettres *o*, *n* et *u*. À noter d'ailleurs que l'on trouve employées les deux orthographes *ONU* et *O.N.U.*, qui reflètent les deux prononciations possibles.

Exercices du Chapitre 5

Exercice 5.1

Nous ne proposons pas de corrigé pour cet exercice.

Exercice 5.2

Chacune des deux phrases contient une incohérence terminologique.

1. *Lexique de* Notre-Dame de Paris. Nous avons mentionné qu'un lexique était nécessairement, dans notre terminologie, le lexique d'une langue donnée (lexique de l'anglais, du français, etc.). Il aurait fallu parler ici du **vocabulaire** du roman de Victor Hugo (l'ensemble des unités lexicales utilisées par l'auteur dans ce texte).

2. *Lexies ont plus d'un sens*. Une lexie est associée à un et un seul signifié lexical. Il est donc incohérent de dire que les lexies ont plusieurs sens. Ce que l'auteur de cette phrase a sans doute voulu dire, c'est que les signifiants lexicaux du français peuvent, pour la plupart, véhiculer plus d'un sens.

Exercice 5.3

Indices linguistiques marquant l'origine sociale de la « bourgeoise » :
- *ma petite chérie* [expression associée en français de France à une sorte de minauderie] ;
- *meussieu* [orthographe servant à reproduire une prononciation affectée] ;
- *dans les rapports humains* [expression assez formelle] ;
- *éminemment condamnable* [expression qui relève presque du jargon administratif ou politique, et qui n'est pas d'un emploi neutre à l'oral].

Toutes ces expressions contrastent de façon très nette avec les indices suivants qui marquent l'origine « populaire » de Zazie :

- *Grandes personnes mon cul* [expression à la fois vulgaire et caractéristique de la langue parlée ; reprise de ce que l'interlocuteur vient de dire avec ajout de *mon cul*] ;
- *Je ne vous demande pas l'heure qu'il est* [expression familière offensante].

Exercice 5.4

Ces deux phrases ont le même sens : ce sont des paraphrases. (Nous verrons en détail la notion de paraphrase au chapitre suivant.) Comme leur seule différence lexicale majeure réside dans l'emploi de [être] DIFFÉRENT par opposition à DIFFÉRER, on peut en déduire que cet adjectif et ce verbe ont un sens identique. Ceci est une bonne illustration du fait que les parties du discours ne classifient pas les lexies sur la base de leurs propriétés sémantiques.

Nous ne proposons pas de solution pour la seconde partie de la question. Il suffit, pour y répondre, de construire des paraphrases que seul distingue l'usage de deux lexies ayant des sens équivalents, mais appartenant à des parties du discours différentes.

Exercice 5.5

Un hapax est une occurrence unique dans un corpus. Nous allons choisir ici de considérer les occurrences de **formes** lexicales (et non les occurrences de lexies ou de vocables). Il est alors très facile de compter les hapax de la citation de *Zazie dans le métro*, puisqu'il suffit de se reporter à l'index des signifiants de cette citation (p. 109). On y trouve les 47 hapax de signifiants lexicaux suivants : *approcha, bourgeoise, brutaliser, ça, ces, coin, comme, de, demande, dire, doit, du, elle, éminemment, enfant, être, évitée, fais, faut, heure, humains, je, la, le, mais, mal, maraudait, mes, meussieu, mots, n', pauvre, pour, qu', questions, qui, raison, rapports, répondre, s', toujours, tu, valable, veut, violence, vous, voyons.*

On remarque immédiatement qu'il serait beaucoup plus fastidieux d'identifier les hapax, même dans un corpus aussi court, si l'on ne disposait que du texte lui-même. Il faudrait prendre chaque forme une à une et vérifier qu'elle n'apparaît pas dans la suite du texte.

Exercices du Chapitre 6

Exercice 6.1

Il est absolument clair que les deux phrases suivantes sont des paraphrases :

(9)   a.   *À votre âge, ce serait de la folie !*

      b.   *Ce serait de la folie à votre âge !*

C'est d'ailleurs la raison pour laquelle le *Je dirais même plus* de Dupont produit un effet comique.

En plus d'exprimer le même sens, ces deux phrases ne présentent aucune différence lexicale et syntaxique. La seule différence de **forme** se situe sur le plan du positionnement de *à votre âge* : en début de phrase en (9a) et en fin de phrase en (9b). Cette différence de positionnement s'accompagne d'un léger écart en ce qui a trait à la structure communicative : la mention de l'âge de l'interlocuteur des Dupond/t est plus saillante dans la première phrase que dans la seconde. Nous dirions même plus : en tenant compte de cette légère nuance communicative, c'est la phrase de Dupon**d** (9a), et non celle de Dupon**t** (9b), qui contient plus d'information.

Exercice 6.2

Le jeune Tremblay confond le sens de deux lexies du même vocable : le juron (l'interjection) VERRAT ! et le nom VERRAT (qui veut dire ʿporc mâleʾ). Il est·très difficile de décrire le sens d'une interjection, mais il est clair que VERRAT ! n'a pas plus à voir avec la désignation d'un porc que MERDE ! n'a à voir avec la désignation d'un excrément par le locuteur.

On peut noter qu'en voulant parler du sens d'une interjection, le petit Tremblay s'exprime maladroitement puisqu'il établit une équivalence directe entre une chose désignée (un référent) et une lexie : *un cochon, ça peut pas être un sacre*. C'est cette maladresse qui produit un effet comique.

Exercice 6.3

La réponse tient en quatre points :

1. le sens logique de la première phrase est « Vrai » puisque tout homme est nécessairement soit vivant soit mort ;

2. le sens logique de la seconde phrase est aussi « Vrai » puisque, dans tout contexte de parole, il est nécessairement vrai que soit il pleut soit il ne pleut pas ;

3. les deux phrases en question ont donc le même sens logique ;

4. comme ce ne sont pas du tout des paraphrases, on voit bien que la détermination du sens logique n'est pas équivalente à une caractérisation véritable du sens linguistique.

Exercice 6.4

La phrase suivante est sémantiquement tout à fait cohérente.

(10) *C'est un renard un peu stupide, incapable de la moindre ruse.*

On voit donc bien que RENARD ne **signifie** pas ʿanimal… doué de ruseʾ ; en d'autres termes, ʿruseʾ ne fait pas partie de son sens. Cependant, on associe fréquemment le renard (l'animal lui-même) à la ruse, et cela se manifeste linguistiquement dans des expressions comme *rusé comme un renard* et *ruse de renard*. Ces expressions sont des évidences linguistiques du fait que ʿruseʾ est une connotation de la lexie RENARD, plutôt qu'une composante de son sens.

Exercice 6.5

On peut mettre en place une batterie de tests permettant de déterminer si une lexie possède un sens liant (prédicat ou quasi-prédicat) et, si oui, quelle est sa valence. Étudier ces tests et apprendre à s'en servir sort du cadre du présent ouvrage d'introduction ; il suffit pour l'instant de parvenir à développer une perception en partie intuitive de la nature prédicative des lexies. Nous nous contenterons donc d'énumérer ci-dessous les structures de sens avec les actants impliqués. Notons cependant que l'on trouvera dans Mel'čuk et Polguère (2008), mentionné dans la bibliographie en fin de chapitre (p. 141), des informations supplémentaires sur la nature des actants et sur leur expression dans la phrase.

Ces lexies ont toutes des sens liants, sauf LUNE [*La lune est pleine ce soir.*].

- DORMIR : ʿX dortʾ.

- PRÊTER : ʿX prête Y à Z pour la durée Wʾ [*Il m'a prêté son livre pour trois jours.*].

- SOMMEIL : ʿsommeil de Xʾ ; même structure que pour DORMIR, puisque SOMMEIL est le pendant nominal de ce verbe.

- DÉPART : ʿdépart de X de l'endroit Y pour l'endroit Zʾ.

- LUNE : ʿluneʾ ; c'est donc un nom sémantique.

- DIFFÉRENT : ʿX différent de Y par Zʾ [*Elle est différente de son collègue par sa formation.*] ; l'adjectif DIFFÉRENT est un prédicat sémantique à trois actants, au même titre que le verbe correspondant DIFFÉRER (voir exercice 5.4 du chapitre précédent, p. 118, et son corrigé, p. 274).

- GOULOT : 'goulot du récipient X' ; on est ici en présence d'un sens liant appelant un actant ; cependant, il ne s'agit pas d'un prédicat puisque la lexie GOULOT dénote une entité et non un fait : il s'agit d'un quasi-prédicat, de la famille sémantique des quasi-prédicats dénotant des parties de choses mentionnée p. 134. (Un goulot est une partie d'un récipient X.)

Exercice 6.6

Voici la phrase anglaise et sa traduction :

(11) a. *I miss you.*

b. *Tu me manques.*

Pour faciliter la discussion, appelons *manqueur* la personne qui ressent le manque et *manquant* la personne dont l'absence est ressentie par le manqueur, même si— nous en convenons volontiers —ces termes sont assez barbares. On voit que le verbe anglais [*to*] MISS prend le manqueur pour sujet et le manquant pour complément d'objet. À l'inverse, MANQUER prend le manquant comme sujet et le manqueur comme complément.

En tant que francophones, nous sommes habitués au comportement du verbe MANQUER, qui nous semble très naturel. Le cas du verbe anglais est cependant beaucoup plus « standard » dans la mesure où, dans toutes les langues (y compris le français), le sujet des verbes dénotant un sentiment dénote normalement l'actant correspondant à la personne qui éprouve ce sentiment ; comme, par exemple, avec le verbe S'ENNUYER [de quelqu'un] : *Je m'ennuie de toi.*

Exercice 6.7

Nous ne donnons pas de réponse pour cet exercice. Il suffit d'appliquer méthodiquement la même technique d'analyse que celle proposée dans ce chapitre pour la phrase (12) (p. 137 et suivantes).

Exercices du Chapitre 7

Exercice 7.1

Énumération des éléments de réponse.

- On perçoit immédiatement qu'il existe un lien sémantique entre LIVRE et POÈTE.
- Ce n'est pas l'inclusion : LIVRE ne dénote pas uniquement un texte écrit par un poète et POÈTE ne dénote pas spécifiquement quelqu'un qui écrit des livres.

- LIVRE dénote un texte et POÈTE dénote un individu qui écrit des textes d'un certain type. Il existe donc une intersection de sens entre ces deux lexies.
- Cette intersection concerne la composante sémantique centrale de LIVRE, mais une composante périphérique de POÈTE ; c'est un cas différent de l'intersection de sens qui existe, par exemple, entre TRUITE et SAUMON. Cela illustre le fait que la seule mise en évidence d'une relation d'intersection de sens ne procure qu'une très grossière modélisation des relations sémantiques.

Exercice 7.2

Voici, sans justification, les réponses pour cet exercice.

1. Chaîne des hyperonymes de ARBRE :

   CHOSE → ORGANISME [*vivant*] → [*un*] VÉGÉTAL → PLANTE → ARBRE.

2. Parmi ses nombreux hyponymes, on peut citer : BOULEAU, CHÂTAIGNIER, CHÊNE, ÉRABLE, PEUPLIER, POMMIER.

Exercice 7.3

La lexie MANGER dénote une situation plus spécifique que S'ALIMENTER : *grosso modo*, il s'agit de s'alimenter par la bouche en mâchant. La lexie S'ALIMENTER est donc un hyperonyme de MANGER.

Comme ces deux lexies sont sémantiquement suffisamment proches pour qu'on les considère comme des paraphrases approximatives, on peut dire plus précisément que S'ALIMENTER est un synonyme moins riche de MANGER.

Exercice 7.4

Éléments de réponse.

- On tiendra pour acquis que EN ROUTE et À L'ARRÊT sont deux locutions, deux lexies, du français.
- Sens approximatif de [X] *en route vers Y* : ⸢[X] qui se déplace vers un lieu Y⸣.
- Sens approximatif de [X] *à l'arrêt* : ⸢[X] qui ne se déplace pas⸣.
- Les deux sens s'opposent par la négation de la composante ⸢se déplacer⸣. Ce sont donc des antonymes.
- Du fait que ces deux lexies n'ont pas le même nombre d'actants (⸢X est en route **vers Y**⸣ ~ ⸢X est à l'arrêt⸣), il est clair qu'elles ne sont pas des antonymes exacts.

Exercice 7.5

Éléments de réponse pour la première phrase.

- Sens approximatif de [X] *près de Y* : '[X] qui se trouve à une distance **relativement petite** de Y'.

- Sens approximatif de [X] *loin de Y* : '[X] qui se trouve à une distance **relativement grande** de Y'.

- Les deux lexies PRÈS et LOIN s'opposent sémantiquement de façon évidente : '[distance] relativement petite' ~ '[distance] relativement grande'. Comme c'est la seule différence identifiable, on peut dire que ces lexies sont des antonymes exacts.

Éléments de réponse pour la seconde phrase.

- Sens approximatif de *X aimer Y* : 'X éprouver un sentiment positif envers Y…'.

- Sens approximatif de *X détester Y* : 'X éprouver un sentiment très négatif envers Y…'.

- L'opposition entre 'positif' et 'négatif' est évidente, et nous sommes donc là aussi en présence de deux antonymes. Néanmoins, AIMER et DÉTESTER se situent sur une **échelle** de sentiments — des sentiments positifs aux sentiments négatifs — et n'occupent pas des positions strictement opposées sur cette échelle : AIMER correspond à un sentiment non nécessairement intense (cf. *Elle aime assez le fromage*) alors que DÉTESTER correspond à un sentiment **très** négatif (cf. *Elle déteste un peu le fromage*, qui semble contradictoire). Cette dernière lexie est par contre en opposition d'antonymie exacte (ou quasi exacte) avec la lexie ADORER.

Exercice 7.6

On peut répondre à cette question en trois étapes.

1. FEU [*Ils avaient domestiqué le feu.*] dénote un élément naturel, tout comme EAU.

2. Ces lexies françaises manifestent une opposition contrastive (et non une opposition antonymique), opposition qui se fonde sur le fait que, dans la réalité, l'eau empêche la présence du feu.

3. Voici quelques évidences linguistiques de cette opposition contrastive : *José et Lida sont comme l'eau et le feu, C'est le feu et l'eau*, etc.

Exercice 7.7

On perçoit immédiatement qu'il existe une relation sémantique entre ŒIL et REGARD, même s'il n'est pas nécessairement évident de la décrire. *Grosso modo*, le regard d'une personne est ce que cette personne « fait » avec ses yeux et la façon dont elle le fait. Donc, REGARD dénote en quelque sorte une propriété de l'« instrument » qui sert à regarder (ou, plus généralement, à voir), instrument dénoté par la lexie ŒIL.

A. Nothomb joue sur une fausse analyse morphologique de *regard*, faisant comme si *-ard* était ici un suffixe dérivationnel. Elle crée artificiellement de « faux » dérivés morphologiques en appliquant la règle de dérivation suivante, fondée sur l'utilisation d'un suffixe imaginaire *-ard* :

(12) $^*R_V + \textit{-ard} \rightarrow R_N$

R_V : radical verbal désignant une perception sensorielle (le fait d'écouter, le fait de sentir ou de renifler) qui implique une partie du corps donnée (l'oreille, le nez).

R_N : radical nominal dénotant une propriété de la partie du corps impliquée dans la perception sensorielle dénotée par R_V.

Ouf ! Voilà pourquoi il est dangereux d'analyser linguistiquement ce genre d'effet de style : on a complètement tué un texte qui était assez drôle au départ.

Exercice 7.8

C'est un syntagme semi-phraséologisé, c'est-à-dire une collocation.

- Le sens de la lexie DANGER est bien présent dans le sens de ce syntagme, comme le démontre notamment la possibilité de reprendre *danger* seul à la suite de la phrase initiale :

  (13) *Il court un grand danger, et ce danger doit lui être signalé.*

- L'acception de COURIR employée ici est presque vide de sens. *Courir un danger* peut être paraphrasé par *faire face à un danger, être exposé à un danger*, etc. Autant d'expressions où le verbe n'ajoute aucun sens spécifique à celui déjà exprimé par son complément d'objet (*Quelqu'un court un danger* ≅ *Il y a un danger pour quelqu'un*).

- De plus, cet emploi de COURIR n'est pas libre. Si l'on dit bien *courir un risque,* on ne dit pas **courir une menace, *courir un péril,* etc. Le syntagme *courir un danger* est donc clairement une collocation, où *danger* est la base et *courir* le collocatif.

Noter que l'on est ici en présence d'un verbe support : un Oper_2 de DANGER, puisque cette lexie est un prédicat à deux actants 'X est un danger pour Y'. Nous laissons au lecteur le soin d'en faire la démonstration complète en s'appuyant sur la méthode présentée dans ce chapitre (p. 171 et suivantes). Il pourrait aussi être intéressant d'essayer d'identifier tous les Oper_1 et tous les Oper_2 de DANGER.

Exercice 7.9

Le syntagme en gras est (entièrement) phraséologisé : il s'agit de la locution verbale BAISSER LES BRAS. L'expression *baisser les bras* signifie dans l'exemple en question 'abandonner, se résigner à ne pas poursuivre un effort'. Il n'est aucunement question de baisser les bras littéralement, même si la métaphore est claire.

Exercice 7.10

Nous répondons succinctement. Il pourrait être utile de pousser plus avant en analysant en détail le sens de chacune des bases mises en jeu dans les collocations concernées.

- *cousin éloigné* → AntiMagn

  Un cousin éloigné est une personne avec laquelle le lien de cousinage est moins fort, moins direct. Dans le même registre, on peut contraster *un proche parent* [Magn] ~ *un parent éloigné* [AntiMagn].

- *grave différend* → Magn

  C'est un différend, un désaccord important. On a clairement ici une intensification du sens de DIFFÉREND.

- *léger différend* → AntiMagn

  Le lien d'antonymie entre ce collocatif et le précédent est évident.

- *dormir sur ses deux oreilles* → Magn

  Le collocatif signifie que l'état de sommeil est « intense ». Rappelons trois autres Magn de DORMIR, mentionnés plus haut dans le Chapitre 7 (p. 165) : *à poings fermés, comme une souche* et *profondément.*

- *dormir à demi* → `AntiMagn`

On a clairement ici un collocatif antonyme du collocatif précédent. *Dormir à demi* signifie que le sommeil est superficiel, peu « intense ».

- *dormir comme un bébé* → `Magn` ou `Bon` ?

L'expression *comme un bébé* dénote plus ici la qualité du sommeil — la personne en question dort bien — que son intensité. Il nous semble qu'il faut donc décrire ce collocatif comme étant un `Bon`.

Exercice 7.11

Sans véritablement prétendre à l'exhaustivité, nous avons essayé de donner ici des réponses aussi complètes que possible.

`Syn`(*manger*) = *se nourrir*; *prendre* [*de la nourriture*]; *avaler*; *se mettre quelque chose sous la dent*; fam. *bouffer*, fam. *boustifailler*; *ingurgiter*

Nous incluons ici tous les types de `Syn`, donc aussi les quasi-synonymes. Seuls sont exclus les `Syn` comportant un sens additionnel de `Magn`, comme fam. *bâfrer* et fam. *se goinfrer*.

`Anti`(*permettre*) = *défendre*; *interdire, s'opposer*; *empêcher*; *refuser*; *proscrire, prohiber*; *ne pas permettre* [— *Je ne vous permets pas !*]

S_0(*tomber*) = *chute*; fam. *bûche*, fam. *gadin*, fam. *gamelle*, fam. *pelle*

S_2(*acheter*) = *achat*; *acquisition*; *emplette*

`Magn`(*pleurer*) = *à chaudes larmes, à fendre l'âme, comme une Madeleine*, fam. *comme une vache*, fam. *comme un veau, toutes les larmes de son corps*

`AntiMagn`(*appétit*) = *d'oiseau, léger, petit*

`Bon`(*temps*) = *beau* < *radieux* < *admirable, merveilleux, splendide*; *idéal*; *clair*

`AntiBon`(*temps*) = *maussade, mauvais* < *abominable, affreux, de chien*; *sombre*

Exercice 7.12

Ce texte contient sept collocations, qui se décrivent au moyen des fonctions lexicales de la façon suivante :

- *chaleur **étouffante*** → `AntiBon+Magn`(*chaleur*)

Le formalisme f_1+f_2 indique que les deux fonctions lexicales f_1 et f_2 s'appliquent **en parallèle**. (Il ne s'agit pas d'une fonction lexicale complexe f_1f_2.) *Chaleur étouffante* signifie que la chaleur est simultanément intense (`Magn`) et désagréable (`AntiBon`).

- *chaleur **régner** [dans N]* → `Magn+Func`$_1$(*chaleur*)

  Utiliser l'explication de l'analyse précédente pour comprendre celle proposée ici. La petite difficulté est que nous sommes en présence de l'application simultanée d'une fonction lexicale syntagmatique (`Func`$_1$) et d'une fonction lexicale paradigmatique (`Magn`), contrairement au cas précédent.

- *connaître **comme le fond de sa poche*** → `Magn`(*connaître*)

- ***faire** un sourire* → `Oper`$_1$(*sourire*$_N$)

- ***large** sourire* → `Magn`(*sourire*)

- ***petite** voix* → `AntiMagn`(*voix*)

- *voix **nasillarde*** → `AntiBon`(*voix*)

Exercice 7.13

Un `Oper`$_1$ de ENVIE ne devrait pas ajouter de sens à la base dans la collocation. Or, *X satisfait son envie* veut dire 'X fait ce que son envie le pousse à faire'. Il s'agit d'un cas de `Real`$_1$, fonction lexicale que nous n'avons pas introduite. On pourra en trouver une description dans Mel'čuk (1997; 2003), deux des textes suggérés comme lectures complémentaires.

Voici, pour effectuer la comparaison avec *satisfaire*, les collocatifs qui sont des `Oper`$_1$ de ENVIE :

$$\text{Oper}_1(envie) \qquad = \textit{avoir, éprouver, ressentir}$$

Exercice 7.14

- *La guerre éclate* ≅ *La guerre commence* [*à avoir lieu*].
- Toutes les fonctions lexicales nécessaires à l'encodage de cette collocation n'ont pas été introduites dans ce chapitre. *La guerre **a lieu*** correspondrait à un `Func`$_0$ de GUERRE. Ici, nous avons besoin d'encoder 'commencer à `Func`$_0$'. Dans le langage des fonctions lexicales, cela correspond à la fonction complexe `IncepFunc`$_0$. En effet, `Incep` est la fonction lexicale dénotant le sens 'commencer'. Par exemple :

$$\text{IncepOper}_1(extase) \qquad = \textit{tomber} [\textit{en extase}]$$
$$\text{IncepOper}_1(peur) \qquad = \textit{prendre} [\textit{peur}]$$
$$\text{IncepOper}_1(mutisme) \qquad = \textit{s'enfoncer, tomber} [\textit{dans un mutisme}]$$

- L'expression *Les bombes hachent* est, pour ceux qui ne l'auraient pas noté, un jeu de mots fondé sur l'homophonie avec *les bombes H*. Ici, on perçoit l'emploi du verbe HACHER avec la lexie BOMBE comme une création linguistique, interprétée de façon littérale. Il ne s'agit aucunement d'une collocation, d'une expression contrôlée par la combinatoire restreinte de la lexie BOMBE.

- Nous avons, en français, les trois groupes de collocatifs suivants qui permettent de dénoter le « fonctionnement » des bombes :

> *tomber* [*sur qqch.*]
> *frapper, toucher* [*qqch.*]
> *détoner, exploser*

Exercices du Chapitre 8

Exercice 8.1

C'est bien entendu le modificateur *du coin de l'œil* qui rend la phrase problématique. Nous avons ici un « clash » sémantique, qui permet de mettre en relief une composante sémantique de DÉVISAGER dont notre définition initiale (p. 187) ne rend pas compte. Pour faciliter l'analyse, nous répétons ici cette définition.

'X dévisage Y'   ≡ 'L'individu ou l'animal X regarde très attentivement le visage de l'individu Y'

Il faut ajouter à cette définition une composante explicitant le fait que DÉVISAGER dénote une action plutôt ostensible. Cela n'est pas exprimé par la composante 'attentivement', puisqu'on peut tout à fait examiner quelque chose attentivement, mais de façon discrète (cf. *Elle l'examinait attentivement du coin de l'œil.*). On pourrait donc affiner ainsi la définition :

'X dévisage Y'   ≡ 'L'individu ou l'animal X regarde très attentivement **et de façon manifeste** le visage de l'individu Y'

Exercice 8.2

Nous ne proposons pas de réponse pour cet exercice. Il suffit d'appliquer aux deux lexies SCRUTER et FIXER la méthodologie utilisée pour définir DÉVISAGER.

Exercice 8.3

Dans cette nouvelle version des deux définitions (pour SCIER et SCIE), le cercle vicieux a été éliminé.

'X scie Y avec Z' ≡ 'X coupe Y avec un instrument tranchant Z, par un mouvement de va-et-vient'

'scie utilisée par X pour couper Y' ≡ 'instrument destiné à être utilisé par X pour scier Y'

Nous avons fait disparaître le cercle vicieux en n'employant pas la composante 'scie' dans la définition de SCIER. Pour cela, nous avons attribué à ce verbe sa véritable valence (à trois actants). Cela n'est pas un simple artifice formel. En effet, la nouvelle définition de SCIER rend compte du fait que cette lexie dénote une opération qui n'est pas nécessairement effectuée au moyen d'une scie — cf. *Elle scia le bas de la porte avec un long couteau dentelé.* Par contre, le sens 'scier' est employé dans la définition de SCIE, parce que cette lexie dénote un instrument servant spécifiquement à effectuer l'opération en question.

On notera que nous avons aussi modifié la valence de SCIE, pour rendre compte de sa nature de quasi-prédicat sémantique.

Exercice 8.4

Pour répondre à cette question, on peut procéder en trois étapes :

1. ébaucher une définition de ÉPLUCHER1 en suivant la méthode proposée dans le présent chapitre ;
2. faire de même avec ÉPLUCHER2 ;
3. ajuster les deux définitions obtenues pour s'assurer qu'elles rendent bien compte du lien métaphorique qui unit les deux acceptions du vocable ÉPLUCHER.

On pourrait, par exemple, proposer les deux définitions suivantes :

'X épluche1 Y' ≡ 'L'individu X enlève la couche externe ou les parties les moins comestibles du fruit ou du légume Y pour ne garder que la partie la meilleure'

ʿX épluche2 Yʾ ≡ ʿL'individu X examine attentivement le contenu du texte Y pour y trouver certaines informationsʾ

Le lien métaphorique est ici rendu par la parenté de structure sémantique des deux composantes ʿpour ne garder que la partie la meilleureʾ ~ ʿpour y trouver certaines informationsʾ.

On pourrait aussi être plus explicite encore en faisant directement référence à ÉPLUCHER1 dans la définition de ÉPLUCHER2 et en mettant de l'avant la nature analogique du lien sémantique qui unit les deux lexies (cf. ʿcomme si…ʾ) :

ʿX épluche2 Yʾ ≡ ʿL'individu X examine attentivement le contenu du texte Y pour y trouver certaines informations, comme s'il épluchait1 Y pour ne garder que les parties qui l'intéressentʾ

Il ne s'agit là que d'ébauches de définitions. Nous ne prétendons nullement que la description des deux lexies en question soit parfaite. Ce qui importe ici, c'est de voir comment la définition analytique peut être utilisée pour rendre compte des liens sémantiques entre lexies d'un même vocable.

Exercice 8.5

Cette définition n'est pas une définition analytique valide pour au moins trois raisons :

1. ce n'est pas une paraphrase de la lexie définie, puisque AVALER est un verbe et que la définition en question a syntaxiquement une valeur nominale (*fait de…*) ;
2. la définition ne met pas clairement en évidence la valence à deux actants de AVALER (ʿX avale Yʾ) ;
3. la composante de sens utilisée comme genre prochain (ʿmangerʾ) n'est pas un sens générique pour cette lexie du vocable AVALER : on ne peut pas paraphraser, même approximativement, *Jean a avalé une arête* par *Jean a mangé une arête*.

Sur ce dernier point, notons qu'il existe bien sûr une lexie AVALER dont ʿmangerʾ est le genre prochain : *Zoé avala en vitesse un croissant avant de partir à l'école.*

Exercice 8.6

Nous choisissons ici volontairement des lexies qui ne dénotent pas toutes des types de conditions climatiques et qui n'appartiennent pas toutes à la même partie du discours :

1. AVERSE [*On a eu une belle averse en soirée.*] ;
2. PLUIE [*La pluie tombe depuis trois heures.*] ;
3. PLEUVOIR [*Il pleut depuis trois heures.*] ;
4. NUAGE [*De gros nuages obscurcissaient le ciel.*] ;
5. NUAGEUX [*Le ciel est nuageux.*] ;
6. S'ENNUAGER [*Le ciel s'est ennuagé soudainement.*] ;
7. SE DÉGAGER [*Le ciel s'est dégagé soudainement.*] ;
8. MÉTÉOROLOGIE [*La météorologie est l'étude des phénomènes atmosphériques.*] ;
9. MÉTÉOROLOGISTE [*Météorologiste est un métier d'avenir.*] ;
10. MOUSSON [*La mousson est arrivée avec son cortège d'inondations et de cyclones.*].

Nous laissons au lecteur le soin de démontrer que le sens de chacune de ces lexies contient au moins une composante dénotant un phénomène atmosphérique particulier ou renvoyant à la notion générale de phénomène atmosphérique.

Exercice 8.7

Nous ne proposons pas de solution pour cet exercice. Nous recommandons de chercher à répondre à la question sans consulter de dictionnaire, puis de vérifier dans un bon dictionnaire si aucune acception n'a été oubliée.

On pourra ensuite essayer de caractériser de façon générale les liens entre lexies, comme par exemple : la causativité (*Le papier brûle ~ Jean brûle du papier*).

Exercice 8.8

Il s'agit ici d'une métaphore lexicalisée. Le vocable DÉVORER possède une acception signifiant très grossièrement 'regarder avec avidité'. Cette acception est d'un emploi assez contraint puisqu'elle doit généralement être utilisée avec une expression adverbiale du type *du regard, des yeux, de ses yeux Adj* [*de ses yeux avides/fous*], etc. On démontre facilement le caractère lexicalisé de cette métaphore en remplaçant *dévorait* par *engloutissait* dans la phrase initiale :

(14) *Le beau Frédo engloutissait Léontine du regard.*

Cette nouvelle phrase est pour le moins étrange. On ne peut l'accepter que si l'on admet que son auteur a voulu produire un effet de style. Dans ce cas-là, comme pour toute métaphore libre, il faut que la phrase soit **interprétée** par le destinataire, qui lui attribuera un sens « reconstitué » à partir de ce qu'il sait de la situation et des intentions qu'il peut attribuer au locuteur. Il en allait tout autrement dans la phrase initiale, interprétable immédiatement par tout locuteur du français d'une façon unique.

Exercice 8.9 ·

Nous pensons qu'il existe deux locutions « concurrentes » en français :

1. POINTE (ou PARTIE VISIBLE) DE L'ICEBERG [*On ne voit que la pointe <la partie visible> de l'iceberg, ce qui rend le diagnostic sur l'état de la biodiversité mondiale très difficile. Cette baisse des ventes au détail n'est que la pointe <la partie visible> de l'iceberg, car une crise économique majeure est en gestation.*] ;

2. PARTIE IMMERGÉE (ou CACHÉE) DE L'ICEBERG [*Les politiciens n'ont pas encore perçu la partie immergée <cachée> de l'iceberg : en effet, une crise économique majeure se prépare.*].

Ces deux locutions sont en quelque sorte entrées en collision dans l'esprit du pauvre animateur de radio lorsqu'il a voulu construire sa phrase. On peut supposer qu'il cherchait à dire quelque chose comme :

Je suis allé voir un expert pour savoir si le phénomène auquel nous assistons n'est que la pointe de l'iceberg.

Nous laissons maintenant le soin au lecteur de définir la locution POINTE DE L'ICEBERG, après lui avoir tout de même mentionné une information capitale : il s'agit d'un prédicat et, pour faire une bonne définition, il faut en fait définir ici ⸢[X est la] pointe de l'iceberg⸣.

Exercices du Chapitre 9

Exercice 9.1

Procédons à l'analyse de chacune des lexies.

- *Je te prie de te taire* : peut être utilisé pour **prier** quelqu'un de se taire. Donc cette acception de PRIER est un verbe performatif.

- *Je te supplie de partir* : même chose que pour PRIER ci-dessus.

- *Je veux que tu sortes* : peut être utilisé quand on veut informer quelqu'un du souhait en question. Mais VOULOIR n'est pas un verbe de communication. Dire *Je veux...* ne peut donc logiquement jamais correspondre à l'accomplissement du fait dénoté par le verbe en question (un état psychique). Bien sûr, on peut vouloir Y au moment où l'on dit *Je veux Y* ; cela n'a cependant rien à voir avec la définition du caractère performatif. On peut se gratter l'oreille au moment où l'on dit *Je me gratte l'oreille*, mais dire *Je me gratte l'oreille* ne correspond en rien à l'accomplissement de l'action de se gratter l'oreille !

Exercice 9.2

Seul RECONNAÎTRE 2 est performatif, comme le démontre l'exemple donné dans l'exercice. Énoncer cette phrase dans un contexte officiel revient à accomplir l'action en question : admettre que la Cour a autorité (pour prendre une décision légale).

Noter que RECONNAÎTRE 2 est à la fois un verbe de communication et un verbe dénotant une attitude psychique — comme ADMETTRE, etc.

RECONNAÎTRE 1 n'est pas un verbe de communication et ne peut donc pas être un verbe performatif. Sa définition approximative est :

'X reconnaît 1 Y' $\cong$ 'En voyant Y [= présupposé], X identifie Y comme quelque chose ou quelqu'un qu'il connaît'

Exercice 9.3

Nous ne proposons pas de réponse pour cet exercice, puisque les principaux éléments de réponse se trouvent déjà dans les commentaires à propos de l'exemple (21).

Exercice 9.4

Voici quelques éléments de réponse.

- Seule la première formulation est phraséologisée en français pour le contexte pragmatique en question. Il s'agit d'une lexie pragmatiquement définie.
- L'expression *Jamais fermé*, en revanche, n'est pas « codée » dans la langue pour le contexte pragmatique considéré. On pourrait tout à fait l'utiliser dans ce contexte, mais elle serait immédiatement perçue comme une intervention personnelle du responsable du magasin.

- En revanche, l'emploi d'une formulation lexicalisée comme *Ouvert 24 heures sur 24* dépersonnalise la communication : en un sens, c'est la langue qui parle, plus que la personne qui affiche le panneau sur la porte.
- Dans le type de contexte considéré ici, on cherche habituellement à dépersonnaliser la communication. Pourquoi ? Là, nous ne pouvons pas répondre, car il s'agit plus d'une question pour la sociologie que pour la linguistique.

Exercice 9.5

Nous proposons la description sémantique suivante, qui commence par une définition analytique, suivie d'une spécification du contexte pragmatique. On notera que la présentation des actants de la lexie est un peu particulière du fait que nous sommes ici en présence d'une phrase au style direct : dans la description ci-dessous, l'actant X est le locuteur et l'actant Y le destinataire.

‘[Je$_X$ vous$_Y$ dit :]
  Ne quittez pas !’ 　　≡ ‘Je$_X$ vous$_Y$ demande de ne pas quitter la ligne téléphonique [= de ne pas clore la communication téléphonique]’
　　　　　　Contexte pragmatique :

- X parle au téléphone avec Y ;
- X doit arrêter, pendant un temps relativement court, de parler avec Y ;
- X veut que Y attende que X, ou quelqu'un d'autre, rétablisse une communication avec lui ;
- X fait notamment cela pour signaler à Y que l'interruption de communication est normale et pour que Y ne s'impatiente pas.

Il s'agit bien entendu d'une proposition de description parmi d'autres, et nous ne prétendons nullement atteindre ici la perfection.

Nous laissons au lecteur le soin de faire lui-même la seconde partie de l'exercice, en allant enquêter sur les traductions possibles de NE QUITTEZ PAS ! dans diverses langues. On pourra aussi chercher les synonymes (français) de cette lexie.

Exercices du Chapitre 10

Exercice 10.1

Nous ne proposons pas de réponse pour cet exercice, qui ne pose pas de problème particulier.

Exercice 10.2

Cette définition se présente, sur le plan de sa structure, comme une définition analytique : c'est, syntaxiquement, une proposition relative qui fonctionne comme paraphrase de la lexie adjectivale définie.

Il pourrait sembler étrange de décrire le sens d'un adjectif de couleur en faisant référence à des entités ayant une couleur caractéristique. Il faut cependant noter que c'est là une façon standard de procéder : pour définir un adjectif de couleur dans une langue donnée, on renvoie aux entités du monde que la langue en question présente comme « symbolisant » cette couleur. Dans le cas qui nous occupe ici, on peut avancer comme évidence linguistique du lien entre ROUGE et SANG l'existence d'une expression comme *rouge sang*, où *sang* fonctionne quasiment comme un $Magn$ (un intensificateur) de *rouge*.

Les adjectifs de couleur seront donc définis en utilisant le patron suivant :

> *Qui est de la couleur de* ____ .

Cette façon de procéder, linguistiquement justifiée, est cependant jumelée, dans le cas présent, avec une information relevant des dictionnaires encyclopédiques : *extrémité du spectre solaire*. Cela est déconseillé dans un dictionnaire de langue. De plus, cette composante peut donner l'impression que l'on dérive vers la définition du nom commun (*le rouge*) à l'intérieur de la description d'un adjectif.

Exercice 10.3

Dans son édition de 1993, *Le Petit Robert* corrige le problème qui vient d'être mentionné : on y distingue clairement la lexie adjectivale et la lexie nominale. La lexie nominale, ROUGE II.1, est définie tout simplement comme un S_0 de ROUGE I.1 : *la couleur Adj* est une façon métalinguistique d'encoder le lien S_0 dans le cas d'un adjectif de couleur. On a aussi supprimé la référence au spectre solaire de la définition de cette dernière lexie ; elle n'apparaît plus que dans la zone d'exemples de la lexie nominale. Du beau travail lexicographique !

Notons que nous avons ici un cas particulier d'entrée de dictionnaire : l'entrée d'un vocable qui contient des lexies appartenant à des parties du discours différentes. Cela est justifié par le fait que la dérivation

adjectif de couleur → nom de couleur

est tout à fait régulière en français, même si l'adjectif et le nom peuvent posséder des structures polysémiques variables. Par exemple : *Incorporez doucement le sucre aux blancs*, pour $BLANC_N$; *Faites attention de ne pas crever les jaunes*, pour $JAUNE_N$; *Il s'est fait un bleu en se cognant à la table*, pour $BLEU_N$; etc.

En dépit de la régularité de la dérivation S_0 pour ce qui est de la lexie adjectivale de base, il est donc nécessaire de décrire systématiquement toutes les acceptions, adjectivales aussi bien que nominales.

Exercice 10.4

Deux remarques sur la structure de cette définition.

1. C'est une définition analytique, qui fonctionne comme paraphrase de SANG1, construite autour du genre prochain ⸢liquide⸣. (Le sang est un liquide.)
2. Les différences spécifiques portent sur l'apparence du liquide en question (visqueux et de couleur rouge), son fonctionnement (circule dans les vaisseaux, etc.) et sa fonction biologique (rôle nutritif, etc.). C'est une façon normale de procéder pour un « fluide corporel ».

Il y a bien entendu un apparent cercle vicieux : ⸢sang1⸣ est défini au moyen de ⸢rougeI.1⸣ [*couleur **rouge*** ⇒ il s'agit d'une mention du sens de ROUGEI.1], défini lui-même (voir exercice précédent) au moyen de ⸢sang1⸣.

Il est clair que, en français, la lexie SANG1 dénote un élément liquide qui se caractérise notamment par sa couleur ; on ne peut donc éviter le lien SANG1→ROUGEI.1. D'autre part, on vient de voir qu'il serait très difficile de ne pas mentionner SANG1 dans la définition de ROUGEI.1, en tant que prototype d'une entité de couleur rouge, justement. Dans la définition des couleurs, on est en général forcé d'introduire ce type de cercle vicieux (voir, par exemple, $BLEU_{Adj}$ ~ CIEL). Le même problème se pose avec les noms d'organes sensoriels et les verbes (ou noms) de perceptions sensorielles : NEZ ~ SENTIR, ŒIL ~ VOIR, OREILLE ~ ENTENDRE, etc.

Exercice 10.5

Quelle lexie est sémantiquement plus simple ? Le sens ʿmalheurʾ est utilisé comme genre prochain dans la définition de CATASTROPHE 2. Donc, selon cette description, la lexie MALHEUR est sémantiquement plus simple que la lexie CATASTROPHE 2.

Combien de lexies dans le vocable CATASTROPHE *?* Si l'on se reporte à la numérotation utilisée dans l'entrée, quatre lexies sont explicitement décrites.

On peut cependant relever les deux enchâssements suivants.

- Sous CATASTROPHE 2, on trouve deux blocs définition + exemples. Il s'agit donc vraisemblablement de deux lexies distinctes, même si le *Petit Robert* n'est pas toujours très clair à propos de ce type de subdivisions, qualifiées de « nuances de sens ».

- Sous CATASTROPHE 3, on trouve la mention de l'interjection *Catastrophe !* : est-ce une autre lexie ou une propriété de combinatoire (le fait de pouvoir s'employer comme interjection) de CATASTROPHE 3 ? De plus, les deux descriptions précédées d'un losange (♦) renvoient à des sens distincts, donc à des lexies séparées.

On peut relever les autres enchâssements suivants :

- la locution EN CATASTROPHE ;

- l'emploi appositif dans *film catastrophe*, qui, selon nous, correspond à une acception particulière, que l'on retrouve au moins dans *scénario catastrophe* ;

- l'abréviation CATA, qui pourrait fort bien être analysée comme une lexie synonyme (comme dans la paire FRIGIDAIRE ∼ FRIGO) et non comme une variante formelle de CATASTROPHE.

Exercice 10.6

Si cet exercice ne semble pas facile au lecteur, c'est un indice qu'il lui faut sans doute revoir le Chapitre 7... ☺

INDEX DES NOTIONS

Note : Le symbole ~ renvoie ici au terme indexé.

Symboles

\# [dièse] 185
* [astérisque] 41, 185
≅ [quasi-équivalence] 120
~ [tilde] 50
≡ [équivalence exacte] 120

A

abréviation 81, 293
acception 59
acronyme 81
actant 132, 240
acte de langage [→ acte de parole]
    212
acte de parole 212
    ~ illocutoire 212
    ~ locutoire 212
    ~ perlocutoire 212
    théorie des ~s 211
adjectif 101
adverbe 101

~ de phrase 101
affixe 71
    ~ dérivationnel 76
    ~ flexionnel 72
allomorphe 70
allophone 70
ambiguïté 190, 210
    ~ lexicale 191
    ~ syntaxique 191
analogie 31, 199
analyse sémique (= analyse componentielle) 194
Anti 161, 282
AntiBon 168, 200, 282
AntiMagn 168, 281, 282
antonymie 152
arbre (en tant que graphe) 53, 149
    ~ de dépendance 53, 171
argument (d'un prédicat logique) 141
artefact 134
article (de dictionnaire) 233

B

base d'une collocation 165
Bon 168, 282

C

catégorie flexionnelle 72, 99
catégorie syntaxique [→ partie du
    discours] 99
Caus 199
causatif 157
causativité 157, 198
CausOper$_1$ 199
cercle vicieux 188, 245
champ sémantique 176, 189, 194
cible (d'une dérivation) 76
classe grammaticale [→ partie du
    discours] 99
classe lexicale
    ~ fermée 101
    ~ ouverte 100
code linguistique [→ langue] 20,
    207
cohyponyme 149, 151, 187
collocatif 165
collocation 106, 165, 266
combinatoire
    ~ libre 40
    ~ restreinte 40, 56, 138, 151,
        165, 270
composante sémantique 129, 146
composition 79
compositionnalité
    non-~ pragmatique 221
    ~ sémantique 57, 163, 221
concaténation 79
concordance 111

conjonction 102
connotation 129
contexte pragmatique 208
contiguïté 32, 126, 198
conversion (morphologique) 272
conversivité 154
copolysème 156, 197
corpus linguistique 107, 188

D

définition
    ~ analytique 183
    ~ lexicale 23, 174, 182
    ~ lexicographique 238
    ~ par genre prochain et diffé-
        rences spécifiques 182
déictique 125, 140, 258
dénotation 123
dénoter 123
dérivation (morphologique) 76
    ~ diachronique 78
    ~ synchronique 78
dérivation sémantique 163
destinataire 18, 19
déterminant 102
diachronie 24
diagramme de Venn 147, 174
dialecte 97
dictionnaire 226
    ~ bilingue 230
    ~ d'apprentissage 231
    ~ d'encodage 30, 232
    ~ de décodage 30, 232
    ~ de langue (monolingue) 230
    ~ de synonymes 230, 239
    ~ électronique 234

~ encyclopédique 230
~ explicatif et combinatoire
227, 234, 238
~ grand public 227
~ papier 234
~ pédagogique 231
~ théorique 227
article (de ~) 233
entrée (de ~) 234
macrostructure (d'un ~) 233
microstructure (d'un ~) 237
nomenclature (d'un ~) 234
sous-article (de ~) 233
superarticle (de ~) 234
dictionnairique 228
différences spécifiques 182
disjonction de sens 147

E

écrit [= langue écrite] 19, 98
embrayeur [→ déictique] 140
énoncé 124
~ performatif 214
énonciation 208, 209
enquête linguistique 107
entité (par opposition à *fait*) 133
entité lexicale 60
entrée (de dictionnaire) [→ mot-vedette] 234
évidence linguistique 129, 153
expression
~ agrammaticale 41
~ grammaticale 41
~ idiomatique [→ phraséologie] 164

F

facette 204
fait (par opposition à *entité*) 132
figure de style [= figure de rhétorique] 198, 200, 212
~ lexicalisée 200
~ libre 200
flexion 50, 72
fonction lexicale 160, 199
~ complexe 168, 283
~ paradigmatique 160, 240
~ simple 168, 173
~ syntagmatique 167
$\mathtt{Anti}$ 161, 282
$\mathtt{AntiBon}$ 168, 200, 282
$\mathtt{AntiMagn}$ 168, 281, 282
$\mathtt{Bon}$ 168, 282
$\mathtt{Caus}$ 199
$\mathtt{CausOper_1}$ 199
$\mathtt{Func_0}$ 283
$\mathtt{Func_1}$ 283
$\mathtt{Func_i}$ 172
$\mathtt{Incep}$ 283
$\mathtt{IncepFunc_0}$ 283
$\mathtt{IncepOper_1}$ 283
$\mathtt{Magn}$ 168, 241, 281, 282, 291
$\mathtt{Mult}$ 240
$\mathtt{NonPermFunc_0}$ 241
$\mathtt{Oper_1}$ 281, 283
$\mathtt{Oper_2}$ 281
$\mathtt{Oper_i}$ 171
$\mathtt{ProxOper_1}$ 241
$\mathtt{Real_1}$ 283
$\mathtt{S_0}$ 161, 282, 291
$\mathtt{S_2}$ 282
$\mathtt{S_i}$ 162

Syn 160, 282
V_0 161, 165
forme
~ canonique 59, 73, 111, 233
~ fléchie 73
français fondamental 108, 176
fréquence d'emploi 108
$Func_0$ 283
$Func_1$ 283
$Func_i$ 172

G

générique [→ sens générique] 182
genre prochain 182
gouverneur syntaxique 53, 138
grammaire 21, 82
grammaticalité [→ expression
(a)grammaticale] 41
graphe sémantique [→ réseau sé-
mantique] 136

H

hapax 115
hiérarchie sémantique des lexies
149
homographie 156
homonymie 59, 155
homophonie 156
hyperonymie 148
~ directe 148, 149
~ indirecte 149, 151
hyponymie 148

I

icône 31
identité de sens 146

idiolecte 94
$Incep$ 283
$IncepFunc_0$ 283
$IncepOper_1$ 283
inclusion de sens 146
index (de signifiants lexicaux) 109
indice 32, 126
induction 82
infixe 269
instanciation (d'une variable) 83
interjection 101, 183, 262, 275, 293
interprétation 208, 209, 210
intersection de sens 146
intonation 68
introspection 107
invariabilité (d'une lexie) 84

K

KWIC [= *KeyWords In Context*] 111

L

langage 20
langue 16, 207
~ à tons 69
~ de spécialité 97
lemmatisation 111
lexème 50, 58
lexicanalyse 228
lexicographie 227
lexicologie 15, 22, 45
~ explicative et combinatoire
247
lexicométrie 112, 228
lexie 45, 58
~ à contenu présuppositionnel
219

~ à valeur pragmatique 213
~ antonyme 152
~ causative 157
~ composée 80
~ contrastive 153
~ conversive 154
~ de base (d'un vocable) 197
~ homographe 156
~ homonyme 155
~ homophone 156
~ hyperonyme 148
~ hyponyme 148
~ pragmatiquement définie
    164, 219
~ synonyme 150
lexique 21, 90
lien lexical
    ~ paradigmatique 106, 160
    ~ syntagmatique 106, 163
linguistique 15
    ~ diachronique 24
    ~ quantitative 112
    ~ synchronique 24
litote 212
locuteur 18, 19
locution 40, 57, 58, 163, 221
    ~ adjectivale 54
    ~ adverbiale 54
    ~ nominale 54
    ~ verbale 54
logique de la conversation 213
loi de Zipf 115

M

macrostructure (d'un diction-
    naire) 233

Magn 168, 241, 281, 282, 291
marque d'usage 95
mécanisme morphologique 72
message linguistique 209
métalangage 23, 61, 83
métalangue 23, 196
métaphore 199
    ~ lexicalisée 57, 200
    ~ libre 200
métonymie 198
    ~ lexicalisée 200
    ~ libre 200
microstructure (d'un dictionnaire)
    237
morphe 67
    ~s supplétifs [→ supplétion]
    268
morphème 70
morphologie 22, 65
mot 39, 46
    ~ composé [→ lexie compo-
    sée] 80
    ~ grammatical 102, 130, 138
    ~ lexical 102
mot-forme 48
mot-vedette 234
Mult 240

N

néologisme 100, 199
nœud (d'un réseau sémantique)
    136
nom 101
    ~ comptable 85
    ~ dénombrable [→ ~ compta-
    ble] 86

~ massif [= nom non comptable] 85

nom sémantique 133

nomenclature (d'un dictionnaire) 234

$NonPermFunc_0$ 241

O

occurrence 108

onomatopée 36, 126

$Oper_1$ 281, 283

$Oper_2$ 281

$Oper_i$ 171

oral [= langue orale] 19, 98

P

paradigmatique [→ fonction lexicale] 160, 240

paradigmatique [→ lien lexical] 106, 160

paraphrase 120, 150, 274

~ conceptuelle 122

~ linguistique 122

parole 19, 207

partie du discours 77, 99

performatif 214

~ explicite 214

~ implicite 214

phone 70

phonème 67, 70, 194

phonétique 22

phonologie 22

phraséologie 164

polysémie 59, 156

pragmatème [→ lexie pragmatiquement définie] 221

pragmatique 208

prédicat

~ non actanciel 133

quasi-~ 134

prédicat sémantique 132

préfixe 71

préposition 102

présupposé 216

~ de phrase 217

~ lexical 217

pronom 102

$ProxOper_1$ 241

Q

quasi-prédicat 134

R

racine (d'un arbre de dépendance syntaxique) 53

racine (morphologique) 71

radical 71

$Real_1$ 283

référent 124, 125, 148, 210

régime 134, 138

règle

~ grammaticale 82

~ lexicale 82

~ morphologique 82

régularité (d'un phénomène linguistique) 270

relation de dépendance syntaxique 53

relation sémantique lexicale 145

antonymie 152

causativité 157, 198

conversivité 154

disjonction de sens 147
hyperonymie 148
hyponymie 148
identité de sens 146
inclusion de sens 146
intersection de sens 146
métaphore 199
métonymie 198
synecdoque 198
synonymie (exacte et approxi-
    mative) 150
réseau sémantique 53, 136, 171
rhème 139
rhétorique 200

S

S_0 161, 282, 291
S_2 282
S_i 162
sémantique
    ~ d'une langue 21, 22
    ~ en tant que discipline 22, 208
sème 194
sémème 194
sémiologie [→ sémiotique] 29
sémiose 30
sémiotique 29
sens
    ~ explicite 216
    ~ figuré 198
    ~ générique 182
    ~ grammatical 130, 183
    ~ implicite 216
    ~ lexical 130
    ~ liant 131
    ~ linguistique 120, 121
    ~ logique 127

~ non liant 132
~ plus riche (qu'un autre) 148
~ plus simple (qu'un autre)
    147
~ propre 197
disjonction de ~ 147
identité de ~ 146
inclusion de ~ 146
intersection de ~ 146
micro-~ 204
shifter [→ déictique] 140
siglaison 81
signe 28
    ~ complexe 39
    ~ élémentaire 39, 66
    ~ grammatical 39, 103
    ~ iconique 31
    ~ indiciel 32
    ~ intentionnel 28, 258
    ~ lexical 39, 103
    ~ linguistique 35
    ~ non intentionnel 28, 258
    ~ segmental 68
    ~ suprasegmental 38, 68
    ~ symbolique 32
    ~ zéro 74
signifiant 35
signification 72, 123
    ~ flexionnelle 72
signifié 35, 123
source (d'une dérivation) 76
sous-article (de dictionnaire) 233
statistique lexicale 112
structuralisme européen 140
structure communicative 122, 136,
    139, 170, 216
stylistique 200

substantif [→ nom] 101, 161
suffixe 71
superarticle (de dictionnaire) 234
supplétion 268
syllabe 43, 69, 86, 262, 266
symbole 32
Syn 160, 282
synchronie 24
synecdoque 198
synonymie
 ~ approximative 150
 ~ exacte 150
syntactique [→ combinatoire restreinte] 40
syntagmatique [→ fonction lexicale] 167
syntagmatique [→ lien lexical] 106, 163
syntagme 52
 ~ figé 54
 ~ libre 54
 ~ phraséologisé 164, 221
 ~ régi 138
 ~ semi-phraséologisé [→ collocation] 165
syntaxe 22
 ~ de dépendance 53
systématicité (d'un phénomène linguistique) 270

T

terminologie 97
test de substitution en contexte 150, 187

thème 139
théorie de la grammaire systémique fonctionnelle 140
théorie Sens-Texte 40, 158, 160, 221, 247
ton (syllabique) 69
trait distinctif [= trait pertinent] 194

U

unité lexicale [→ lexie] 45, 58

V

V_0 161, 165
vague 193
valence 135, 239, 240
valeur (du signe linguistique) 123
valeur de vérité 127
variable (utilisée dans une formalisation) 83, 132, 240
verbe 101
 ~ auxiliaire 102
 ~ performatif 214
 ~ support 170
vocable 59
 ~ polysémique 156
vocabulaire
 ~ d'un individu 93
 ~ d'un texte 93

Z

zeugme 192, 203

INDEX DES AUTEURS

Note : Les auteurs d'œuvres littéraires apparaissent en italique.

A

Annegarn, D. 207
Aristote 45, 61, 183, 203
Arnaud, A. 105
Austin, J. 211, 213

B

Béjoint, H. 243
Benveniste, É. 42
Bolinger, D. 128

C

Calvino, I. 15
Cauvin, P. 65
Cerquiglini, B. 116
Clas, A. 203, 247
Corbeil, J.-C. 116
Corneille, P. 212
Cruse, D. A. 176, 203

D

Du Marsais, C. 201, 202
Ducrot, O. 34, 42, 117, 218, 222

E

Eluerd, R. 62

F

Fontaine, B. 145

G

Galisson, R. 176
Goosse, A. 105
Gougenheim, G. 108
Grevisse, M. 105
Grice, P. 213
Grize, J.-B. 140

H

Hagège, C. 24
Halliday, M. A. K. 122, 139
Hergé 119, 210
Hockett, C. 135
Huot, H. 86

J

Jakobson, R. 125, 140

K

Kleiber, G. 157, 176
Klinkenberg, J.-M. 29, 42, 116

L

L'Homme, M.-C. 97
Lancelot, C. 105
Lehmann, A. 86
Lipka, L. 85
Lyons, J. 123, 140

M

Martin-Berthet, F. 86
McEnery, T. 117
Mel'čuk, I. 48, 54, 62, 73, 81, 85, 133,
        141, 176, 203, 221, 227, 247,
        269, 276, 283
Melville, H. 225, 226
Michéa, R. 108
Moeschler, J. 141, 213, 222
Mørdrup, O. 218
Muller, C. 117
Murakami, H. 27

N

Nida, E. 85
Nothomb, A. 178, 280

O

Oakes, M. 117

P

Palmer, F. R. 116, 175.
Peeters, B. 116
Peirce, C. S. 30, 42, 140
Perec, G. 89, 90

P

Perrot, J. 116
Picoche, J. 123, 139, 196, 232, 243
Polguère, A. 54, 133, 141, 176, 203,
        247, 276
Pottier, B. 195
Pruvost, J. 243

Q

Quemada, B. 227
Queneau, R. 96

R

Reboul, A. 141, 213, 222
Rey, A. 244
Rey-Debove, J. 23, 24, 91, 116, 244
Rivenc, P. 108
Rolland, J.-C. 232

S

Saint-Exupéry, A. de 181
Saussure, F. de 21, 24, 35, 38, 42, 53,
        68, 106, 123, 208
Sauvageot, A. 108
Schaeffer, J.-M. 34, 42, 117, 222

T

Tesnière, L. 53, 135
Tremblay, M. 141

W

Wierzbicka, A. 197, 203, 227, 244
Winchester, S. 243

Z

Zipf, G. K. 115

Ce livre a été imprimé au Québec en août 2008
sur du papier entièrement recyclé
sur les presses de Marquis imprimeur.